TRAITÉ THÉORIQUE ET PRATIQUE

DE

L'IMPOT SUR LE REVENU

DES

VALEURS MOBILIÈRES

(DOCTRINE - JURISPRUDENCE - LÉGISLATION COMPARÉE)

PAR

Hubert TANQUEREY

DOCTEUR EN DROIT

AVOCAT A LA COUR D'APPEL DE PARIS

PARIS

LIBRAIRIE NOUVELLE DE DROIT ET DE JURISPRUDENCE

ARTHUR ROUSSEAU, ÉDITEUR

14, RUE SOUFFLOT, ET RUE TOULLIER, 13.

1887

TRAITÉ THÉORIQUE ET PRATIQUE

DE

L'IMPÔT SUR LE REVENU

DES

VALEURS MOBILIÈRES

CHATEAUROUX. — IMPRIMERIE ET LITHOGRAPHIE A. MAJESTÉ.

TRAITÉ THÉORIQUE ET PRATIQUE

DE

L'IMPOT SUR LE REVENU

DES

VALEURS MOBILIÈRES

(DOCTRINE - JURISPRUDENCE - LÉGISLATION COMPARÉE)

PAR

Hubert TANQUEREY

DOCTEUR EN DROIT

AVOCAT A LA COUR D'APPEL DE PARIS

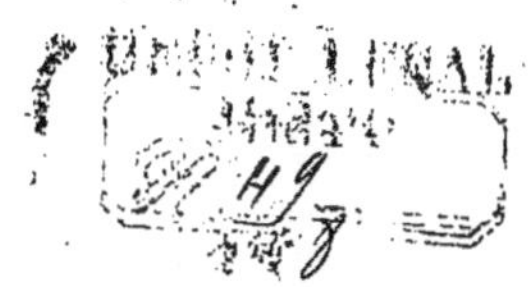

———

PARIS

LIBRAIRIE NOUVELLE DE DROIT ET DE JURISPRUDENCE

ARTHUR ROUSSEAU, ÉDITEUR

14, RUE SOUFFLOT, ET RUE TOULLIER, 13.

—

1887

PRÉFACE

L'impôt sur le revenu des valeurs mobilières, introduit en France par la loi du 29 juin 1872, présente un grand intérêt tant au point de vue théorique qu'au point de vue pratique. Il figure parmi les ressources annuelles du Trésor pour une somme considérable : quarante-cinq millions environ. D'autre part l'interprétation des dispositions législatives ou réglementaires qui régissent cet impôt donne lieu à des difficultés pratiques dont l'importance est attestée par le nombre toujours croissant des arrêts de la Cour de Cassation rendus en cette matière. Enfin les différents systèmes d'impôts englobés dans cette formule si compréhensive : l'IMPOT SUR LE REVENU, sont de nouveau l'objet de discussions qui captivent l'opinion publique.

L'application de l'impôt sur le revenu à cette partie de la richesse nationale, représentée par les valeurs mobilières, méritait donc d'être étudiée à ces différents points de vue. Nous entreprenons cette étude.

Dans l'interprétation des lois fiscales, deux tendances opposées se manifestent d'ordinaire. L'une se préoccupe d'assurer avant tout l'efficacité de la perception : l'intérêt du Trésor doit l'emporter sur tous les autres intérêts. L'autre part de ce principe qu'on ne saurait imposer une charge au contribuable, en l'absence d'un texte formel et précis. Lorsqu'il y a doute, il doit en profiter. C'est surtout en ces matières qu'il importe d'éviter jusqu'au moindre soupçon d'arbitraire.

Pour nous, nous pensons qu'il faut se guider principalement d'après les déductions de la « juris civilis ratio. » Mais lorsque cet auxiliaire fera défaut, lorsqu'en outre la solution ne sera pas suffisamment indiquée par l'esprit de la loi d'impôt, le plus sage sera de s'en tenir à la lettre même du texte, quelques rigoureuses que puissent être en certains cas les conséquences de cette méthode. Nos magistrats n'ont pas comme le préteur romain la faculté de corriger les rigueurs de la loi positive.

S'inspirant de ces principes, un jurisconsulte prématurément enlevé à la science, Armand Demasure, écrivait en 1884 un excellent Traité du Régime fiscal des sociétés et établissements publics. Cet ouvrage dont M. l'Avocat général Desjardins invoquait l'autorité dans son réquisitoire du 13 avril 1886, nous a souvent servi de guide.

Quelques indications sur les législations étrangères, quelques considérations économiques complètent notre étude. Nous ne pouvions développer longuement ces points sans sortir du cadre que nous avons adopté : nous ne de-

vions pas les omettre, au moment où la question des réformes s'agite au sein de nos assemblées législatives.

Si ce modeste travail peut contribuer à faire prévaloir quelques solutions libérales dans l'interprétation de la loi, et à démontrer l'urgence de certaines réformes en ces matières, nos efforts auront trouvé leur meilleure récompense ; nous aurons atteint notre but.

ABRÉVIATIONS

Cass. Civ., ou *Cass. Req.* arrêt de la chambre civile ou de la chambre des requêtes de la Cour de Cassation.

Déc. min. fin. décision du ministre des finances.

Sol. ad. ou *Instr. gén.* nº, solution ou instruction générale de l'administration de l'enregistrement, nº...

Cont. ou *Contrôleur*, Journal le *Contrôleur de l'Enregistrement.*

J. E. ; Journal de l'*Enregistrement.*

Rép. gén. ou *Rép. pér.* Répertoire général, ou répertoire périodique de M. Garnier.

D. P. ou *Jur. gén.* Recueil périodique (année, partie, page), ou jurisprudence générale de Dalloz.

S. ou *Sir.* Recueil périodique de Sirey.

J. P. ou *Pal*, Journal du *Palais.*

Dict. Enreg. Dictionnaire des droits d'Enregistrement.

TRAITÉ THÉORIQUE ET PRATIQUE

DE

L'IMPOT SUR LE REVENU

DES

VALEURS MOBILIÈRES

INTRODUCTION

1. — Développement des valeurs mobilières; impôts qui les frappent.

2. — Taxe établie par la loi du 29 juin 1872. Sa nature.

3. — But de cette étude. — Plan. — Division.

1. — *Développement des valeurs mobilières. Impôts qui les frappent.* — La mobilisation des capitaux est l'un des faits les plus remarquables de notre époque. Sans doute, les divers éléments qui composent aujourd'hui la richesse mobilière n'ont pas été créés tout d'une pièce. La plupart d'entre eux existaient dans notre ancien droit, mais avec un caractère bien différent de leur caractère actuel: ils ne nous sont parvenus qu'après avoir

1.

subi une profonde transformation. Tel bien que nos pères considéraient fictivement comme un immeuble est aujourd'hui rentré dans la catégorie des meubles à laquelle il appartient par sa nature. L'adage « *res mobilis, res vilis* », le petit nombre de dispositions consacrées par nos Codes aux biens meubles, nous prouvent en quelle médiocre estime ces biens étaient tenus autrefois. Depuis le commencement de ce siècle, la situation a bien changé. Les capitaux se sont portés et se portent de plus en plus vers ces entreprises vivifiées par l'esprit d'association, qui sont la caractéristique du mouvement commercial et industriel de notre époque. De nouvelles valeurs mobilières, les actions et les obligations, sont maintenant entre toutes les mains (1).

(1) Peut-on connaître le chiffre exact des revenus soit mobiliers soit immobiliers de notre pays ?

Une estimation du revenu de la France, provenant du ministère des finances, est jointe à la proposition de M. Ballue ayant pour objet la *Réforme de l'assiette de l'impôt*. Une nouvelle note du même ministère, signalée dans le Rapport de M. Yves Guyot sur *les questions soulevées par diverses propositions relatives à l'impôt sur le revenu* (annexe n° 1130 de la Chambres des députés), rectifie cette estimation, que nous résumons dans le tableau suivant (en tenant compte de la rectification).

Propriétés non bâties :	2,646 millions	⎫	Soit 4,123,000,000 fr.
»　　　　bâties :	1,477　»	⎬	pour les revenus immobiliers.
Valeurs mobilières :	1,595　»		
Créances hypothécaires :	250　»		
»　　chirographaires :	250　»		Soit 3,133,000,000 fr.
Dette perpétuelle de l'État :	740　»		pour les revenus mobiliers.
»　amortissable　»	106　»		
»　viagère　　　»	192　»		

Total général............... 7,256,000,000 fr.

Il était tout naturel que la France, pour faire face aux exigences d'un budget qui dépasse actuellement le chiffre énorme de trois milliards, demandât aux valeurs mobilières une partie des ressources qui lui sont nécessaires.

Si nous considérons les actions et les obligations, nous voyons qu'indépendamment des impôts qui les grèvent de la même manière que les autres biens, comme les droits de mutation établis sur les transmissions par donations entre vifs ou par succession, ces valeurs sont visées par trois lois spéciales qui les assujettissent à des taxes particulières : impôt du timbre, droit de transmission et impôt sur le revenu.

1° *Impôt du timbre.* — L'art. 69, § 2, 6° de la loi du 22 frimaire an VII, soumettait à un droit proportionnel de 50 centimes par 100 fr. « les cessions d'actions et coupons d'actions mobilières des compagnies et sociétés d'actionnaires ». C'était rigoureux, car il s'agit de titres qui par leur nature même sont destinés à changer souvent de mains. C'était en outre inefficace, car il s'agissait d'un *droit d'acte* auquel on échappait par les modes de transmission usités pour ces valeurs (1). Pour parer à ce double inconvénient, la loi du 5 juin 1850 a remplacé le droit établi par la loi de frimaire, par un droit de timbre proportionnel. Les titres ou certificats d'actions subissent ce nouveau droit (qui est payable par voie d'abonnement annuel) au taux de 0,50 par 100 fr·

(1) M. G. Demante : *Principes de l'Enregistrement*, 3e éd. t. II, n° 512. — MM. Lyon-Caen et Renault : *Précis de droit commercial*, t. I, n° 395.

du capital nominal, dans les sociétés dont la durée ne dépasse pas dix ans, et au taux d'un franc dans les autres sociétés. En vertu de la même loi, les titres d'obligations subissent un droit uniforme de 1 p. 100 du montant du titre, chaque fois que la cession n'est pas soumise aux formalités de l'art. 1690 du C. civ.

2° *Droit de transmission et taxe annuelle*. — Ainsi l'impôt du timbre devait tenir lieu de droit de transmission. Cependant la loi du 3 juin 1857 est venue rétablir le droit de transmission au cas de cession à titre onéreux. Ce droit est aujourd'hui, après variations, de 0,50 pour 100 francs de la valeur négociée pour les titres nominatifs (*droit de transfert*). Pour les titres au porteur, et pour ceux dont la transmission peut s'opérer sans un transfert sur les livres de la société, ce droit est converti en une taxe annuelle et obligatoire, sorte d'abonnement à forfait (*taxe de transmission*) qui est aujourd'hui de 0,20 par cent francs, le capital étant évalué sur le cours moyen de l'année précédente (1).

3° *Impôt sur le revenu*. — Enfin la loi du 29 juin 1872 a établi une taxe de 3 0/0 sur le revenu des valeurs mobilières. Cette loi, que nous allons étudier dans tous ses détails, est beaucoup moins compréhensive qu'on ne pourrait le croire, si l'on prenait son titre dans le sens le plus large. Elle frappe les revenus des actions et

____

(1) Sur ces deux lois, consulter M. G. Demante : *op. cit.*, n° 512 et suiv. — A. Demasure : *Traité du régime fiscal des sociétés et établissements publics*.

obligations des sociétés, les revenus des obligations et emprunts des villes et départements, et en outre les revenus des parts d'intérêts et commandites, dans les sociétés dont le capital n'est pas divisé par actions. Elle a donc une portée plus étendue que les lois de 1850 et 1857. Mais elle n'atteint pas tout ce que peut embrasser la dénomination de *valeurs mobilières*, dénomination qui convient à tous les biens incorporels réputés meubles par la détermination de la loi (C. civ., art. 529), par conséquent aux rentes sur l'État, aux créances chirographaires et hypothécaires, aussi bien qu'aux actions et parts d'intérêt (1).

2. — *Nature de l'impôt établi par la loi du 29 juin* 1872. — Remarquons dès à présent que la taxe établie par la loi du 29 juin 1872 n'est ni un droit de timbre ni un droit d'enregistrement, malgré les analogies qui peuvent exister entre cette taxe et les droits établis par les lois de 1850 et 1857.

C'est un *impôt direct*, suivant la qualification que lui donnait M. Magne dans la séance du 29 juin 1872 (*J. off.* 1872, p. 4,410). Cet impôt porte en effet directement sur les revenus des valeurs qui y sont soumises, de même que les contributions foncière, mobilière, des portes et fenêtres et des patentes, portent sur les revenus fonciers, mobiliers, commerciaux, industriels, etc. (2).

(1) Maurice Block: *Dictionnaire de l'Administration française*, vᵒ *Valeurs mobilières*. — V. ci-après la déclaration de M. Thiers en ce sens, p. 103, nᵒ 2.

(2) V. ci-après chap. VIII.

Il est vrai que c'est un impôt direct *sui generis* et que le *criterium* pratique habituel de la distinction des impôts directs et indirects, dans la terminologie aujourd'hui admise, fait ici défaut. En effet, la taxe *n'est point l'objet d'un rôle* dressé et rendu exécutoire ; et s'il est également impossible de dire que la perception s'effectue *d'après un tarif* applicable à l'occasion d'un acte ou d'un fait, nous verrons cependant que cette perception est subordonnée à une circonstance de fait : la distribution du revenu. A ce dernier point de vue, la taxe se rapproche donc des impôts indirects, bien qu'elle reste un impôt direct par sa nature (1).

Nous aurons à tirer des conséquences de ce caractère indécis.

3. — *Division et Plan.* — La loi du 29 juin 1872 est la base fondamentale de la législation française de l'impôt sur le *revenu des valeurs mobilières*. Elle fera le principal objet de cette étude. Nous y rattacherons les autres lois qui ont eu pour but de la compléter ou de l'interpréter, ainsi que les décrets rendus en vue de l'application de ces lois.

Cinq articles seulement, présentant une division logique du sujet, constituent la loi du 29 juin 1872. Après un court historique, qui nous fournira un premier chapitre, nous observerons la méthode exégétique, et nous parcourerons la série de nos cinq articles. Puis nous

______

(1) Voy. sur ce point, M. Besson : *Traité pratique de la taxe de 3 0/0 sur le revenu des valeurs mobilières,* nº 22.

examinerons les dispositions spéciales édictées pour frapper les valeurs des associations et congrégations religieuses.

Enfin, quand nous aurons dégagé les caractères et la physionomie de l'impôt actuel sur le revenu des valeurs mobilières, nous envisagerons cet impôt au point de vue économique. La critique de la loi du 29 juin 1872, quelques indications sur les législations étrangères en ce qui concerne notre impôt, l'examen des réformes proposées dans ces matières, formeront le complément naturel de notre étude.

Nous adopterons donc la division suivante :

Chap. premier. — Historique de la législation actuelle de l'impôt sur le revenu des valeurs mobilières.

Chap. II. — Impôt sur le revenu des actions et parts d'intérêts (art. 1, §§ 1 et 3, loi du 29 juin 1872).

Chap. III. — Impôt sur le revenu des emprunts et obligations (art. 1, § 2, loi du 29 juin 1872 ; loi du 21 juin 1875).

Chap. IV. — Détermination du revenu imposable (art. 2, loi du 29 juin 1872).

Chap. V. — Liquidation et paiement de l'impôt sur le revenu (art. 3 et 5 loi du 29 juin 1872).

Chap. VI. — Impôt sur le revenu des valeurs étrangères (art. 4 loi du 29 juin 1872).

Chap. VII. — Impôt sur le revenu des associations et

congrégations religieuses (loi du 28 déc. 1880, art. 3, et loi du 29 déc. 1884, art. 9).

Chap. VIII. — Législation comparée. — Critiques. — Projets de réformes.

CHAPITRE PREMIER

HISTORIQUE DE LA LÉGISLATION DE L'IMPOT SUR LE REVENU DES VALEURS MOBILIÈRES

4. — Besoins financiers de 1871-72. — L'impôt sur le revenu.

5. — Projet de la commission du budget (Casimir Périer) et projet du gouvernement (Pouyer-Quertier).

6. — Rapport Léonce de Lavergne.

7. — Déclaration repoussée. — Le principe de l'impôt sur le revenu des valeurs mobilières est admis.

8. — La loi du 29 juin 1872. — Incidents qui précèdent et accompagnent le vote.

9. — Dispositions législatives et réglementaires postérieures à cette loi.

4. — *Besoins financiers de* 1871-72. *L'impôt sur le revenu.* — L'Assemblée nationale élue en 1871, au lendemain de nos désastres, eut une double mission : reconstituer l'armée et rétablir les finances de notre malheureux pays. L'étendue du mal devant déterminer l'étendue des sacrifices, deux mesures énergiques parurent d'abord avoir toute chance d'être adoptées : le service militaire égal pour tous, d'une durée de trois années, et l'impôt général sur le revenu. Mais ces deux mesures rencontrèrent l'une et l'autre, de la part de M. Thiers, président de la République, une vive opposi-

tion. La législation nouvelle, à établir en ces matières, touchait aux intérêts les plus vitaux du pays : M. Thiers apporta à faire prévaloir ses idées toute la ténacité dont il était capable, et parvint à faire triompher au moins partiellement ses vues, car on aboutit à une double transaction.

C'est à l'une de ces transactions qu'est due la loi du 29 juin 1872.

La pénible nécessité qui s'imposait de créer pour plus de 800 millions d'impôts nouveaux (1) avait fait surgir dès les premiers jours de nombreuses propositions. Tandis que M. Thiers voulait faire face aux besoins du moment en créant un impôt sur les matières premières, beaucoup de députés proposèrent d'établir sous différentes formes un impôt qui a toujours soulevé de vives discussions parmi les économistes, mais dont le principe ne laisse pas que d'être séduisant : l'impôt sur le revenu (2). Ces propositions s'inspiraient de l'exemple des nations étrangères où fonctionne plus ou moins complètement l'impôt sur le revenu : la Russie, la Prusse et surtout l'Angleterre. L'*income-tax* anglais

---

(1) Nous empruntons ce chiffre au rapport de M. Casimir Périer dont il sera question plus loin.

(2) Projets ou amendements Rouveure, Langlois, Hèvre et Bamberger, Aubry, Duprat, Wolowski, Lefranc, etc. Voir l'analyse de tous ces projets ou amendements, dans le *Rapport de M. Y. Guyot* au nom de la commission du budget de 1887 (Annexe au procès-verbal de la séance du 14 oct. 1886), sur les *questions soulevées par diverses propositions relatives à l'impôt sur le revenu*, p. 29 et suiv. Voir aussi M. Joseph Chailley : *L'impôt sur le revenu*, p. 505.

servait de type à la plupart des combinaisons (1). De la lecture de toutes ces propositions, un fait ressort nettement : la préoccupation générale d'atteindre les valeurs mobilières, et d'épargner la propriété foncière et immobilière.

5. — *Projet de la commission du budget (Casimir Périer) et projet du gouvernement (Pouyer-Quertier).* — La même préoccupation anime la commission du budget rectifié de 1871. Repoussant les droits de douane proposés par le gouvernement, hostile à toute augmentation de l'impôt foncier, elle ne veut pas admettre davantage l'introduction pure et simple de l'*income-tax* anglais qui lui paraît, sur bien des points, inquisitorial, arbitraire et vexatoire. Elle finit par opter pour un système de taxes frappant différentes sources de revenus, avec des tempéraments susceptibles d'adapter ces taxes aux mœurs nationales.

Ce système de taxes devait fournir 80 millions. Chargé

---

(1) Bien que le mot *income-tax* soit au singulier en anglais ; cette taxe ne constitue pas chez nos voisins un impôt général sur le revenu : elle ne diffère pas beaucoup de nos quatre contributions directes. Établie par Pitt en 1798 pour soutenir les dépenses de la guerre contre la France, elle fut supprimée en 1802, puis rétablie de 1805 à 1816. Elle laissait en 1816 un arriéré de 400 millions de francs environ, et son impopularité était telle qu'on en brûla solennellement les registres. Robert Peel en dota de nouveau son pays en 1842 pour réaliser ses grandes réformes financières. Ce rétablissement ne devait être que provisoire, mais depuis cette époque, l'*income-tax* a été prorogé, d'années en années : l'influence de M. Gladstone a contribué à ces prorogations. Son rendement pour 1885-86 est évalué à 10 millions de L. St.

de faire le rapport, au nom de la commission du budget, M. Casimir Périer le résuma dans un tableau comprenant quatre cédules distinctes :

Cédule A. Valeurs mobilières.

«   B. Traitements des fonctionnaires. Salaires des employés.

«   C. Créances de toute nature.

«   D. Chiffre des affaires, ou bénéfices commerciaux.

Les impôts contenus dans ces cédules devaient avoir autant que possible un *caractère réel* et *non personnel*. Le caractère personnel n'avait pu être évité pour les revenus des créances chirographaires, pour les produits des offices et des professions, pour les bénéfices du commerce et de l'industrie. Dans ces trois cas il avait fallu admettre la déclaration du revenu, mais on s'était efforcé de tempérer, dans la mesure du possible, les inconvénients de cette déclaration. « Le secret, disait M. Casimir Périer, est assuré aux contribuables, et ce n'est que sur la présomption grave de dissimulations qu'un jury spécial sera appelé à statuer. Composé de manière à donner à tous, à l'État comme aux citoyens, toutes les garanties possibles d'indépendance, ce jury aura seul le droit de demander des preuves, d'exiger la production d'écritures que le commerçant est, de par la loi, obligé de tenir, et dont la régularité est aussi salutaire pour lui qu'indispensable à la sécurité des tiers..... Enfin, pour garantie suprême, les contribuables pourront, s'ils le veulent, faire leur déclaration sous le sceau du secret, à un commissaire spécial » (1).

Ce projet exemptait de la taxe les revenus inférieurs à 1,500 francs, mais cette exemption ne profitait pas aux revenus des valeurs mobilières ni des créances, parce que ces revenus, si faibles qu'ils soient, supposent la possession d'un capital. Il y avait encore exemption pour les traitements des militaires et marins jusqu'au grade de capitaine et lieutenant de vaisseau, pour les salaires des ouvriers, pour la rente sur l'État, la rente foncière, et les revenus des sociétés se livrant à des exploitations agricoles.

Du projet de la commission, le gouvernement n'accepta que le principe de la taxe sur le revenu des valeurs mobilières, principe qui inspirait l'art. 14 de ce projet et se traduisait par la proposition d'un droit de 3 p. 100. Très opposé à l'adoption de tout impôt sur le revenu, M. Thiers ne faisait de concession que sur ce seul point. Le ministre des finances, M. Pouyer-Quertier, déposa, le 9 décembre 1871, un projet de budget pour l'exercice 1872 : son art. 8 empruntait à l'art. 11 du projet de la commission la taxe sur le revenu des valeurs mobilières, avec quelques modifications dans les formes de la perception, et quelques dispositions nouvelles destinées à

____

(1) Rapport de M. Casimir-Périer, 31 août 1871, *J. off.* 1871, p. 3,759 et suiv.

atteindre les valeurs étrangères (1). L'art. 14 du projet de la commission, l'art. 8 du projet Pouyer-Quertier étaient au fond une même proposition : ce dernier devint, après quelques transformations nouvelles, la loi du 29 juin 1872.

6. — *Rapport Léonce de Lavergne.* — Le projet de la commission vint en discussion à la fin du mois de décembre 1871. M. Léonce de Lavergne qui avait succédé comme rapporteur à M. Casimir Périer, exprima en termes très explicites, dans la séance du 22 décembre, la pensée qui avait fait admettre par le gouvernement l'impôt sur les valeurs mobilières et qui devait inspirer l'Assemblée dans le vote de cet impôt.

« En imposant les valeurs mobilières, actions et obligations, il nous a été possible d'*échapper à la déclaration*. Il est très facile de saisir ces valeurs entre les mains des Compagnies qui les émettent. Ce seront elles qui seront chargées de faire les retenues. La perception de l'impôt n'aura *aucun caractère personnel.* Personne ne sera obligé de faire connaître l'état de sa fortune ; nous saisirons les obligations et les actions comme on saisit la richesse immobilière. Elle est tangible et il est parfaitement possible de la saisir *sans déclaration.* »

Quant aux taxes destinées à atteindre les revenus compris dans les cédules B, C, D, taxes qui nécessitent

____

(1) *J. off.* année 1871, p. 5,300.

une déclaration, le rapporteur les soutient sans enthou-
siasme :

« Nous vous proposons tristement, mais fermement,
d'en venir à ce que nous considérons comme *une véritable extrémité*, parce que nous ne considérons pas comme
possible d'augmenter l'impôt sur les douanes ou tout
autre impôt, de telle sorte qu'on parvienne à se passer
des 60 millions que nous demandons aux revenus dont
il s'agit, et aux créances hypothécaires. Nous vous demandons, avec douleur, de *subir comme nous l'inexorable loi* (1). »

7. — *Déclaration repoussée. Le principe de l'impôt sur
le revenu des valeurs mobilières est admis.* — L'Assemblée refusa d'en venir à cette « *extrémité* », et de « subir
l'*inexorable loi* » dont parlait le rapporteur. Formellement opposée à toute déclaration, elle repoussa une proposition de M. Wolowski tendant à l'établissement d'un
impôt général sur le revenu, et condamna du même
coup le principe des cédules B,C, D. (2). — Restait la
cédule A, c'est-à-dire la proposition d'impôt sur le revenu des valeurs mobilières. Elle l'examina en même
temps que le projet Pouyer-Quertier, joint à titre
d'amendement au projet de la commission. Sans doute,
elle eut voté dès lors la taxe sur les valeurs mobilières,
sous l'une ou l'autre de ses formes (3), si M. Thiers

1. *J. off.* 23 décembre 1871, p. 51,888.
2. Séance du 27 décembre, *J. off.* 23, 24, 27 et 28 décembre.
3. Malgré un rapport défavorable de M. Benoit-d'Azy, fondé sur cette

n'avait obtenu l'ajournement de la décision définitive, pour faire discuter préalablement les décimes et l'impôt sur les matières premières.

L'adoption de l'impôt sur les matières premières aurait empêché la question de la taxe sur les valeurs mobilières de revenir en discussion. C'était l'espoir de M. Thiers. Cet espoir fut déçu. On sait que son insuccès en ce qui concerne les matières premières amena sa démission, qui d'ailleurs ne fut pas acceptée (20 janvier 1872). Diverses taxes pourvurent aux nécessités du moment.

En mai 1872 une nouvelle commission du budget se trouva en présence des mêmes difficultés que la Commission précédente. Il s'agissait de trouver cent millions de ressources nouvelles pour l'exercice qui allait s'ouvrir. On reprit les anciens projets relatifs à l'impôt sur le revenu, et la division en cédules de M. Casimir Périer. Parmi les trois dernières cédules, on écarta sans hésiter la cédule B, relative aux traitements des fonctionnaires et aux salaires des employés : on ne voulait ni déclaration ni inquisition. Le même motif fit écarter dans la cédule C (créances de toute nature) les dispositions relatives aux créances chirographaires. Les créances hypothécaires furent au contraire l'objet d'une loi qui soumit leurs revenus à une taxe de 2 p. 100 (loi du

considération qu'il était injuste de taxer une catégorie spéciale de revenus, alors qu'on refusait de taxer les trois autres catégories des cédules B. C. D. Voir séance du 6 janv. 1872, *J. off.* 7 janv. 1872, p. 104.

28 juin 1872 abrogée le 20 décembre de la même année) (1). La cédule D fournit également un projet de loi qui aurait établi un impôt sur le chiffre des affaires : ce projet fut soutenu sans succès par M. Casimir Périer (*J. off.* 6 juin 1872, p. 3785).

Seule, la cédule A a donné naissance à une loi durable : la loi qui régit encore l'impôt sur le revenu des valeurs mobilières.

8. — *La loi du 29 juin 1872.* — *Incidents qui précèdent ou accompagnent le vote.* — Il nous reste à préciser les derniers incidents qui précédèrent l'adoption de la loi du 29 juin 1872. Ces incidents ont beaucoup d'importance, car on en a tiré argument pour résoudre l'une des plus graves difficultés soulevées par l'interprétation de cette loi.

Le 25 mai 1872, M. Desseilligny déposait un rapport concluant à l'adoption de l'impôt sur le revenu des valeurs mobilières : son projet reproduisait les termes du projet de la commission du budget rectifié de 1871 (art. 14) : le taux de l'impôt devait être de 2 p. 100 (*J. off.* 7 et 8 juin 1872, p. 3,824 et 3,847). La discussion s'engagea le 25 juin, mais le renvoi à la commission fut demandé et obtenu par MM. Thiers et Pouyer-Quertier (2): Ce dernier proposait d'adopter son ancien pro-

(1) Cette abrogation a eu trois motifs : réclamations des intéressés, difficultés de la perception de la taxe, sympathie de l'Assemblée pour la propriété foncière.

(2) M. Pouyer-Quertier n'était plus ministre des finances à ce moment, M. Magne lui avait succédé.

jet, avec le taux de 3 p. 100, une taxe de 2 p. 100 devant être insuffisante pour produire les 15 millions qu'on attendait des valeurs mobilières.

Dans la séance du 28 juin, un instant après le vote de la loi créant l'impôt des créances hypothécaires, M. Desseilligny montait à la tribune pour lire un rapport sommaire sur l'impôt des valeurs mobilières, et déclarait qu'un accord était intervenu entre la commission et le gouvernement (*J. off.* 29 juin, p. 4,382).

« Le gouvernement, disait M. Desseilligny, nous a produit des calculs d'après lesquels la loi proposée par la commission ne devait pas atteindre, comme nous l'avions espéré, un produit de 15 millions... Nous avons remanié le projet que nous avions proposé, et élevé la taxe à 3 p. 100 pour assurer ce produit.

« M. le ministre des finances nous a autorisé à vous dire que, tout en ayant étudié une combinaison différente, il ne s'opposait pas à l'adoption du projet (1) ».

(1) La transaction à laquelle est due la loi du 29 juin 1872 fut très pénible à M. Thiers. La veille du vote de la loi, il s'exprimait en ces termes : « Ce n'était pas sans hésitation de ma part, et sans une vive répugnance que nous avions consenti à présenter un impôt sur ce genre de valeurs (valeurs mobilières). C'est que j'y voyais une atteinte à ce principe auque je tiens infiniment, celui de ne faire porter directement ou indirectement aucun impôt sur ce qu'on peut appeler le capital. Tout ce qui peut être fait contrairement à ce principe me paraît être une grave erreur économique. »

Et plus loin : « Eh bien, je dois le dire, quant à moi, je croirais beaucoup plus sage et plus prévoyant de ne pas recourir à un impôt de ce genre. » Séance du 25 juin. *J. off.* 26 juin 1872, p. 4,301.

Cette attitude de M. Thiers doit être notée ; elle condamne un système

Le lendemain, 29 juin, la loi était votée. En présence
des longs débats qui précédèrent son adoption, on comprend que l'Assemblée, une fois le principe admis,
ait accepté la rédaction proposée par sa commission, sans engager aucune discussion nouvelle au sujet
des termes de cette rédaction. Les expressions adoptées
par le législateur ne peuvent donc guères être éclairées
à la lumière des travaux préparatoires. Cette lumière
n'eut pourtant pas été inutile pour résoudre les difficultés d'interprétation d'une loi qui posait les bases d'un
impôt tout à fait nouveau.

On avait cru, il est vrai, entourer la rédaction de
toutes les garanties possibles. On avait fait appel, comme
le déclarait M. Thiers dans la séance du 27 juin « aux
hommes compétents, auxquels on s'adresse en général
dans les commissions, pour avoir des rédactions *qui ne
donnent pas lieu à des difficultés pratiques*. » La suite
de cette étude nous montrera quelle fut l'illusion du président de la République, lorsqu'il se berça d'un tel espoir. Nous rencontrerons bien des lacunes et bien des
obscurités qui ont suscité les plus vives controverses,
quand il s'est agi d'assurer le rendement de la taxe.

9. — *Dispositions législatives ou réglementaires postérieures à la loi du 29 juin* 1872. — Nous compléterons
cet historique par l'énumération des dispositions légis-

que nous combattrons plus loin, d'après lequel le gouvernement de
M. Thiers aurait imposé à la dernière heure une aggravation considérable
à la taxe sur les valeurs mobilières.

latives ou réglementaires, qui ont été rendues à la suite de la loi du 29 juin 1872, et dont l'ensemble constitue la législation française de l'impôt sur le revenu de valeurs mobilières.

Décret du 6 décembre 1872, rendu en vue de l'application de la loi du 29 juin.

Loi du 21 juin 1875 et décret du 15 décembre 1875, soumettant à la taxe les lots et primes de remboursement.

Loi rectificative du 1er décembre 1875 ayant pour but d'exempter de la taxe les sociétés en nom collectif et certaines sociétés coopératives.

Loi du 28 décembre 1880, étendant la taxe « aux sociétés dont les produits ne doivent pas être distribués », et loi du 29 décembre 1884, visant expressément les associations et les congrégations religieuses.

Ajoutons qu'un décret du 18 mars 1874 a rendu exécutoire en Algérie la loi du 29 juin 1872 et le décret réglementaire du 6 décembre suivant. Les lois du 28 décembre 1880 et du 29 décembre 1884 n'ont pas encore été promulguées dans ce pays.

Enfin les lois du 29 juin 1872, du 1er déc. 1875, du 21 juin 1875, et les décrets rendus en exécution de ces lois sont devenus applicables à la Martinique, à la suite d'une délibération du conseil général du 18 juillet 1883, approuvée par décret du 15 octobre 1883. Nous ne connaissons pas de délibération analogue, en ce qui concerne les dispositions de 1880 et 1884 relatives aux congrégations et associations religieuses.

CHAPITRE II

10. — Texte et division.

10. — L'art. 1er de la loi du 29 juin 1872 nous apprend, dans ses trois paragraphes, quelles sont les valeurs mobilières dont les revenus sont soumis à l'impôt. Dans un intérêt de méthode nous rapprocherons les paragraphes 1 et 3, dont les dispositions s'appliquent à des valeurs similaires. Les revenus qui échoient aux associés en raison de leurs droits dans la société, c'est-à-dire les revenus des actions et parts d'intérêt, sont visés dans les termes suivants :

Article 1er. — « Indépendamment des droits de timbre et de transmission établis par les lois existantes, il est établi à partir du 1er juillet 1872 une taxe annuelle et obligatoire :

« 1° Sur les *intérêts, dividendes, revenus et tous autres produits* des actions de toute nature, des *sociétés, compagnies ou entreprises quelconques*, financières, industrielles, commerciales ou civiles, quelle que soit l'époque de leur création ;

« 2°... 3° Sur les *intérêts, produits et bénéfices annuels* des parts d'intérêts et commandites, dans les *sociétés*, *compagnies* et entreprises dont le capital n'est pas divisé par actions. »

Pour délimiter la portée exacte de ce texte, d'apparence si compréhensive, nous aurons à nous demander :

1° Quelles sont les sociétés dont les revenus subissent la taxe?

2° Quand se trouve-t-on en présence d'un revenu imposable?

SECTION I

SOCIÉTÉS VISÉES

§ I

Principes : Toutes les Sociétés paient la taxe

11. — Généralité du texte.

A

Première exception : Sociétés commerciales en nom collectif et commandites simples (parts des gérants)

12.— Première pratique de l'administration favorable aux sociétés en nom collectif.

13. — Revirement: arrêts de 1875.

14. — Loi du 1er déc. 1875. — Exception admise en faveur des sociétés en nom collectif et des commandites simples.

15. — Sociétés civiles à forme commerciale: la loi ne les protège pas.

16. — Critiques adressées à la loi de 1875.

17. — L'intérêt et l'action: importance de la distinction.

18. — Jurisprudence.

B

Seconde exception. Sociétés coopératives.

19. — Portée de l'exception.

C

Faut-il admettre d'autres exceptions?

20. — Défaut de personnalité civile. — Caractère immobilier du fonds social.

21. — Jurisprudence.

22. — Sociétés de fait.

23. — Sociétés en liquidation.

§ I

Principes : Toutes les Sociétés paient la taxe

11. — *Généralité du texte.* — En présence de la formule générale employée dans l'art. 1, 1° et 3°, il semble qu'aucune hésitation ne soit possible. Toutes les sociétés sans exception et sans distinction, quelle que soit leur nature et leur forme, doivent donner lieu à la perception de l'impôt. Les principes d'interprétation, particulièrement rigoureux en matière fiscale, imposent cette solution. Cependant la règle ainsi formulée serait trop absolue : elle comporte au moins deux exceptions, diéctées par une loi postérieure.

A

Première exception. Sociétés commerciales en nom collectif et commandites simples (parts des gérants).

12. *Première pratique de l'administration, favorable aux sociétés en nom collectif.* — Au lendemain de la première application de la loi, l'administration reconnaissait qu'une restriction très importante devait être apportée à la règle de l'art. 1 : la taxe ne devait pas être perçue sur les revenus des sociétés commerciales en nom collectif.

En effet, à la suite du par. 3 de notre article, cette instruction disait : « Cette désignation comprend *les sociétés civiles* divisées en parts d'intérêts, mais *elle exclut les sociétés commerciales en nom collectif*, et les parts y afférentes, à moins que la Société ne renferme une commandite, auquel cas la taxe n'est due que sur le montant de cette commandite » (Instr. du 11 décembre 1872, n° 2425 — Dal. P. 1874. 5. 529, n° 7).

Cette interprétation semblait d'ailleurs très raisonnable. La loi du 29 juin 1872 n'est autre chose, sauf quelques modifications, que l'art. 8 du projet du budget de 1872 présenté par M. Pouyer-Quertier. Or l'exposé des motifs disait, au sujet de l'art. 8 : « Il *laisse en dehors* de la taxe les revenus produits par *les sociétés en nom collectif, coopératives et autres*, dans lesquels le bénéfice réalisé n'est le plus souvent que le fruit du travail et de l'intelligence des associés, qui, en outre, engagent dans ces entreprises leur fortune tout entière, leur crédit, et même leur honneur. L'actionnaire, ou le détenteur de parts d'intérêts, au contraire, ne risque que des capitaux sollicités par l'appât d'une large rémunération. Il en est de même de l'associé commanditaire, qui n'est qu'un bailleur de fonds. »

13. — *Revirement. Arrêts de* 1875. — Malheureusement, si le texte du projet Pouyer-Quertier concordait parfaitement avec ces idées, puisqu'il taxait « *les revenus des fonds et valeurs apportés en commandite* », le texte adopté dans la loi du 29 juin disait autre chose, puisqu'il autorisait la perception « *sur les valeurs des parts d'intérêt et commandites* ». Au bout de trois ans l'administration se ravisa et s'appuya sur la lettre de la loi pour taxer désormais les revenus des associés en nom collectif.

Par quatre arrêts du 23 août 1875 (D. P. 1875. 1. 347) la Cour de cassation consacra cette nouvelle pratique, s'appuyant sur ce que « si une exception en faveur des parts, afférentes aux sociétés en nom collectif résultait du projet primitivement présenté par le gouvernement, cette exception n'a pas été reproduite dans la loi du 29 juin 1872 qui a remplacé ce projet ».

La jurisprudence de ces quatre arrêts trouve sa justification dans cette considération que l'intention du législateur était ici très douteuse, et qu'en pareil cas le plus sûr est de s'en tenir à la lettre du texte. Sans doute, au sujet de controverses que nous examinerons plus loin, nous refuserons de suivre la Cour de cassation, lorsque sa jurisprudence aboutira à faire triompher le sens plus ou moins apparent des textes, à l'encontre des intentions manifestes du législateur de 1872. Mais dans le cas dont il s'agit, la pensée de l'Assemblée nationale était très incertaine. En veut-on la preuve ? Dans la discussion de la loi interprétative de 1875, qui va nous occuper tout à l'heure, trois membres de l'assemblée qui ont assisté au vote de la loi de 1872, se succèdent à la tribune. L'un d'eux, M. Gouin, affirme qu'en 1872 l'Assemblée a voulu exempter de la taxe les sociétés en nom collectif ; le second, M. Hervé de Saisy, est d'un avis opposé ; un troisième orateur, M. Léon Say, déclare que l'intention de l'Assemblée sur ce point est bien difficile à saisir, et que, si elle a voulu épargner les sociétés en nom collectif, « il est bien malheureux qu'elle ait adopté un texte qui dit à peu près le contraire. » (*J. off.* de 1875, p. 9,917) (1).

Quoi qu'il en soit, d'ailleurs, du bien ou du mal fondé de ces arrêts, on peut dire qu'ils soulevèrent un *tolle* général. Devant les protestations des chambres de commerce, sous la pression de l'opinion publique, l'Assemblée nationale dut se préoccuper de soustraire à l'impôt les sociétés en nom collectif. Un projet de loi en ce sens, présenté par M. Féray et plusieurs de ses collègues, fut voté le 1er décembre 1875, sur le rapport favorable de M. Gouin (D. P. 1876. 4. 17).

On exemptait en même temps de la taxe, une deuxième catégorie de sociétés : les sociétés de coopération,

---

(1) On a aussi beaucoup critiqué l'administration à cause de son changement d'attitude dans cette circontance. Sans doute le reproche de contradiction a pu lui être adressé à bon droit. Mais le but qu'elle poursuit n'est-il pas d'assurer le meilleur rendement de l'impôt, et son absolu désintéressement ne devrait-il pas lui épargner certaines attaques sans mesure dont elle est parfois l'objet

réunissant certains caractères que nous préciserons plus loin, après avoir étudié la première exception.

14. — *Loi du 1ᵉʳ déc. 1875. Exception admise en faveur des sociétés en nom collectif, et des commandites simples.* — L'art. 1. de la loi rectificative du 1ᵉʳ déc. 1875 est ainsi conçu :

« Les dispositions de l'art. 1, 3°, de la loi du 29 juin 1872, ne sont pas applicables aux parts d'intérêt dans les sociétés *commerciales* en nom collectif, et elles ne s'appliquent, dans les sociétés en commandite dont le capital n'est pas divisé par actions, qu'au montant de commandite. »

Il importe de déterminer exactement la portée de cet article. Si nous nous reportons aux travaux préparatoires de la loi de 1875, l'intention du législateur nous apparaît clairement. Uniquement préoccupé de donner satisfaction à l'opinion publique, qui venait de faire entendre un cri si énergique de protestation contre la jurisprudence admise à l'égard de sociétés en nom collectif, le législateur voulut toucher le moins possible à la loi de 1872. C'est ce qui ressort des arguments employés par le ministre des finances, M. Léon Say, et par le rapporteur de la loi, M. Gouin, pour faire repousser un amendement destiné à étendre la restriction contenue dans l'art. 1.

15. — *Sociétés civiles à formes commerciales. La loi ne les protège pas.* — Cet amendement, proposé par M. Léon Clément, était relatif aux sociétés civiles à formes commerciales, constituées conformément aux art. 1042 et suivants du Code civil. C'est-à-dire composées d'associés responsables envers les tiers. « On vient vous proposer, disait M. Clément, une loi rectificative, qui vous dit qu'à cette règle générale, que toutes les sociétés civiles et commerciales sont frappées par la loi, il y aura une exception, une seule, au profit des sociétés commerciales indiquées au texte du projet. — Eh bien, que résulte-t-il de là ? Il en résulte incontestablement que toutes les autres sociétés, et par conséquent toutes les sociétés de l'ordre civil, seront désormais frappées par la loi. »

Mais parmi ces dernières sociétés, ajoutait M. Clément; il en est de fort intéressantes, d'aussi intéressantes que les sociétés commerciales en nom collectif !

« Deux frères exploitent un moulin; ils forment une société commerciale, et en conséquence les deux frères qui exploitent ce moulin vont échapper, d'après ce projet de loi, à l'impôt de 3 p. 100. Mais deux frères qui sont à côté exploitent une ferme, ils sont fermiers. C'est une société civile. Eh bien, si vous n'admettez pas mon amendement, ou une disposition analogue, ces deux fermiers seront frappés. »

Il est vrai qu'ils ne l'étaient pas encore en 1875. « Jusqu'à présent, l'administration de l'enregistrement, je le reconnais, ne s'est pas adressée aux intérêts que je viens défendre à cette tribune ». Et M. Léon Say promettait à leur égard le maintien du *statu quo*. A cette tolérance

on proposait simplement de substituer une garantie législative. Et pour obtenir ce résultat, les partisans de
l'amendement faisaient valoir un argument bien propre
à émouvoir l'assemblée : il s'agissait de protéger des
sociétés qui se rattachent par beaucoup de liens à l'agriculture, et au sort des populations rurales, et cela, sans
qu'il fut nécessaire de rien retrancher aux ressources du
trésor. Cette protection légale, l'assemblée la refusa,
craignant de laisser passer beaucoup d'autres exceptions,
et cette fois aux dépens du trésor, si elle ouvrait la porte
à une seule exception nouvelle (1).

16. — *Critiques adressées à la loi de* 1875. — Aujour-
d'hui les sociétés civiles, que voulait protéger M. Clément, sont soumises à la taxe. Le silence de la loi a
tourné contre elles. Ce résultat a suscité de vives critiques contre la loi du 1ᵉʳ décembre 1875. Ce n'est
pas seulement dans les sociétés commerciales en nom
collectif que les bénéfices réalisés sont le fruit de l'intelligence et que les associés engagent leur fortune, leur
crédit, leur honneur. Ces considérations se présentent
dans beaucoup de sociétés civiles. Si on veut faire disparaître la situation privilégiée faite par la loi de 1875
aux sociétés commerciales en nom collectif, il faut
étendre la faveur dont elles jouissent aux sociétés similaires qui ont le caractère civil, ou abroger purement et
simplement la loi de 1875, afin que toutes les sociétés
subissent le même impôt. Cette dernière solution a été

(1) Discussion de la loi, *J. off.* 2 déc. 1875, p. 9,975 — D. P. 1876. 4. 17.

récemment proposée (1). Nous ne saurions nous y rallier parce qu'elle imposerait une charge nouvelle à beaucoup de commerces et d'industries, qui ont supporté avec peine la crise de ces dernières années.

17. — *L'intérêt et l'action. Importance de la distinction.* — Une observation importante doit être faite à propos de l'art. 1 de la loi du 1 déc. 1875. Parmi les sociétés en commandite, celles-là seules bénéficient d'une immunité partielle, qui ne revêtent pas la forme de la commandite par actions. Dans ces sociétés, il y aura exemption de l'impôt, dans la limite du montant de la commandite. Ceci donne un intérêt nouveau à la distinction des commandites simples et des commandites par action, distinction également importante lorsqu'il s'agit d'appliquer la réglementation minutieuse des lois du 17 juillet 1856 et du 22 juillet 1867.

La loi a négligé de préciser les caractères de l'intérêt et de l'action. Dans son silence, beaucoup de systèmes se sont produits pour établir le critérium de la distinction. Nous admettrons avec MM. Lyon-Caen et Renault qu'en règle général, ce qui caractérise l'action, c'est la cessibilité (2). Quand les parts d'associés peuvent être transmises à des tiers, qui prennent entièrement la

<hr>

(1) Voy. en ce sens un article du *Répertoire Périodique* de juin 1886, (n⁰ 6,668). L'auteur fait observer que les sociétés en commandite n'ont pas souffert du krach de 1882 qui a éprouvé si gravement les autres sociétés elles jouissent donc à ses yeux d'une faveur qui a perdu sa raison d'être.

(2) *Précis de droit commercial*, de MM. Lyon-Caen et Renault, n⁰ 370 et suiv. — M. Beudant : *Revue critique*, t. XXXIV, p. 134 et suiv.

place des cédants, et que cette transmission apparaît en outre comme un *fait normal et ordinaire*, ces parts sont des actions. Dans le cas contraire, ce sont des intérêts. Il n'y a là, comme on le voit, rien de bien précis; aussi dans la pratique, en présence des combinaisons multiples qui peuvent être imaginées pour opérer la transmission, sera-t-il souvent délicat d'apprécier si la cessibilité est suffisante pour qu'on soit en présence d'actions plutôt que d'intérêts.

18. — *Jurisprudence.* — La Cour de cassation a été appelée à faire cette appréciation, au point de vue de l'application de l'impôt sur le revenu des valeurs mobilières, dans des circonstances intéressantes.

Dans une première espèce (Belle-Jardinière), il s'agissait d'une société en commandite, dont le capital était divisé en titres ayant une individualité distincte, et transmissibles tant aux associés qu'aux tiers, au moyen d'un transfert sur les registres sociaux. Mais les statuts réservaient, pour les transmissions aux personnes étrangères à la société, l'agrément de la cession en assemblée générale, par un nombre de sociétaires représentant au moins le quart du fonds social. Suivant la société, demanderesse en cassation, cela suffisait pour que les titres ne fussent pas considérés comme de véritables actions, et cette société pouvait prétendre à la qualification de commandite par intérêts. Par suite, la taxe de 3 p. 100 n'aurait pas dû être perçue sur les revenus des parts appartenant aux gérants sociaux. La

cour n'a pas admis ce raisonnement. La restriction apportée à la libre disposition des titres, dans un cas déterminé seulement, ne fait pas obstacle à leur circulation et ne leur enlève pas le caractère d'actions (Req.
27 mars 1878 — D. P. 1878. 1. 308).

La solution sera la même, si les cessions, au lieu d'ê-
tre soumises à l'approbation de l'assemblée générale,
sont susceptibles d'un retrait exercé par les gérants de
la société, dans un délai et à un prix déterminés. On ne
peut prétendre qu'une telle clause, tendant à immobili-
ser les titres dans un petit nombre de mains, ôte à la
société son caractère de société par actions, pour en
faire en quelque sorte une société de famille (Cas. Req.
13 mars 1882 — D. P. 83, 1, 83). Dans ce cas, comme
dans le précédent, il y avait donc lieu de percevoir la
taxe d'après les règles établies pour les sociétés par
actions.

Cette circonstance qu'aux termes des statuts les droits
des associés, représentés d'ailleurs par des titres distincts et individuels, ne peuvent être cédés que dans les
termes de l'art. 1690 du Code civil ne doit-elle pas
modifier la solution ? La Cour de cassation ne l'a pas
pensé. Elle a déclaré dans un arrêt récent « que ce mode
de cession, qui peut être une entrave *à la négociabilité
des titres*, ne fait nul obstacle *à leur cessibilité*, véritable
caractère distinctif de l'action » (Société Desclées. Req.
2 août 1886. *Rép. pér.* n° 6,747) (1).

(1) Dans le même sens. Laon, 14 juin 1884 (D. P. 1885. 5, 510). — Des

B.

Deuxième exception. Sociétés coopératives.

19. — *Portée de l'exception.* — L'exemption de la taxe est accordée à certaines sociétés coopératives.

Lors de la discussion de la loi du 1er décembre 1875, M. Pascal Duprat proposa et fit admettre par l'Assemblée nationale un amendement qui devint l'art. 2 de loi. Voici cette disposition.

« La même exception s'applique aux parts d'intérêt dans les sociétés *de toute nature*, dites de coopération, formées exclusivement entre des ouvriers ou artisans, au moyen de leur cotisation périodique. »

Cet article reprend, en la précisant, la pensée dont s'était inspiré l'exposé des motifs du projet Pouyer-Quertier en 1872. « La loi, disait cet exposé, laisse en dehors les sociétés en nom collectif *coopératives ou autres*, dans lesquelles le bénéfice réalisé n'est le plus souvent que le fruit du travail. » Il y a des sociétés coopératives dont le capital est formé par actions ; d'autres dans lesquelles il existe des bailleurs de fonds, sorte de commanditaires. Ces sociétés subissent la taxe. Il en est de même de celles

difficultés analogues peuvent se produire lorsqu'il s'agit d'une société *en nom collectif*. Ainsi il est arrivé qu'une société ayant tous les caractères essentiels de la société en nom collectif, et fondée *intuitu personæ*, avait donné à ses titres la dénomination d'*actions* pour échapper à la taxe. L'administration a soutenu, et la jurisprudence a admis que la perception devait avoir lieu, sans s'arrêter à la qualification donnée par les associés en nom collectif aux fractions du capital réparti entre eux. Instructions n° 2,457, p. 2 et 2,534. — Laon, 15 mars 1883.

qui seraient ouvertes à toute personne, à la condition
toutefois, comme nous le verrons plus loin, que ces sociétés distribuent à leurs membres des revenus.

« La disposition nouvelle, dit l'instruction n° 2,534,
ayant tout le caractère d'une exception, devra être appliquée rigoureusement dans ses termes, et l'exemption
ne profitera qu'aux sociétés réunissant toutes les conditions prescrites par la loi. »

Remarquons, d'ailleurs, que l'art. 2 parle des sociétés
de coopération *de toute nature,* tandis que l'exemption
de l'art. 1 ne concerne que les sociétés *commerciales :* les
sociétés civiles de coopération profitent donc de la dispense aussi bien que les sociétés commerciales.

L'instruction que nous venons de citer prescrit aux
préposés d'examiner les statuts pour voir si l'on est bien
en présence d'une société coopérative. Ces sociétés, en
effet, se distinguent des autres non par leur forme, mais
par leur objet, qui est de favoriser le travail personnel
des ouvriers et artisans, en leur assurant des moyens
de crédit mutuel, ou en augmentant leur salaire par la
suppression des entrepreneurs et intermédiaires, ou
encore en leur faisant obtenir à prix réduit les choses
nécessaires à leur existence, ou à l'exercice de leur profession.

C

Faut-il admettre d'autres exceptions?

20. — *Défaut de personnalité civile.* — *Caractère*

immobilier du fonds social. — En dehors de la double exception apportée par la loi du 1er décembre 1875 à ce principe que toutes les sociétés sont soumises à la taxe, n'est-il pas certaines circonstances qui obligent à admettre de nouvelles exceptions? Ne faut-il pas admettre, comme on l'a parfois soutenu, que le défaut de personnalité civile, ou le caractère immobilier du fonds social entraînent l'exemption de la taxe?

Nous ne le pensons pas. Tout est de droit strict en notre matière, et en l'absence de textes précis, il n'est pas permis de restreindre la portée de la règle si générale formulée par l'art. 1 de notre loi.

On fait observer, à la vérité, qu'aux termes de l'art. 3 « le montant de la taxe est avancé par les sociétés sauf leur recours... ». Celles-ci se trouvent donc interposées pour le recouvrement de l'impôt entre le Trésor et les associés : or, comment admettre cette interposition quand il s'agit de sociétés qui n'ont pas d'existence propre, qui ne sont pas *personnes morales?*

Cet argument n'a aucune force : ce n'est pas dans l'art. 3, mais bien dans l'art. 1 qu'il faut chercher les règles d'exigibilité de l'impôt. Si l'art. 3, qui ne s'occupe que du recouvrement, a employé une formule qui convient mieux aux sociétés ayant une existence propre, c'est qu'il a statué *de eo quod plerumque fit.* Les conséquences qu'on veut tirer du défaut de personnalité sont particulièrement inadmissibles, si l'on accepte l'opinion qui dénie cette personnalité à toutes les sociétés civiles.

En effet, l'art. 1 mentionne en termes formels les sociétés civiles. La vérité, c'est que le législateur de 1872
ne s'est aucunement préoccupé des controverses sur la
personnalité civile, et qu'il n'a pu attacher à ce caractère aucune conséquence (1).

Peu importe également le caractère immobilier du
fonds social. Le législateur a porté son attention sur
cette circonstance que les revenus sociaux peuvent provenir d'immeubles. Il en a tenu compte, non pour consacrer certaines exemptions, mais pour régler le taux de
l'impôt et le fixer au chiffre modéré de 3 p. 100. « Une
usine, disait le rapporteur, est soumise à une patente
très élevée : elle paye les *contributions foncières* et autres sur toutes *ses propriétés* et *ses bâtiments*... les mêmes observations s'appliquent avec non moins de force
à toutes les valeurs mobilières qui représentent le capital de nos chemins de fer, et de la plupart de nos entreprises... » *J. off.* du 7 juin 1872, p. 3,824.

21. — *Jurisprudence.* — La jurisprudence s'est inspirée de ces considérations, lorsqu'elle a eu à se prononcer sur l'application de la taxe aux sociétés civiles. Quelques exemples vont nous faire connaître ses tendances
dans ces questions.

La Cour de cassation n'a pas admis que la composition purement immobilière d'un fonds social pût empêcher la perception de l'impôt. La question lui a été soumise dans les termes suivants. Les copropriétaires d'un

____

(1) En ce sens, M. Besson : *op. cit.* n° 66.

immeuble (galerie Véro-Dodat) pour éviter les inconvénients d'un partage, avaient formé entre eux et leurs
héritiers, une société civile *par actions*, ayant pour
objet l'administration de l'immeuble commun ; les seuls
revenus de cette société civile provenant d'ailleurs de
cet immeuble. La chambre civile de la Cour a reconnu,
par un arrêt du 3 janv. 1877, contrairement au jugement du tribunal de la Seine rendu dans la même affaire,
qu'il y avait lieu de percevoir la taxe, nonobstant le caractère immobilier du fonds social, et *sans se préoccuper
des controverses relatives à la personnalité des sociétés
civiles* (D. P. 1877. 1. 400 ; — 1874. 5. 630). La généralité
du principe de l'art. 1 de la loi du 29 juin 1872, auquel il
n'est pas dérogé sur le point qui nous occupe par la loi
de 1875, imposait cette solution.

La même question s'est reproduite, dans des termes
un peu différents. Deux personnes avaient formé une
société civile pour acheter et revendre un immeuble. Il
ne s'agissait donc plus d'une société civile par actions,
mais d'une société divisée en parts d'intérêts. Or, l'art. 1
de la loi du 29 juin 1872 vise expressément, dans son
1ᵉʳ parag., relatif aux sociétés par actions, les sociétés
commerciales ou civiles. Mais le 3ᵉ parag., relatif aux
sociétés divisées en parts d'intérêt, atteint les sociétés
en général, sans reproduire les qualificatifs « *commerciales ou civiles.* » Notre société voulait tirer parti de
l'opposition des deux parag. pour prétendre que le
parag. 3, le seul qu'on pût essayer de lui appliquer, ne

devait pas l'atteindre puisqu'elle constituait une société
civile. L'arrêt du 18 nov. 1878 a repoussé ce raisonnement et déclaré la taxe exigible : les parag. 1 et 3
s'éclairent l'un par l'autre et soumettent à la taxe les
mêmes sociétés.

Enfin, une société universelle de tous biens et de tous
gains, dans laquelle chacun des associés a les pouvoirs
les plus étendus pour gérer, administrer et aliéner les
meubles et les immeubles, ne saurait tirer parti de la
responsabilité ainsi attribuée à chaque associé pour
échapper à la taxe. La Cour de cassation n'a pas admis
l'argument tiré de cette circonstance, pour se prévaloir
de l'exemption accordée par la loi de 1875 aux sociétés
en nom collectif. Quelle que soit l'analogie de la situation des membres d'une société civile avec les membres
d'une société commerciale en nom collectif, ces derniers seuls profiteront de l'exception édictée en leur
faveur (Affaire Pereire. Arrêt du 28 janv. 1879. — D. P.
1879. 1. 293.)

22. — *Sociétés de fait.* — L'administration peut établir, par tous les moyens dont elle dispose, l'existence
d'une société verbale ou de fait, pour le recouvrement
des droits et amendes que la loi met à la charge des
sociétés. C'est du moins ce qui résulte de la jurisprudence admise par la Cour de cassation (1). Cette règle

---

(1) Voy. notamment Req. 23 février 1875. (Sir. 76. 1. 473). Cet arrêt a
été rendu en matière de droits de transmissions, mais il a une portée
générale.

va de soi pour les sociétés civiles ; l'écrit n'est qu'un moyen de preuve de la convention. Il faut l'admettre même pour les sociétés commerciales, bien qu'ici la rédaction de l'écrit soit nécessaire pour la formation même de la société.

Lors donc que tous les éléments d'une véritable société se trouvent par ailleurs réunis, et que cette société ne peut pas s'abriter derrière l'une des exceptions consacrées par la loi de 1876, l'absence d'un acte social rédigé par écrit ne pourra pas être invoquée pour échapper à notre taxe. En d'autres termes, cette circonstance ne saurait constituer une nouvelle exception au principe général qui soumet à l'impôt toutes les sociétés (Rennes, 25 janv. 1875).

23. — *Sociétés en liquidation.* — Après la dissolution d'une société l'être moral disparaît. Il n'y a plus ni actions, ni parts d'intérêt, désormais on se trouve dans une simple indivision, les anciens [associés devenant copropriétaires des biens communs. Mais si ces résultats se produisaient dès qu'a sonné l'heure de la dissolution, il en résulterait une atteinte aux droits des créanciers sociaux et un grave embarras pour le règlement des intérêts respectifs des associés. Notamment, les créanciers sociaux n'auraient plus de recours que contre les anciens associés, en concours avec leurs créanciers personnels, et les débiteurs sociaux seraient exposés aux poursuites de chacun des anciens associés. Pour éviter ces inconvénients, il est admis que la société se survit à elle-même pendant une période plus ou moins longue qu'on appelle l'état de *liquidation*, pendant laquelle sa personnalité civile subsiste et les associés n'ont qu'un droit incorporel aux actions ou une part d'intérêt dans l'entreprise qui touche à son terme (1). Pendant toute cette période, l'administration se trouvera encore en présence d'une véritable société, et les questions relatives à l'application de la taxe sur le revenu se poseront avec un intérêt tout particulier. Ainsi il n'y a pas lieu de soustraire les sociétés en liquidation à cette règle, que toutes les sociétés subissent la taxe. On ne saurait établir une exception en leur faveur. — Nous étudierons plus loin les difficultés relatives à ces sociétés.

§ II
Limitation du principe. Les véritables sociétés doivent seules la taxe.

24. — Sens des mots « *Compagnies, entreprises* ».
25. — Indivision. Pactes de famille.
26. — Mandat collectif.
27. — Participations.
28. — Associations diverses.
29. — Associations syndicales.

24. — *Sens des mots « Compagnie, entreprise »*. — S'il faut se garder d'étendre outre mesure les exceptions apportées par le législateur à cette règle générale, que toutes les sociétés paient l'impôt sur le revenu, il im-

____

(1) MM. Lyon-Caen et Renault : *Précis de droit commercial*, t. I. p. 563. — Nous parlons de personnalité civile sans restriction ; nous admettons en effet la personnalité même dans les sociétés civiles.

porte d'autre part de ne pas dépasser le but qu'il s'est proposé d'atteindre. L'art. 1ᵉʳ de la loi du 29 juin 1872 frappe toutes les *sociétés*, *compagnies* ou *entreprises* quelconques. Quel est le sens des mots « *compagnie* » et « *entreprises* » et pourquoi ne s'être pas contenté du mot société ? Disons-le de suite, à notre avis il n'y a là qu'une de ces redondances de mots dont le législateur nous donne si souvent l'exemple, quand il s'agit d'assurer la perception d'un droit. Guidé par son intérêt personnel, le contribuable est habile à découvrir des issues pour échapper à la taxe : il faut donc que la loi l'enferme en quelque sorte dans un filet dont la trame soit assez serrée pour ne lui offrir aucun passage. Le mot « *compagnie* » trouve d'ailleurs son application pour désigner certaines sociétés dont le champ d'action est très vaste. Pris à la lettre, le mot « *entreprises* » aurait pu servir à étendre indéfiniment la loi. Mais l'administration s'est sagement abstenue d'en tirer un argument général (1), et en cela elle s'est conformée à l'esprit de notre article. Le mot entreprise est ici synonyme de société. L'opposition entre le par. 1 et le par. 3 de l'art. 1 de la loi du 29 juin 1872, dont l'un suppose la division en actions, et l'autre la division en parts d'intérêt, prouve que le législateur n'a eu en vue dans cet article que les sociétés proprement dites (2). Les travaux préparatoires de la

(1) Nous verrons cependant que l'administration s'est appuyée sur le mot « entreprises » à propos des associations syndicales.

(2) Demasure : *op. cit.* n° 199.

loi fournissent une indication dans le même sens. La taxe, dans la pensée de l'Assemblée Nationale, devait avoir un caractère *réel* et non *personnel*. On ne saurait, sans méconnaître cette pensée, la faire porter sur des particuliers ; elle n'est applicable, en principe, qu'aux sociétés, parce que celles-ci présentent seules un élément distinct de la personne de leurs membres, et ont seules une organisation qui permette le recouvrement de la taxe sans inquisition dans les affaires privées.

De là découlent plusieurs conséquences pratiques, lorsqu'il s'agit d'appliquer la loi. Nous indiquerons quelques-unes de ces conséquences.

25. — *Indivision.* — *Pactes de famille.* — Il n'y a pas lieu de soumettre à la taxe les associations qui créent entre leurs membres *une simple indivision*, ou une simple communauté de fait, laissant chacun d'eux copropriétaire des biens indivis. Tel serait le cas de cohéritiers, n'ayant pas procédé à un partage, exploitant ensemble les biens d'une succession, et jouissant des revenus de ces biens.

Une solution de l'administration, du 30 sept. 1881, déclare exempts de la taxe les *pactes de famille*, formés entre des parents ou alliés en ligne directe, des frères et sœurs ou alliés au même degré, en vue d'exploitations rurales.

Dans ces cas, comme le fait remarquer M. Garnier (1), « il n'y a plus de société proprement dite, dans le sens

(1) *Rép. gén. de l'Enregistrement*, t. III, n° 9,518.

de la loi, et les droits qui appartiennent à chacun des indivisaires ne forment pas ce que la loi appelle des *parts d'intérêt*, c'est-à-dire une valeur incorporelle subsistant par les biens de la masse, mais ayant une individualité particulière et une existence propre. »

26. — *Mandat collectif.* — Un jugement du tribunal civil de Nancy, du 30 juil. 1883 (**D. P. 1884. 3. 79**), a accordé le bénéfice de l'immunité à une indivision née dans les circonstances suivantes. Un père de famille avait transmis à ses descendants des actions d'une société. Ceux-ci s'entendirent pour laisser ces actions en commun, pendant une longue suite d'années ; ils formèrent une association dans le but d'assurer à l'un d'eux, représentant les autres, le droit de vote dans les assemblées d'actionnaires de la société principale, et de faire bénéficier toute la famille de la plus-value que les actions mises en commun pourraient acquérir. Bien que l'association ainsi formée eut pris dans l'acte constitutif la dénomination de société civile et particulière, le tribunal ne vit là qu'un *mandat collectif.* L'association n'avait d'une véritable société civile que le nom. La mise de quelque chose en commun, en vue de partager les bénéfices *qui pourront en résulter*, est l'un des éléments essentiels du contrat de société (art. 1832. C. civ.). L'association entre les héritiers manquait de cet élément, puisqu'elle ne pouvait « en aucun cas répartir entre ses membres des gains ou des pertes, *résultant de la bonne ou de la mauvaise direction que son administra-*

teur unique lui imposerait. » Le vote de cet administrateur dans l'assemblée générale des actionnaires, voilà le seul lien rattachant l'association des cohéritiers à la production des bénéfices éventuels de la société dont les actions étaient en cause. La plus-value de ces actions ne pouvait donc être le fait de l'association entre cohéritiers, et la mise en commun des actions ne pouvait avoir pour résultat la production d'un bénéfice à partager. Ce qui nous intéresse dans ce jugement, ce n'est d'ailleurs pas l'appréciation des faits de la cause, mais bien l'affirmation de ce principe, qu'il n'y a pas lieu à la taxe parce qu'il n'y a pas une véritable société.

27. — *Participations.* — L'association en participation, à laquelle notre Code de commerce consacre quelques articles laconiques (48 à 50), est-elle une véritable société ? on peut en douter. — Dans une opinion aujourd'hui peu suivie, mais qui paraît avoir l'appui des travaux préparatoires, le trait distinctif de cette association serait son caractère passager. Marché d'un moment, elle n'a pour but que des opérations isolées, et n'engendre pas un lien durable. Avec MM. Lyon-Caen et Renault, et la plupart des auteurs, nous nous rallions à une autre opinion consacrée d'ailleurs par la jurisprudence. Ce qui distingue la participation, ce n'est pas son objet, mais son caractère occulte et *son défaut d'existence à l'égard des tiers* (1).

Sans doute, en fait, les participations n'ont ordinaire-

____

(1) MM. Lyon-Caen et Renault : *Précis de droit commercial,* t. I, n° 522.

ment pour objet qu'une seule entreprise, et durent peu
de temps. Se référant à ce qui se passe le plus fréquemment, les rédacteurs du Code ont toujours parlé d'une association ne visant que quelques opérations. Mais le trait
essentiel est celui-ci : « Les associés ou l'un d'eux con-
tractent avec les tiers comme s'il s'agissait d'affaires les
intéressant individuellement, et ensuite les pertes et les
bénéfices sont réparties entre les associés en vertu des
clauses de leur contrat de société » (1). Qu'elles soient
ou non des sociétés, les participations ne peuvent prétendre, à raison de ces caractères, à la personnalité
civile. Bien plus, elles ne renferment aucun élément
distinct de la personne des participants, et dès lors
ne rentrent-elles pas dans les prévisions de l'art. 1, par.
1 et 3, de la loi du 29 juin 1872. Le tribunal de Lille et le
tribunal de la Seine l'ont reconnu, le premier en termes
formels par un jugement du 20 mars 1880 (D. P. 80.
5. 389), le second incidemment par jugement du
29 décembre 1882. La Chambre civile de la Cour de
cassation, statuant sur le pourvoi formé à propos de
ce dernier jugement, vient de consacrer le même principe (Klein et Duclos, ch. civ. 13 av. 1886. — D. P.
86. 1. 187.) Dans l'espèce, une société avait été formée
pour la réunion et la mise en valeur d'immeubles contigus. L'acte constitutif n'établissait ni siège social, ni raison sociale, et n'avait pas été publié : les associés tiraient
argument de ces faits pour prétendre qu'ils n'avaient

____

(2) MM. Lyon-Caen et Renault : *ibid.*

formé qu'une association en participation, non atteinte
par la loi du 29 juin 1872. Le tribunal de la Seine et
après lui la Chambre civile de la Cour de cassation n'ont
pas contredit le point de droit qui servait de base à ce
raisonnement. Si la société a été condamnée à payer
la taxe, ce n'est pas parce que la taxe est exigible des
sociétés en participation : les décisions judiciaires qui
nous occupent se sont bien gardées de le dire. Mais la
société Klein et Duclos a dû payer l'impôt de 3 p. 100
parce qu'elle constituait une véritable société civile : Ses
statuts réglaient les apports et le partage des bénéfices,
et tous les éléments essentiels au contrat de société se
trouvaient réunis (1).

28. — *Associations diverses.* — *Les compagnies d'assurances mutuelles* et les *sociétés de secours mutuels*
ne sont pas des sociétés proprement dites, mais plutôt
des *conventions aléatoires d'indemnité.* On ne peut se
servir du mot «entreprises» pour les soumettre à la
taxe. La même solution convient à l'égard des collectivités particulières qui, sous le nom de monts-de-piété,
hospices, bureaux de bienfaisance, caisses d'épargnes,
etc., constituent des établissements publics ou d'utilité
publique proprement dits, et n'ont ni la nature, ni le
but, ni les effets d'une société. La loi du 28 décembre 1880, relative aux sociétés dont les produits ne

---

(1) En ce sens, cas. civ. 9 fév. 1887. *Droit* du 11 fév. 1887. — M. Testoud :
Rev. crit. de 1887, p. 79 et suiv. — En sens contraire, M. E. Naquet :
Rép. Pér., art. 6,816, mars 1887.

doivent pas être distribués, laisse subsister ces solutions (Instr. gén. du 20 juin 1881, n° 2,651 — D. P.
1883. 5. 458 et suiv.).

Des *entreprises scientifiques ou littéraires, cercles,
comices, ouvroirs, loges*, etc. peuvent être établis sous
forme de sociétés. Sans doute ces entreprises sont loin
de réunir tous les caractères de la société proprement
dite, telle qu'elle est organisée par la loi civile ou commerciale. Elles ne sont pas organisées dans un intérêt
spéculatif, ni pour réaliser des bénéfices par des opérations directes avec des tiers. Néanmoins il n'est pas impossible que ces associations, dont le but principal est
la satisfaction d'un goût commun, soient organisées de
façon à attribuer à chacun de leurs membres une part
d'intérêt, assimilable aux parts d'intérêts dans les sociétés ordinaires, soit qu'on leur ait remis un titre d'action,
soit qu'ils aient reçu tout autre titre leur en tenant lieu..
Il peut donc se faire qu'il y ait une distribution de bénéfices, les charges de ces sociétés n'absorbant pas tous
leurs revenus. Dès lors, dit M. Garnier, auquel nous empruntons ces considérations (*Rép. gén.* 9,519), ne se
trouve-t-on pas en présence du double fait auquel s'est
attachée la loi de 1872: association de plusieurs personnes, et attribution à ces personnes de part d'intérêt? Le
savant auteur conclut à la perception de la taxe.

(1) Si l'on admet cette solution, il n'en résulte pas une atteinte à notre
principe d'après lequel les véritables sociétés doivent seules la taxe. Si les
entreprises dont il s'agit font une distribution de revenu suffisante pour

Aux termes de l'instruction administrative n° 2,650 (du 20 juin 1881 — D. P. 83. 5. 469), ces entreprises peuvent être atteintes également par la loi de 1880 (1).

29. — *Associations syndicales.* — Elles ont pour objet l'exécution et l'entretien de travaux ayant un caractère d'intérêt collectif. La loi du 21 juin 1865 les organise d'après deux types différents : 1° les *associations libres*, qui ont pour but certains travaux, comme l'irrigation, le drainage, les chemins d'exploitation, et pour lesquelles l'accord unanime des associés est nécessaire ; 2° les *associations autorisées*, tendant à sauvegarder la santé publique ou la propriété, et dont les prérogatives principales sont, indépendamment de la personnalité civile (1), le droit d'expropriation pour cause d'utilité publique et le droit de se constituer avec l'approbation préfectorale, dès que le consentement écrit de la majorité des intéressés, soit en nombre, soit en surface, est obtenu (2).

Les associations syndicales, qu'elles appartiennent à l'une ou l'autre catégorie, sont-elles des sociétés proprement dites, ce qui les soumettrait à la taxe de 3 p. 100 ? La négative nous paraît certaine. Un élément essentiel que l'administration songe à percevoir la taxe, l'élément qui leur manquait pour constituer de véritables sociétés, c'est-à-dire la condition d'un gain à réaliser, cessera de leur faire défaut. On pourra y voir désormais de véritables sociétés.

(1) La personnalité leur était refusée par la jurisprudence avant 1865. La loi de 1865 la leur accorde comme aux associations autorisées.

(2) Voy. sur ces associations, M. Ducrocq : *Cours de droit administratif*, II, 823.

au contrat de société fait ici défaut : la mise en commun de choses, en vue de la réalisation de bénéfices à partager (Art. 1832 C. Civ.). Cela est évident pour les associations autorisées qui n'entreprennent que des travaux de salubrité ou des travaux défensifs contre les fléaux qui peuvent atteindre la propriété. Dans les associations libres, l'utilité générale est moins intéressée et l'esprit de spéculation anime davantage ceux qui les organisent. Mais, comme le fait remarquer M. Demasure (1), cette spéculation exerce dans bien des cas une influence directe sur la prospérité publique, et le but est « la création de bénéfices immédiats apportés à la propriété privée par des travaux d'utilité collective » et non « la création de produits ou de revenus représentant au profit de chacun des membres, le fruit de capitaux engagés ». Il n'y a donc pas société proprement dite, et la taxe de 3 p. 100, destinée à atteindre les revenus et parts d'intérêts des sociétés, ne doit pas s'appliquer ici.

Cependant l'administration de l'enregistrement a perçu la taxe à l'occasion d'emprunts contractés par les associations syndicales, et cela, en tirant argument du mot « *entreprises* » contenu dans l'art. 1 de la loi. L'administration a sans doute considéré que ces associations sont qualifiées par la loi du 21 juin 1865 comme les sociétés ordinaires (art. 5 et 10), elles ont des gérants, des assemblées générales (art. 20 et suiv.), elles

______

(1) A. Demasure, *loc. cit.* n° 202. — *Dictionnaire des droits d'Enregistrement*, V° Société, n°s 21 et 232.

sont soumises à des conditions de publicité (art. 12), elles forment un être moral (art. 3), les personnes qui en font partie sont qualifiées d'associées (art. 7 et 17), *elles ont pour but de créer des plus-values qu'on pourrait à la rigueur assimiler à des bénéfices*, et si l'on ne peut pas la considérer comme des sociétés proprement dites, ne serait-ce pas pour elles, et pour des associations similaires, que le mot « entreprises » aurait pris place dans la loi du 29 juin 1872 ? (1).

De la taxation des emprunts contractés par les associations, à la taxation des bénéfices obtenus par les membres de ces associations, il n'y a qu'un pas, et l'administration l'eut sans doute franchi sans les difficultés d'application des par. 1 et 3 de l'art. 1 à de telles associations. En effet, elles ne sont guères susceptibles d'être organisées sous la forme de sociétés par actions. Elles ne peuvent pas non plus donner lieu à la répartition de bénéfices annuels. Elles restent donc en dehors des termes des par. 1 et 3 de l'art. 1. On pourrait avoir la pensée d'atteindre leurs revenus par l'évaluation à 5 p. 100 du capital social, d'après le procédé prévu dans l'art. 2, 3°, de la loi du 29 juin 1872. Mais le capital social est ici bien difficile à découvrir, à moins de considérer comme tel, chose inadmissible, l'ensemble des propriétés appelées à bénéficier des travaux (2).

(1) *Dict. des droits d'Enregistrement.* V° Sociétés et associations particulières, t. V, n° 91. La pratique de l'administration est approuvée par M. Besson : *op. cit.* n° 63.

(2) La question de l'application de la loi du 29 juin 1872 aux associations

SECTION II.

REVENUS IMPOSABLES.

30. — Principe : la distribution du revenu est le fait générateur
de la taxe. — Division.

30. — L'intention du législateur, lorsqu'il a établi la
taxe de 3 p. 100 sur le revenu des valeurs mobilières,
a été d'atteindre le contribuable à raison de l'accroissement de son patrimoine. Il suffit pour s'en convaincre de
se reporter au texte même de la loi éclairé sur ce point
par les longues discussions des travaux préparatoires.
Une contribution est prélevée directement sur les dividendes et les produits distribués aux associés ; la distribution du revenu, voilà le fait générateur de la taxe.

Ce principe résulte si bien des dispositions de la loi
du 29 juin 1872, qu'il a fallu faire des lois spéciales,
comme nous le verrons, pour soumettre à la taxe le revenu des sociétés dans lesquellles « les revenus *ne doivent pas être distribués* » (1).

Nous en achèverons d'ailleurs la démonstration, lorsque
nous étudierons la détermination du revenu imposable
dans les sociétés qui ne sont pas divisées par actions et

syndicales, n'a pas été tranchée expressément par la jurisprudence, même
en ce qui concerne les emprunts. Cependant un arrêt que nous étudierons (Ch. civ. 29 août 1883), paraît favorable à la pratique de l'administration. Cet arrêt repousse la taxation d'emprunts faits par une association
syndicale, non pas parce que cette association reste en dehors des termes de la loi, mais parce que, dans l'espèce, il n'y avait pas d'emprunt.

(1) Lois du 28 décembre 1881 et du 29 décembre 1884 destinées à atteindre les associations et les congrégations religieuses. Voy. ci-dessous
ch. VIII.

qui n'ont pas de conseil d'administration. La question se pose alors de savoir si le mode de détermination prévu par la loi n'aboutit pas à justifier la perception, même en l'absence de toute distribution de revenu. Nous la résoudrons pas la négative.

En principe, le revenu imposable se confond donc avec le revenu distribué. Mais, si cette formule générale est à l'abri de toute objection, il n'en est pas moins fort délicat d'en limiter exactement la portée. Pour résoudre la difficulté sous ces différents aspects, nous diviserons notre section en 4 paragraphes.

§ I. — Aucune distinction n'a été faite.

§ II. — Distributions au cours de la société ou en fin d'entreprise.

§ III. — Faits équivalents à une distribution.

§ IV. — Allocation aux associés, indépendante d'une distribution.

§ I

Aucune distribution n'a été faite

31. — *Absence de bénéfices.* — *Mises en réserve.* — Un premier point semble hors de doute : c'est qu'il ne saurait être question de percevoir l'impôt sur le revenu, tant que la société n'a réalisé aucun bénéfice (1). Mais suffira-t-il que la valeur du fonds social se soit accrue depuis le moment où la société a commencé, suffira-t-il que la comparaison de l'actif social d'aujourd'hui avec l'actif social qui existait à l'origine des opérations de la

(1) Voy. cependant ci-dessous p. 57, note 1.

société, prouve que celle-ci a prospéré (1), pour qu'on puisse la soumettre à l'impôt. Nous ne saurions l'admettre. Les revenus de la société, tant qu'ils ne sont pas distribués, ne profitent pas aux associés. Sans doute la bonne situation de la société a pu donner une plus-value à leurs titres ; mais ce n'est pas là ce que le législateur a eu en vue. L'enrichissement du patrimoine des associés au moyen de valeurs sorties du fonds social justifiera seul la perception de la taxe.

Ce principe a inspiré une décision du ministre des finances du 12 juin 1885. Une société peut être constituée en avance à l'égard de l'administration, lors de la liquidation de la taxe qui s'effectue comme nous le verrons à la clôture de chaque exercice. Aux termes du décret du 6 déc. 1872, l'excédent versé doit être remboursé, si la société « cesse de donner des bénéfices. » Mais que se passera-t-il si la société ayant réalisé des bénéfices, ne distribue cependant aucun revenu ? La décision ministérielle répond, d'accord en cela avec l'esprit de la loi, que le remboursement doit avoir lieu, car c'est le revenu personnel de l'associé que le législateur a voulu atteindre, et non les bénéfices et produits réalisés par la société. Cette décision est venue réformer une solution contraire de l'administration de l'enregistrement, du 26 déc. 1884 (D. P. 1885. 5. 511.)

---

(1) C'est à l'ensemble de ces circonstances qu'on reconnaît qu'une société est en bénéfices. V. Dalloz, Vº Société, nº 384. Pardessus, t. IV, nº 999. Paul Pont, nº 428.

Nous ne pouvons qu'approuver deux solutions déjà anciennes de l'administration, conçues dans le même esprit que la décision ministérielle de 1885, et prescrivant de ne pas percevoir la taxe, lorsqu'une partie des bénéfices est distraite de la répartition pour constituer un fonds de réserve (Sol. des 8 fév. et 21 av. 1873). On avait reconnu précédemment que les mises en réserve ne constituent pas, lorsqu'il s'agit du droit d'abonnement au timbre, ce que les lois de 1850 et 1857 appellent des bénéfices proprement dits (Cas. 13 juillet 1870, *Contrôleur*, n° 14,625). Elles sont bien moins encore des revenus taxés par la loi du 29 juin 1872. Nous aurons à nous demander si les sommes mises en réserve ont le caractère de revenus lorsqu'elles sont réparties plus tard et viennent accroître le produit de l'année au moment où on les distribue. Mais jusqu'à ce moment l'associé n'est pas certain de les recevoir : dès demain elles peuvent être absorbées par un événement imprévu, dont elles ont précisément but de mettre la société à l'abri (V. Garnier *Rép. Gén.* n° 9,548).

§ **II**

**Distributions faites au cours de la Société ou en fin
d'entreprise.**

32. — Distinction.

A.

Restitution d'apports.

32 bis. — Amortissement. Distribution du capital social.

B.

Distribution de produits.

33. — Sens du mot « produits ». Controverse.

34. — Société en cours : toute distribution de produits subira la taxe.

35. — Jurisprudence.

36, 37, 38. — Fin de l'entreprise. Pas de taxe de 3 p. 100 au cas de partage.

39. — Jurisprudence.

32. — *Distinction.* — Nous sommes en présence d'une distribution faite aux associés : une valeur passe du patrimoine social dans leur patrimoine propre. Faut-il admettre dans tous les cas l'exigibilité de la taxe ? Cette distribution n'aura pas toujours le même caractère : tantôt elle constituera une restitution d'apport, tantôt il s'agira d'une distribution de produits. La solution ne sera pas la même dans l'une et l'autre hypothèse.

A.

Restitution d'apports.

32 *bis*. — *Amortissement. Distribution du capital social.* — Les apports des associés constituent ce qu'on appelle le *capital social*. Ce capital permet à la société d'effectuer les opérations pour lesquelles elle s'est formée : il est la garantie des créanciers sociaux et ne peut être augmenté sans le consentement des associés.

Souvent aussi, en dehors de la société, des apports sont versés aux termes des statuts, pour constituer un *fonds de réserve spécial*.

En dehors des apports des associés, le *fonds social* (qu'il importe de ne pas confondre avec le *capital social*) comprend tout ce qui est acquis d'une manière quelconque à la société, c'est-à-dire les bénéfices de l'exploitation et les gains de toute nature.

Supposons qu'une société restitue leurs apports à ses associés. Au cours de l'entreprise, par exemple, elle juge opportun de supprimer le fonds de réserve spécial formé d'une partie des apports, et d'affecter ce fonds de réserve à la libération partielle des actions. Le plus souvent cette restitution d'apports aura lieu en fin d'entreprise. Des distributions partielles seront faites pour amortir le capital de la société ou bien il sera procédé au partage de ce capital.

Il semble évident que dans tous ces cas il ne peut être question de percevoir l'impôt *sur le revenu* des valeurs mobilières. Il ne s'agit pas d'une distribution de revenus, la matière imposable fait défaut, et le titre même de cet impôt proteste contre l'idée de sa perception en pareil cas.

Cependant cette solution imposée par la logique n'a pas toujours prévalu sans l'intervention de décisions judiciaires.

Une solution de l'administration, du 24 octobre 1884, s'inspire de nos principes à propos d'une restitution d'apports par une société en cours. « En principe, les fonds versés par les associés pour être mis en réserve ont le caractère d'apports au même titre que ceux destinés à former le capital social (Cass., Req., 2 avril 1883. — Comp. Cass., 24 janvier 1876 ; — Soissons, 3 janvier 1883). Si donc une société emploie une partie de la réserve, constituée au moyen de sommes fournies par les actionnaires, à payer la dette des mêmes associés, elle ne fait en réalité que leur restituer, sous une forme indirecte, une partie de leur apport. Et il est bien établi qu'une telle opération n'a pas les caractères d'une distribution de bénéfices, c'est-à-dire d'un excédent d'actif acquis par la société, en sus des apports réunis des associés (Seine, 4 janvier 1878 ; Apt, 14 mars 1876). D'où la conséquence que les sommes distribuées ainsi à titre d'amortissement du capital ne sauraient être soumises à l'impôt de 3 p. 100 » (J. E., n° 22,410).

L'application de la même règle à une société dissoute a été faite par un jugement du tribunal de la Seine, du 4 janvier 1878. La société des ponts, gare et ports de Grenelle avait cédé à la ville de Paris les droits de péage, garage, etc. qui constituaient son actif, et des annuités avaient été payées aux actionnaires, pour prix de cette cession. Ces annuités constituant le prix et la représentation du fonds social, le tribunal de la Seine n'a pas admis l'exigibilité de la taxe. Il s'est inspiré de cette considération que « l'impôt logique lorsqu'il consiste en un prélèvement sur l'accroissement de la fortune privée, obtenue par l'association des capitaux, serait inique si, dans son application, il avait pour résultat de diminuer les capitaux eux-mêmes mis en commun (1) » (D. P. 1879. 3. 23).

(1) Il peut arriver cependant que des distributions soient faites aux dépens du fonds social, sans qu'il ait reçu aucun accroissement depuis la fondation. Fréquemment, au début des entreprises, des *dividendes ou intérêts* sont pris sur le fonds social. Cette distribution qui justifie la percep-

B.

Distribution de produits.

33. — *Sens du mot « produit »*. — Une société fait aux associés une distribution dans laquelle on ne peut plus voir une restitution d'apports. La chose distribuée sera-t-elle considérée dans tous les cas comme un revenu imposable ? Pour résoudre cette question, rappelons et précisons les termes mêmes de la loi. Elle frappe « les intérêts, dividendes, revenus et *tous autres produits* des actions… et les intérêts, *produits* et bénéfices annuels des parts d'intérêts et commandites. »

Si nous n'avions que le mot *revenu*, nous devrions prendre ce mot dans son acception habituelle, et entendre par là ce qu'on retire annuellement d'une chose, par exemple les intérêts d'un capital, les fruits d'une propriété. L'idée de périodicité nous paraîtrait essentielle. Mais la règle posée par la loi est conçue en termes aussi généraux que possible, et le mot « revenu » est accompagné de plusieurs autres dont la présence dans le texte mérite une explication.

On a proposé de ne voir là que l'une de ces redondances habituelles au législateur, quand il pose des règles destinées à assurer la perception d'impôts. Il en serait ici comme des mots « entreprises » et « compa-

tion des droits de timbre d'abonnement, lesquels ne sont dus, en principe, qu'en présence de bénéfices réalisés, devra aussi motiver l'exigibilité de la taxe sur le revenu (en ce sens, Garnier, *Rép. Gén.* n° 9,547). Mais remarquons qu'en ce cas, il s'agit de *dividendes et intérêts*, lesquels sont expressément visés par l'art. 1er de la loi.

gnies » corroborant le mot « société » et le législateur n'aurait eu qu'un but : « prévenir toutes les tentatives qui pourraient être faites pour dissimuler, sous des dénominations trompeuses, le revenu des valeurs mobilières (1) ». A l'appui cette opinion, on fait remarquer que, si le mot « produit » est employé sans qualificatif dans l'art. 1ᵉʳ, 1°, il est répété, et cette fois avec le qualificatif « annuel », dans les par. 2 et 3 du même article. Enfin, on invoque un dernier argument « l'analyse de la loi tout entière et du décret qui l'a suivie, montre que la périodicité de la taxe a été établie en corrélation avec la périodicité du revenu qu'elle doit atteindre (2) ».

Au contraire, d'autres auteurs considèrent que le législateur, en parlant de produits, a voulu atteindre des distributions qu'on n'aurait pu considérer comme de simples revenus (3). Toute distribution faite aux associés, dès qu'il ne s'agit pas d'une restitution d'apports, entraînerait la perception du droit. Si les paragraphes 2 et 3 de l'art. 1 parlent de *produits annuels,* si la taxe est périodique, quel argument peut-on tirer de là ? Presque toujours le revenu imposable sera périodique lui-même, et les textes ont dû être rédigés en vue du « *plerumque fit* ». D'ailleurs, comme nous le verrons, toutes les difficultés relatives à l'interprétation du mot *produit* ont été

(1) Demasure, *loc. cit.* n° 204 et suiv.

(2) Demasure, *ibid.*

(3) Garnier, *Rép. gén.* n° 9,547. — *Dictionnaire des droits d'Enregistrement,* t. I, Vᵒ Actions et obligations, n° 224 et suiv. n° 226.

soulevées à propos de revenus d'actions ; or, le par. 1 de l'art. 1, relatif à ces revenus, emploie le mot *produit* sans le faire suivre du qualificatif « *annuel* » qui ne se trouve que dans les par. 2 et 3.

Les travaux préparatoires de la loi du 29 juin 1872 sont favorables à la plus large interprétation de notre article.

« La commission s'est attachée, disait le rapporteur de l'un des projets qui a donné naissance à la loi du 29 juin, à rechercher les différents revenus partout où on peut les constater… et à atteindre les fortunes dans les éléments très divers et très différents qui les composent (1). » On sait que le désir d'éviter toute inquisition dans les affaires privées fit seul repousser une partie des dispositions du projet Casimir Périer. Mais dans la partie de ce projet qui subsiste, c'est-à-dire dans la loi du 29 juin 1872, l'idée première du projet a été maintenue. On a voulu atteindre sans exception tous les bénéfices que les associés réalisent au cours de la société.

S'il en était autrement, il serait trop facile d'éluder la loi. Il suffirait de faire chaque année des retenues considérables sur les bénéfices réalisés, d'augmenter ainsi les réserves du fonds social, puis de procéder en bloc à la distribution des bénéfices accumulés pendant plusieurs années. Ne sera-t-on pas à l'abri de la taxe, s'il faut admettre que les bénéfices ont perdu leur caractère de revenus par suite de l'incorporation au fonds social ?

L'administration, sans doute, pourrait essayer d'éta-

____

(1) V. Note de Dalloz sous l'arrêt du 29 avril 1884 — D. P. 84. 1. 421.

blir la fraude ; mais comment arriver à ce résultat, sinon au moyen de ces recherches inquisitoriales, ou tout au moins de ces discussions minutieuses des bilans annuels, que le législateur avait tant à cœur d'éviter (1) ? La loi n'a-t-elle pas employé le mot « produits » pour prévenir ce résultat ?

34. — *Société en cours. Toute distribution de produits subira la taxe.* — Les arguments de ce dernier système nous semblent irréfutables, lorsqu'il s'agit d'une distribution de produits effectuée au cours de la société. Nous nous y rallions complètement pour ce cas, tout en faisant nos réserves pour les distributions en fin d'entreprise dont nous nous occuperons tout à l'heure.

Sans doute cette solution aboutit à soumettre à l'impôt sur le revenu la distribution de produits incorporés au fonds social, et ayant pris le caractère de capital. Mais cette conséquence ne nous arrête pas, du moment qu'il faut l'admettre pour donner tout leur effet aux dispositions de la loi. On objectera vainement que l'assemblée nationale s'est toujours montrée hostile à *l'impôt sur le capital.* Nous aurons plus loin l'occasion de définir le système d'impôt connu sous ce nom. Disons tout de suite qu'il se caractérise par son assiette et qu'il atteint le contribuable à raison du capital fixe qu'il possède. Il n'a rien de commun avec certaines taxes qui, comme les droits de mutation, frappent la circulation ou

____

(1) V. motifs du jugement du tribunal de la Seine, du 22 juin 1877 (D. P. 78. 5. 469).

l'échange des capitaux. Il n'a rien de commun non plus avec l'impôt sur le revenu des valeurs mobilières, qui a pour but d'atteindre les bénéfices réalisés au moment où ils parviennent entre les mains des associés, et dont la perception n'est possible qu'en présence d'une distribution faite à ces associés ou d'un fait équivalent. Même au cas où la distribution taxée aura eu pour effet de répartir des capitaux, la taxe aura un caractère bien différent de ce que l'on appelle, dans la science économique et financière, l'impôt sur le capital.

35. — *Jurisprudence*. — La jurisprudence, chaque fois qu'elle a eu à se prononcer sur l'application de la loi, à l'occasion d'une distribution de produits faite au cour de l'entreprise, s'est montrée favorable à la perception. Toute distribution de produits sera soumise à la taxe, quelle que soit l'origine de ces produits, qu'ils aient ou non un caractère périodique, et quelle que soit la forme adoptée pour leur distribution. Parcourons les principales espèces.

1° *Produits d'origine étrangère*. — Il importe peu qu'une société française retire ses bénéfices d'établissements exploités en France ou à l'étranger. La totalité des dividendes distribués aux associés doit subir l'impôt. On prétendra vainement que l'impôt sur le revenu des valeurs mobilières est un impôt réel direct et territorial, et qu'il ne doit atteindre que les valeurs françaises.

C'est une erreur. La corrélation étroite qui unit la

taxe établie par la loi du 29 juin 1872 aux autres taxes établies sur les valeurs mobilières (timbre et transmission) entraîne la perception même sur les dividendes provenant des bénéfices réalisés par l'établissement étranger : le droit de transmission est en effet perçu sur les actions d'une société française qui exploite des travaux publics à l'étranger (Cas. 20 juin 1870 — D. P. 70. 1. 416). Une solution analogue s'impose en notre matière. Nous verrons qu'une société étrangère n'exploitant aucune entreprise en France, et n'y ayant aucun bien, doit acquitter la taxe de 3 p. 100 pour ceux de ses titres qui sont cotés, négociés, exposés en vente, ou émis en France (loi du 29 juin 1872, art. 4). Comment une société française qui n'a qu'une partie de son exploitation à l'étranger échapperait-elle à la taxe pour les dividendes afférents à cette exploitation? (Société d'Annecy et Pont. Cas. Req. 21 juin 1880 — D. P. 80. 1. 466).

2° *Bénéfices réalisés avant* 1872. — Peu importe également que la distribution porte sur des bénéfices réalisés avant ou après la mise à exécution de la loi du 29 juin 1872. Puisque le fait générateur de la taxe est la distribution du revenu, cette taxe sera exigible à l'occasion de toute distribution opérée depuis que la loi est en vigueur, sans qu'il en résulte une atteinte au principe de la non-rétroactivité des lois (Cas. civ. 28 mai 1884 — D. P. 84. 1. 465) (1).

—————

(1) Dans le même sens, Cass. civ. 18 janvier 1887. *J. le Droit*, du 20 janvier 1887. — *Rép. Pér.* mars 1887, n° 6,819. V. ci-après n° 74.

3° *Produit venant d'un don.* — Un tel produit n'est pas périodique et la distribution qui en est faite par une société ne sera probablement pas suivie d'une seconde distribution provenant d'une cause semblable. De plus, il s'agit d'un produit qui a le caractère de capital. Ces circonstances n'ont pas empêché le tribunal de la Seine et la chambre des requêtes d'approuver la perception effectuée à propos d'une telle distribution (Jugement du 22 février 1878 et arrêt du 18 mars 1879. *Société de la Pantographie Voltaïque.* — D. P. 79. 1. 294).

4° *Distribution sous forme d'augmentation des anciens titres, ou de remise de nouveaux titres.* — La distribution des produits est également soumise à la taxe, sans qu'il y ait lieu de se préoccuper de la forme adoptée pour cette distribution. Deux arrêts du 7 juin 1880 (D. P. 80. 1. 466) ont appliqué cette règle à deux espèces particulièrement intéressantes. Nous y trouvons des indications précieuses sur la question de savoir ce qu'il faut entendre au juste par distribution de revenu. Dans l'une des espèces (Belle-Jardinière), une clause statutaire prévoyait l'accroissement du fonds de réserve au moyen de retenues annuelles sur les bénéfices, puis la distribution de nouveaux titres aux actionnaires, en remplacement des anciens, chaque fois que les fonds de réserve se seraient accrus d'une certaine somme. La Cour a vu là une distribution de revenu, passible de la taxe, le patrimoine des associés s'étant accru à l'aide de bénéfices sortis du patrimoine social. — Mais, objectait-on, ces bénéfices se sont incorporés au fonds social, et dès lors leur distribution est une distribution de capital! La Cour ne s'est pas arrêtée à cette objection. L'affectation d'une part des bénéfices au fonds social lui a paru résulter de la volonté même des actionnaires, cette volonté s'étant manifestée par leur adhésion aux statuts. La part ainsi affectée avait le caractère de revenu; elle conservera ce caractère au point de vue de la taxe. — Dans l'autre espèce, les circonstances étaient à peu près les mêmes, seulement l'attribution des réserves s'était faite non en vertu d'une clause statutaire, mais en vertu d'une délibération des actionnaires, et les nouveaux titres représentaient seulement l'augmentation du capital, au lieu d'être substitués aux anciens.

5° *Répartition de réserve au cours de l'entreprise.* — Une telle répartition n'est-elle pas un partage, plutôt qu'une distribution de revenu passible du droit de 3 p. 100. Cette opinion, soutenue devant le tribunal de la Seine, a été repoussée par un jugement du 22 juin 1877 (D. P. 78. 5. 469). Le législateur a été inspiré par une double pensée : « Prévenir toute difficulté entre la régie et les sociétés sur la quotité des bénéfices réalisés par celles-ci, et prélever la taxe au moment où l'associé touche son revenu, sans qu'il puisse s'élever aucune contestation sur son importance. » C'est pourquoi, continue le jugement, il a admis comme fait générateur de l'impôt « la distribution aux actionnaires d'un dividende ou produit quelconque, à quelque époque qu'elle ait lieu pendant la durée de la société ».

La même question a été tranchée par la Cour de cassation. La compagnie des mines d'Anzin ayant distribué à ses associés des actions acquises d'une autre société et incorporées au fonds social (1), prétendit ne payer que le droit gradué des partages (loi du 28 fév. 1872, art. 1, 5°), et le tribunal de Valenciennes rendit un jugement favorable à ses prétentions. La taxe de 3 p. 100 sur le revenu ne lui parut applicable qu'aux bénéfices ayant le caractère de fruits ou revenus des actions, à l'exclusion des produits qui constituent un capital. Saisie par un pourvoi de l'administration, la Cour de cassation s'est prononcée de la manière la plus catégorique en faveur de l'opinion contraire. La perception du droit de 3 p. 100 est légitime, car « les bénéfices et produits que la loi a voulu atteindre ne consistent pas seulement dans les fruits et revenus périodiques, mais aussi dans l'augmentation même du patrimoine commun, du moment que la société fait volontairement passer dans le patrimoine des associés l'excédent de valeur que le fonds social a obtenu » (Cass. civ. 29 av. 1884. — D. P. 84. 1. 421). Cet

---

(1) Cette incorporation avait été reconnue à propos d'une autre affaire par la Cour de Grenoble et la Cour de cassation (14 mars 1877. — D. P. 77. 1.353).

Il ressortait des circonstances de la cause que le capital de la société s'était accru depuis la fondation. C'est à raison même de cet accroissement que la distribution avait eu lieu. L'arrêt relate cette circonstance avec un soin qui prouve que sa décision eut été différente si la société n'avait pas prospéré depuis ses débuts.

arrêt résoud la question *in terminis*. La distribution de réserves en cours d'entreprises, lorsque le capital social s'est accru et que cet accroissement même provoque la distribution, doit entraîner la perception de la taxe.

36. *Fin de l'entreprise. Pas de taxe de 3 p. 100 au cas de partage.* — Si nous nous plaçons en présence de distributions de produits effectuées au terme de l'entreprise, maintiendrons-nous notre solution précédente? — Nous pouvons d'abord écarter des points qui ne font aucun doute. S'il s'agit de restitutions d'apport aux associés, nous avons vu que ces opérations ne tombent pas sous l'application de la loi du 29 juin 1872. — Au contraire, lorsqu'une société est en cours de liquidation, tant que l'être moral survit, il faut admettre sans hésitation que la taxe de 3 p. 100 continue à être exigible sur les dividendes des actions et parts d'intérêts (et à plus forte raison sur les intérêts des emprunts et obligations. Cass. civ. 19 janv. 1887. *Rep. pér.* 6,819). Seulement, cette règle ne s'applique qu'aux distributions de revenu indépendantes des opérations par lesquelles sera réparti l'actif social.

S'il s'agit d'opérations ayant pour but la répartition entre les associés du fonds social, et que ce fonds contienne non seulement les apports primitifs, mais encore des valeurs mises en réserve au cours de la société, que faut-il décider à l'égard de ces dernières valeurs? Faut-il percevoir le droit de 3 p. 100 à l'égard de tout ce qui augmentera l'avoir personnel des associés, au lieu de constituer un simple remboursement d'apports ? On l'a soutenu, et la généralité du mot « produits » peut être invoquée en faveur de cette solution (1). Si par ce mot le législateur a entendu frapper tout ce qui est acquis à l'associé en sus de sa mise, qu'importe que cette acquisition ait lieu au cours de la société ou au moment de sa dissolution ? La loi a employé des termes très généraux en vue de prévenir la fraude : eh bien, si la répartition des réserves en fin d'entreprise n'est pas considérée comme une distribution de produits passible de la taxe, la loi pourra être éludée au moyen du calcul suivant. Prévoyant une dissolution prochaine, les associés mettront en réserve sinon la totalité au moins le plus net des bénéfices annuels, puis se les partageront lors de la liquidation sans payer la taxe de 3 p. 100. Si l'on ne veut pas que l'administration en soit réduite à établir cette fraude à l'aide de recherches et de constatations quelque peu inquisitoriales, il faut admettre le système préventif, c'est-à-dire la plus large application de la taxe et la plus large interprétation du mot « produits ».

Ces raisons sont celles qui nous ont déterminé à admettre l'exigibilité de la taxe à propos de toute distribution de produits en cours d'entreprise.

Cependant, malgré l'analogie apparente des situations, il nous semble que maintenant la solution contraire doit être préférée. Une considération s'impose ; la répartition des réserves en fin d'entreprise est un par-

____

(1) En ce sens, Garnier, *Rép. Pér.* 6,126. Besson, *op. cit.* n° 96, 97, 98.

tage. Cette considération, il est vrai, a été parfois invoquée même pour une répartition de réserves effectuée au cours de la société. Mais à ce moment, les circonstances ne sont pas les mêmes. Une telle répartition au cours de la société est *un fait anormal;* quel que soit le nom qu'on lui donne, elle aurait alors les apparences suspectes d'une *distribution de revenu déguisée.* Pour prévenir des contestations fâcheuses, pour assurer le rendement de la taxe, on a pu voir dans le fait de l'attribution des réserves aux associés par une société prospère une distribution de revenu passible de la taxe. En fin d'entreprise, au contraire, *l'opération normale*, l'acte imposé par la force des choses, c'est le partage. Si l'on peut encore craindre un calcul intéressé pour éluder la loi, la recherche de la fraude peut d'ailleurs être accordée à l'administration, sans susciter les mêmes inconvénients qu'au cours de la société. Outre que la fraude sera plus rare, l'investigation dans les affaires de la société sera moins dangereuse, le secret des opérations sociales n'aura plus besoin d'être aussi strictement gardé.

37. — *Autre argument. La loi du* 28 *février* 1872.— Il ne faut pas oublier qu'à la veille de voter la loi du 29 juin 1872, l'Assemblée Nationale remplaçait l'ancien droit fixe des partages par un nouveau droit qui, au point de vue mathématique, a tous les caractères *d'un droit proportionnel.* La loi du 28 février 1872 établissait en effet pour les partages et certains autres actes, un droit connu dans l'usage sous le nom de droit *fixe gra-*

dué. Or l'acte qui a pour objet la répartition de l'actif social entre les associés, aux termes de la société, est incontestablement un partage, que cet actif comprenne simplement les apports originaux, ou qu'il se soit accru de sommes mises en réserve. En droit civil, il est impossible de lui donner un autre nom. Nous inspirant de ce grand principe d'interprétation, qu'on doit s'écarter le moins possible des déductions de la « *stricta juris civilis ratio* » lorsqu'il s'agit de qualifier un acte au point de vue de la perception de l'impôt, nous sommes amenés à nous demander s'il n'est pas dérogé à ces déductions en ce qui concerne les partages, par la loi du 29 juin 1872. Nous voulons bien admettre, non sans quelque scrupule, que le nom de partage soit refusé aux répartitions de réserves en cours d'entreprise, à cause du caractère indécis de ces opérations. Mais, en fin d'entreprise, lorsque la répartition a tous les caractères d'un partage et ne peut guère voiler une autre opération, nous cherchons vainement dans la loi du 29 juin 1872 une disposition qui permette de percevoir un autre droit que le droit gradué de partage. S'il en était autrement, il faudrait admettre qu'à quatre mois d'intervalle le législateur aurait établi deux droits proportionnels différents pour un même acte.

38. *Considération pratique.* — Une considération tirée de la législation qui régit notre taxe, nous oblige d'ailleurs à reconnaître que sa perception est impossible quand il s'agit de la répartition des réserves en fin d'entreprise. Les sociétés, comme nous le verrons, font l'avance du droit de 3 p. 100 sauf leur recours postérieur contre les associés. Elles sont débitrices de la taxe à l'égard de l'administration : les actionnaires et les intéressés ne peuvent être directement recherchés. Or, parmi les obligations de la société, au point de vue du paiement de la taxe, figure celle de déposer, dans les 20 jours, l'acte qui constate la distribution des revenus. Si le partage des réserves est considéré comme un acte de distribution, qui fera le dépôt de cet acte ? La société ? mais elle n'existe plus ! les copartageants ? mais aucune loi n'exige que le partage pur et simple soit soumis à l'enregistrement dans un délai déterminé ! La difficulté semble insoluble à moins qu'on ne supplée au silence de la loi en imposant le dépôt aux anciens associés. Mais on avouera que compléter la loi, c'est une singulière façon de l'interpréter (1).

39. — *Jurisprudence.* — Les tribunaux ont été souvent saisis de difficultés relatives à une répartition de réserve en fin d'entreprise. Il faut d'ailleurs remarquer que, dans toutes les hypothèses soumises à leur appréciation, il s'est agi de sociétés en état de liquidation : cette circonstance relatée dans les jugements n'a pas été sans influer sur les solutions qui ont prévalu.

Tous ces jugements sont défavorables à notre opinion.

______

(1) En ce sens Demasure, *op. cit.* n° 211. — Au cas où la société passe par l'état de liquidation, ce dépôt pourra être exigé du liquidateur ; mais au cas de dissolution pure et simple, cette ressource qui d'ailleurs n'est pas prévue par la loi, n'existera même plus.

Un jugement du tribunal de Lyon du 29 juillet 1881 (*Rép.
pér.*, n° 6,127), considère « qu'il serait d'autant plus contraire à la pensée de la loi de soustraire à l'application de
l'impôt la période de liquidation des sociétés, que *c'est
précisément alors que se font en général les principales distributions*, et que la fraude deviendrait facile par le retard
systématiquement apporté à la date des répartitions ».

Un jugement du tribunal de la Seine du 18 déc. 1885
(*Rép. pér.*, n° 6,623) admet que la distribution de valeurs
industrielles aux actionnaires d'une société en fin d'entreprise, par le liquidateur de cette société, doit donner
lieu au droit de 3 p. 100 si les titres distribués ont une
valeur supérieure au capital de l'ancienne société. Pour
tout ce qui excède le montant de l'ancien capital il y a
une distribution de bénéfices passible de l'impôt sur le
revenu (1) ».

Ainsi, alors que toute distinction entre la portion de
bénéfices affectée à la réserve, et la portion distribuée,
a disparu en fait, alors que toutes les fractions de l'actif
social sont confondues dans une seule masse à partager après déduction du passif, l'administration pourra
encore dire que dans une certaine limite il y a distribution de bénéfices !

Mais l'opération est si bien un partage *pour le tout*,
qu'un jugement favorable à la perception de l'impôt sur
le revenu a dû le reconnaître en termes formels ? Seule-

____

(1) Ce jugement vient d'être confirmé par un arrêt de la Cour de cassation du 9 février 1887, *J. le Droit*, du 11 février.

ment que le contribuable se garde de triompher : toute
la somme répartie subira le droit gradué des partages,
puisque l'opération est un partage — mais l'opération
est en outre, jusqu'à concurrence de certaine somme,
une distribution de bénéfices, et dans les limites de cette
somme, le droit de 3 p. 100 viendra se superposer au
droit gradué des partages. Cette théorie se trouve nettement exposée dans un jugement du tribunal de Lyon du
16 avril 1886 : « le droit gradué perçu lors de l'enregistrement de la délibération de l'assemblée générale des
actionnaires, contenant partage de l'actif de la société,
est un droit d'acte qui a été et qui demeure acquis au
trésor, du moment que le partage a été *soumis à la for-
malité* de l'enregistrement ; ce droit n'a rien de commun
avec la taxe de 3 p. 100 et s'applique *à un fait entièrement distinct* » conclusion : le droit de 3 p. 100 sera payé
« à raison de la transmission des bénéfices par la société
à l'associé, et le droit des partages, salaire de la forma-
lité, doit nécessairement être liquidé sur la totalité de
l'actif net partagé ».

Ce droit salaire, à la vérité, est devenu depuis 1872
un véritable droit proportionnel ; qu'importe : un double
droit proportionnel sera perçu à l'occasion d'une même
répartition ! Eh bien, cette conclusion nous paraît la meilleure condamnation de l'opinion que nous avons com-
battue. Malgré toutes les subtilités de raisonnement, on
ne nous fera jamais admettre que le législateur de 1872
ait voulu consacrer un pareil résultat. Nous souhaitons

que la Cour de cassation soit saisie de la question, dans les termes où elle s'est posée devant le tribunal de lyon, et la tranche *in terminis*.

A plus forte raison, refuserons-nous d'admettre la perception du droit de 3 p. 100 au cas où une répartition du fonds social mettra fin à l'entreprise, sans que la société passe par l'état de liquidation. Le caractère de partage sera encore plus nettement accusé, et l'absence de toute personne chargée de déposer l'acte de distribution dans les deux mois (V. n° 38) rendra la perception encore plus difficile que dans les autres cas. Cependant, bien que la jurisprudence n'ait pas eu à se prononcer dans cette hypothèse, l'opinion favorable à la perception maintient même ici ses déductions rigoureuses (1).

§ III

Faits équivalents à une distribution de revenu

40. — Extinction du passif grevant un apport.

41. — Avance de droits non réclamée.

40. — *Paiements effectués par une société en l'acquit de ses associés.* — Il n'est pas toujours nécessaire que l'associé encaisse réellement quelque chose, ni qu'il reçoive une valeur quelconque, deniers, nouveaux titres, etc., pour qu'il y ait lieu à la perception de l'impôt. Si d'ordinaire le fait générateur de la taxe est la distribution d'un revenu, il peut se produire quelque chose d'équivalent au point de vue de la perception.

(1) Garnier, *Rép. pér.* n° 6,126. — M. Besson, *op. cit.*, n° 98.

Pour s'en convaincre, il suffit de relater les termes dans lesquels la question s'est posée.

Voici une première espèce qui a fait l'objet d'un arrêt de la Chambre des requêtes, en 1879. Le liquidateur de la société « l'Approvisionnement » avait fait apport de tout l'actif de cette société à une autre société dite « Régie du marché aux bestiaux », et avait reçu en échange de cet apport un certain nombre d'actions. Le liquidateur de « l'Approvisionnement », en recevant les actions de la société la « Régie du marché aux bestiaux », avait d'ailleurs donné à cette société le mandat irrévocable d'employer à l'extinction du passif grevant son apport (c'est-à-dire l'actif de l'Approvisionnement) toute part de dividende à laquelle il aurait droit comme titulaire des actions reçues par lui en échange de son apport. Par suite de cet arrangement, il arriva que les actions ne reçurent que les 2/3 des bénéfices attribués intégralement aux actions souscrites en numéraire, le tiers retenu par la société ayant servi à acquitter le passif de l'ancienne société « l'Approvisionnement ». L'administration prétendit que les sommes ainsi versées en l'acquit de « l'Approvisionnement », devaient être considérées comme des dividendes, et dès lors soumises à la taxe de 3 p. 100. Le jugement du tribunal civil de la Seine du 7 juin 1878 et l'arrêt de la Chambre des requêtes du 21 avril 1879, déclarèrent cette prétention fondée (D. P. 1879. 1. 364).

41. — *Avance de droits non reclamée.* — Il peut se

faire qu'une société paie quelque chose en l'acquit des associés dans d'autres circonstances. Ainsi, aux termes de la loi du 29 juin 1872, les sociétés font l'avance de la taxe de 3 p. 100 sur le revenu des valeurs mobilières, bien que cette taxe soit mise par la loi à la charge des actionnaires. Que se passera-t-il si une société s'abstient de répéter contre les actionnaires les sommes qu'elle a ainsi avancées pour eux? Elle leur procurera de ce chef un véritable bénéfice, et il convient d'en ajouter le montant pour la liquidation de l'impôt aux dividendes et intérêts distribués (Civ. Rejet. 6 juil. 1880 — D. P. 80. 1. 393). — Mais l'impôt sur le revenu n'est pas le seul qui frappe spécialement les valeurs mobilières. La loi du 23 juin 1857 établit un droit de transmission dont les sociétés doivent faire l'avance, un recours leur étant d'ailleurs également réservé (art. 7) contre le porteur des titres. Dans ce cas encore, si la société supporte définitivement la taxe applicable à ses actions, le paiement de la taxe représente pour le détenteur des titres un véritable supplément de dividende, un accroissement du produit de l'action sujet à l'impôt de 3 p. 100 (Décision min. des finances, 24 septembre 1883 — D. P. 85. 1. 497) (1).

En sera-t-il de même en ce qui concerne le droit de timbre établi par la loi du 5 juin 1850 ? Une solution de

____

(1) Cette décision du ministre des finances déclare qu'en ce qui concerne les obligations, on ne peut pas voir véritablement un supplément d'intérêts dans la non-répétition de ces taxes par les sociétés ; par suite, pas de taxe de 3 p. 100. Nous verrons plus loin sur quoi se fonde cette décision.

l'administration du 23 juillet 1885 décide que non (D. P. 1886. 3. 63). L'art. 14 de la loi de 1850 impose aux sociétés l'obligation de payer l'impôt du timbre, sans leur accorder aucun recours contre les propriétaires des titres. Le droit de timbre ne constitue donc pas, comme l'impôt sur le revenu, ou le droit de transmission, une charge des actionnaires, mais bien une charge sociale, et la société qui l'acquite. ne paie rien en l'acquit des associés.

Les décisions de l'administration et les documents judiciaires que nous venons d'analyser dans ce paragraphe nous paraissent parfaitement logiques et fondés sur une saine interprétation de la loi du 29 juin 1872. Cette loi atteint tous les revenus que les sociétés peuvent produire, quels qu'ils soient et sous quelque dénomination qu'ils puissent être déguisés : Chaque fois que le patrimoine des associés s'enrichira du fait de la société, la perception de la taxe sera légitime.

§ **IV**

Allocations n'ayant pas le caractère d'une distribution de revenus.

42. — Fournitures faites par des associés.
43. — Abandon de la jouissance d'un immeuble. Bail ou apport ?
44. — Participation aux bénéfices dans les sociétés coopératives.

42. — *Fournitures faites par des associés.* — Il peut se faire qu'une portion des bénéfices sociaux soit allouée en vertu des statuts à des associés autrement qu'à titre de revenu, et que par suite il n'y ait pas lieu à la perception de la taxe à raison de cette allocation. Ainsi il est convenu que les actionnaires feront des fournitures à la société, et qu'une part de bénéfices leur sera attribuée proportionnellement à leurs livraisons. Faut-il voir dans le dividende qui leur est ainsi distribué un produit de leurs capitaux, ou un supplément de prix de leurs fournitures? Le tribunal de Cognac n'a vu là qu'un supplément de prix, et n'a pas autorisé la perception de la taxe (26 janv. 1875. Société des propriétaires vinicoles de Cognac. D. P. 76. 5. 471).

43. — *Abandon de la jouissance d'un immeuble.* — *Bail ou apport?* — Il faut, d'ailleurs, ne s'engager dans cette voie qu'avec beaucoup de réserve, et ne pas oublier que la jurisprudence admise par la Cour de cassation entraîne la perception de la taxe sur toutes les distributions faites aux associés, dès que ces distributions leur sont faites en raison d'apports. En effet, d'après cette jurisprudence, la loi frappe le revenu de tous les capitaux engagés, par suite les revenus de tous les apports. Ainsi, l'un des associés abandonne à la société, dans l'acte constitutif de l'association, la jouissance temporaire d'un immeuble, et stipule en retour des droits sociaux et une part dans les bénéfices. Faut-il voir là un bail, et par suite exempter de la taxe la part des bénéfices qui revient de ce chef à l'associé propriétaire de l'immeuble? La question s'est posée et a été résolue dans le sens de la perception de la taxe par une solution

de l'administration de l'enregistrement du 31 mars 1884
(**D. P.** 1885. 3. 8), dont les déductions nous paraissent
solidement établies. « Il y a apport, dit en substance
cette solution, quand une chose est mise en commun en
vue de partager le bénéfice qui peut en résulter. L'abandon de jouissance de l'immeuble présente, dans l'espèce,
le caractère d'un apport dont l'objet est soumis aux
chances de bonne ou de mauvaise fortune de la société.
La valeur de cette jouissance forme une partie du capital social, et les sommes distribuées en représentation
d'un tel apport, doivent subir la taxe. »

44. — *Participation aux bénéfices dans les sociétés
coopératives.* — Citons encore un cas dans lequel des
associés reçoivent une part de bénéfices sans qu'il y ait
lieu à perception de la taxe, parce que la distribution
qui leur est faite n'a pas les caractères d'une distribution
de revenu. Nous avons vu que, parmi les sociétés de
coopération, celles-là seulement sont exemptes de la
taxe, qui sont formées exclusivement entre ouvriers et
artisans au moyen de cotisations périodiques. Les autres paient la taxe, mais encore faut-il qu'elles distribuent un revenu. Or, les sociétés coopératives de consommation comprennent deux sortes d'associés : les
actionnaires qui fournissent le capital, et les adhérents
qui consomment les denrées fournies par la société.
Ces derniers participent d'ailleurs aux bénéfices sociaux
proportionnellement à l'importance de leurs achats de
denrées à la société. Doivent-ils payer la taxe en raison

de cette participation aux bénéfices ? L'administration ne l'a pas pensé : elle a vu dans ces bénéfices distribués aux adhérents, la restitution d'une partie du prix versé par eux pour obtenir des denrées (Sol. des 17 fév. 1873, 4 et 5 mai 1882. *Contrôleur*, n° 1,668) (1).

(1) Les sociétés coopératives de production comprennent ordinairement 1° des gérants qui sont dans la situation d'associés en nom, et qui, par suite, ne subissent pas la taxe sur leur part de bénéfices, 2° des associés non gérants qui sont dans la situation de commanditaires et subissent la taxe sur leur part de bénéfices. L'apport de ces derniers se compose outre la somme mise en commun par eux à l'origine, de retenues sur leurs salaires, et sur la part de bénéfices qui leur revient. Cette dernière retenue servant à les libérer envers le compte capital, l'administration considère qu'elle équivaut à une distribution de revenu faite à ces associés et l'assujettit à la taxe (Sol. 29 janvier 1873). Cela est conforme aux principes exposés ci-dessus.

CHAPITRE III

45. — Texte. Divisions.

45. — « Indépendamment des droits de timbre et de transmission établis par les lois existantes, il est établi, à partir du 1ᵉʳ juil. 1872, une taxe annuelle et obligatoire...

« ... 2° Sur les arrérages et intérêts annuels des emprunts et obligations de départements, communes et établissements publics, ainsi que des sociétés, compagnies et entreprises *ci-dessus* désignées ».

Ainsi s'exprime l'art. 1, parag. 2 de la loi du 29 juin 1872. Comme dans le chapitre précédent, nous diviserons notre sujet en deux sections :

Section I. — Quelles sont les sociétés et personnes morales visées par la loi.

Section II. — Quand se trouve-t-on en présence d'un revenu imposable.

SECTION I.

SOCIÉTÉS ET PERSONNES MORALES VISÉES PAR LA LOI.

§ I.
Sociétés visées.

46. — Sociétés non divisées par actions.

47. — Sociétés en nom collectif.

46. — *Sociétés non divisées par actions*. — Quelles

sont les sociétés, compagnies et entreprises dont les emprunts et obligations sont passibles de la taxe de 3 p. 100?

La réponse semble facile, car le parag. 2 que nous venons de reproduire a soin de nous le dire lui-même. Il frappe les emprunts des sociétés *ci-dessus visées*, c'est-à-dire des sociétés dont le capital est divisé par actions. Nous nous référerons donc pour ces sociétés aux explications que nous avons données dans le précédent chapitre.

Quant aux sociétés visées dans le parag. 3, c'est-à-dire les sociétés dont le capital n'est pas divisé par actions, il semble impossible d'atteindre leurs emprunts, à moins d'admettre que les mots « *ci-dessus* » n'ont aucun sens.

Cette impossibilité était constatée en d'excellents termes par un jugement du tribunal civil de St-Omer, du 26 juil. 1883, rendu à propos d'emprunts contractés par la société civile religieuse de St-Bertin. Au terme de ce jugement « la loi du 29 juin, à raison de son texte, est inapplicable aux sociétés comme celle de St-Bertin, dont le capital n'est pas divisé par actions. — En effet, elle frappe de l'impôt dans le parag. 1er de son art. 1er, les produits des actions des sociétés, et par le parag. 3 de ce même art. les produits des parts d'intérêts et commandites dans la société dont le capital n'est pas divisé en actions : il y a donc entre ces deux parties de l'article une évidente opposition. — Le paragraphe intermédiaire qui soumet les emprunts à la taxe se réfère formellement aux sociétés visées dans le parag. 1er c'est-à-dire à celle dont le capital est divisé en actions *à l'exclusion de toutes autres*. Le parallélisme étroit de l'art. 2 de la loi du 29 juin avec l'art. 1er, accentue encore la pensée du législateur à cet égard. En effet, comme le constate le jugement, chacune des trois parties qui le composent correspond exactement aux divisions de l'art. 1 ; or, le parag. 1er de l'art. 2 se rapporte expressément aux seules sociétés dont le capital n'est pas divisé en actions « d'où ressort une nouvelle preuve que le parag. 1er de l'art. 1er atteint uniquement les sociétés de cette nature » (D. P. 1886. 1. 446).

Ce raisonnement nous paraît irréfutable. Cependant la Chambre civile de la Cour de cassation ne l'a pas admis. Dans son arrêt du 2 août 1886 rendu dans la même affaire, elle a déclaré que le parag. 1er de l'art. 1er contient une disposition « absolument compréhensive... sans faire aucune distinction entre les sociétés d'après le mode de division de leur capital ». Au contraire « cette disposition les englobe toutes, sans distinction, dans une formule éminemment générale ». Dès lors, la référence du parag. 2 au parag. 1er aurait pour effet d'imposer la taxe aux emprunts de toutes les sociétés. Malgré l'autorité de la Cour de cassation, il nous semble que la simple lecture des textes suffit pour faire tomber les affirmations de l'arrêt que nous venons de citer.

47. — *Sociétés en nom collectif.* — Les emprunts des

sociétés en nom collectif elles-mêmes ont donné lieu à la perception de la taxe. Cependant la loi du 1er décembre 1875 fournit contre cette pratique un argument particulier. En 1875, l'Assemblée nationale donna une preuve de sa sollicitude à l'égard de ces sociétés ; elle repoussa tout prélèvement sur les fruits du travail des associés en nom collectif. Ne se serait-elle pas démentie dans cette sollicitude, s'il était entré dans sa pensée de tolérer une entrave à leur crédit ? Irrégulière avant 1875, la perception l'est encore davantage depuis cette époque. Et pourtant au lendemain même de cette loi, l'administration, dans son instruction n° 2534 (D. P. 1876. 5. 464), s'est exprimée en ces termes : « On continuera à percevoir la taxe sur les emprunts et obligations de sociétés *en nom collectif* et de sociétés en commandite ». Le tribunal de Béthune a consacré cette pratique dans son jugement du 28 décembre 1877 (D. P. 78. 5. 571). Ce jugement souleva les protestations d'un grand nombre de Chambres de commerce : l'une d'entre elles, la Chambre de commerce de Lille, ayant adressé une pétition au ministre des finances, se heurta à une fin de non-recevoir. « Du moment, dit la décision du ministre (D. P. 1880. 3. 40), que l'impôt dont il s'agit s'applique aux intérêts des sommes versées à titre de commandite dans les sociétés en nom collectif, sommes qui sont soumises à toutes les chances de bonne ou mauvaise fortune des sociétés, il n'y a aucune raison d'en excepter les intérêts des sommes simplement prêtées à ces sociétés, et pour lesquelles les bailleurs de fonds ne sont nullement associés aux chances et pertes que courent les commanditaires. » Cet essai de justification de la perception au point de vue rationnel ne détruit pas l'argument de texte que nous avons fait valoir, argument bien puissant si l'on observe que la jurisprudence prend ordinairement à la lettre tous les textes relatifs à l'application de notre impôt. Nous combattrons d'ailleurs cette solution à un autre point de vue quand nous aurons à déterminer la portée exacte du mot « emprunt ».

§ II.

Personnes morales visées.

48. — Départements. Communes.

49. — Établissements publics.

50. — Jurisprudence.

48. — *Départements. Communes.* — Pour les personnes morales que nous venons de citer, il ne saurait y avoir de difficultés. Les emprunts de l'État, pour des raisons que nous aurons à examiner, ne subissent pas l'impôt sur le revenu (V. ci-après, chap. VIII.) Par contre, les emprunts des départements et des communes sont soumis à cet impôt.

La caisse des Écoles créée par une loi du 1er juin 1878, sous la garantie de l'État, et administrée par la caisse des Dépôts et Consignations, fait aux communes des avances réalisées au moyen des fonds du trésor et remboursables avec intérêts et amortissements. Il n'y a pas lieu à la taxe, parce que ces avances sont considérées comme des prêts faits par l'État (Instr. n° 2601).

49. — *Établissements publics*. — La loi mentionne les établissements publics parmi les personnes morales dont les obligations et les emprunts donnent lieu à la perception de la taxe. De nombreuses difficultés se sont élevées lorsqu'il s'est agi d'accorder ou de refuser à certaines collectivités la qualification d'établissements publics, en notre matière.

Qu'est-ce donc qu'un *établissement public* ? Ce mot est loin d'avoir un sens précis dans la terminologie législative. Des associations, des communautés de personnes ou d'intérêts, des établissements qui reçoivent cette qualification dans tel texte de loi, se voient attribuer dans tel autre texte une désignation différente. Mais les auteurs s'accordent maintenant pour établir une distinction nette, au moins en théorie, entre les *établissements publics* d'une part et les *établissements d'utilité publique* d'autre part. Les premiers ont un but d'utilité générale, et font en quelque sorte partie intégrante de l'administration française, à laquelle ils se rattachent de la façon la plus intime. Ils sont créés pour la gestion d'un service public (1). Les hôpitaux, hospices, séminaires, consistoires, bureaux de bienfaisance ont ces caractères. Les seconds restent placés en dehors des diverses branches de l'administration française, et ont un but

______

(1) V. MM. Ducrocq. *Droit administratif*, t. II, n° 1333 ; Batbie, *Droit public administ.*, V° *personnes morales* ; Aucoc, *Conf. de Dr. Administ.* t. I, p. 250.

d'utilité plus restreinte. Les communautés religieuses reconnues et autorisées appartiendraient à cette catégorie.

Tout en reconnaissant qu'il est assez délicat en pratique de limiter le domaine respectif de l'une et l'autre catégorie, nous pensons qu'au point de vue de l'application de la loi du 29 juin 1872 il y a un grand intérêt à faire cette limitation. Cette loi ne mentionne que les *établissements publics :* ses auteurs n'ont pas dû méconnaître la distinction fondamentale que nous venons de rappeler, car cette distinction avait prévalu au moment où ils ont élaboré notre loi (1). Nous pensons donc que l'impôt sur le revenu des valeurs mobilières doit atteindre les emprunts des établissements publics, à l'exclusion de ceux des établissements d'utilité publique.

On nous objecte, à la vérité, que les auteurs de la loi de 1872 ont eu pour but « d'atteindre toutes les valeurs de placement, autres que les fonds d'État, sans se préoccuper de la nature particulière, ou de la destination des établissements qui font l'émission. Il répugne d'admettre que son application comporte une distinction quelconque entre deux capitalistes qui, faisant des placements de même nature, ont traité avec des établissements différents, mais placés à des degrés divers sous la surveillance de l'autorité » (Instr. n° 2597 § 5) (2).

---

(1) Sans doute, les art. 910 et 937 du C. civ.; l'art 7 de la loi du 7 juin 1824, et l'art. 17 de la loi du 18 avril 1831 confondent les deux sortes d'établissement. Mais au moment ou furent rédigées ces dispositions notre distinction n'était pas connue.

(2) Cette instruction ajoute que la référence du par. 2 au par. 1 permet de

Nous répondons qu'en ces matières le plus sage est de s'en tenir aux termes mêmes de la loi. Cette règle tourne souvent contre le contribuable, celui-ci a le droit de l'invoquer à son tour, lorsqu'elle lui est favorable. C'est surtout lorsqu'il s'agit du recouvrement de l'impôt qu'une stricte interprétation est de rigueur, et qu'il importe d'éviter jusqu'au soupçon d'arbitraire.

50. — *Jurisprudence.* — Cependant notre opinion n'a pas prévalu en pratique. La question que nous venons d'examiner s'est présentée à propos de plusieurs catégories d'établissements ou de collectivités. Elle a été résolue dans le sens de la plus large perception, comme nous allons le montrer par quelques exemples.

1° *Associations syndicales.* — Nous avons vu que les associations syndicales ne peuvent être considérées comme des sociétés en ce qui concerne l'application de la taxe (1). Ne seraient-elles pas du moins des établissements publics, et à ce titre ne faut-il pas percevoir l'impôt sur leurs emprunts ? Parmi ces associations, celles qui prennent la dénomination de sociétés autorisées, se rapprochent beaucoup par leurs caractères, des établissements publics. Elles ont des avantages communs avec ces établissements : le caractère de travaux publics

s'appuyer sur le mot « entreprises » dont la portée très large dispenserait de tout autre argument. Nous nous sommes expliqués sur ce mot. Nous nous référons à ce que nous avons dit ci-dessus, n° 24.

(1) Malgré la solution contraire de l'administration du 26 mars 1875. Voy. ci-dessus ch. I. Nous étudierons plus loin en précisant la portée du mot « emprunt », un arrêt du 29 août 1883 favorable à la perception.

appartenant aux travaux entrepris par elles, qu'ils soient déclarés ou non d'utilité publique, leur assujettissement aux règles de la comptabilité publique, et le recouvrement de leur taxe comme en matière de contributions directes. Elles ont même un avantage de plus que les établissements publics : le droit d'expropriation. A d'autres points de vue, il est vrai, les associations syndicales autorisées se rapprochent des établissements d'utilité publique : un arrêté préfectoral peut suffire à leur constitution, tandis qu'un décret rendu en assemblée générale du conseil d'État est nécessaire pour la création des établissements publics. Mais la vraie raison pour laquelle il est impossible de leur attribuer une autre qualification que celle d'établissements d'utilité publique, c'est que « les associations syndicales, même autorisées, ne représentent que des intérêts privés collectifs, dont l'importance a sans doute mérité des prérogatives contraires au droit commun des établissements d'utilité publique, mais qui ne peuvent faire d'elles, contrairement au caractère distinctif des établissements publics, des parties intégrantes de l'administration » (1).

Ainsi, doctrinalement, les associations syndicales ne peuvent pas plus être soumises à la taxe en qualité d'établissements publics qu'en qualité de société ; un arrêt du 28 août 1882, qui consacre la perception à l'égard de ces associations, a statué à cet égard sans d'ailleurs pré-

____

(1) M. Ducrocq. *loc. cit.* t. II, 1866.

ciser en quelle qualité elles pouvaient être taxées (D. P. 1883. 1. 423).

2° *Monts-de-Piété*. — La question s'est élevée également au sujet des Monts-de-Piété. Les Monts-de-Piété sont des établissements créés dans l'intérêt des pauvres, et qui ont pour objet de prêter au public de l'argent sur gages et moyennant la perception de droits et intérêts déterminés. Faut-il les considérer comme des établissements publics et par suite les soumettre à la taxe en vertu du par. 2 de l'art. 1er de la loi de 1872. Aux termes d'un arrêt de la Cour de cassation (Ch. civ., 3 avril 1878 — D. P. 78. 1. 178), cette taxe est due sur les arrérages et intérêts des bons à ordre ou au porteur émis par un Mont-de-Piété, pour se procurer par voie d'emprunt les fonds nécessaires à son fonctionnement. Il est vrai que diverses dispositions législatives, dans un but d'humanité, ont exonéré ces établissements des droits de timbre et d'enregistrement, ainsi que des contributions directes. Mais il n'y a aucune exonération de ce genre pour notre taxe, et la considération tirée des lois précédentes ne pouvait influer sur la détermination de la Cour de cassation. « Attendu, dit l'arrêt du 3 avril 1878, *que le Mont-de-Piété est un établissement public,* et que, si par sa destination il constitue en même temps un établissement *d'utilité publique,* ce caractère ne saurait le soustraire à l'application de la loi du 29 juin 1872 qui frappe sans distinction tous les *établissements publics quelle que soit leur nature* ». Nous pouvons constater dans cet arrêt la tendance de la Cour à étendre au delà de leur sens technique, les mots *établissements publics*. Un texte législatif range en effet les Monts-de-piété parmi les établissements d'utilité publique. « Les Monts-de-Piété, ou maisons de prêt sur nantissement seront institués *comme établissements d'utilité publique...* » dit la loi du 24 juin 1851 dans son art. 1er. La Cour considère qu'au point de vue de la taxe sur le revenu, les Monts-de-Piété sont cependant des établissements publics. Mais cette tendance se manifeste bien plus ouvertement dans un autre arrêt rendu quelques semaines plus tard; dans cet arrêt la Cour de cassation ne se préoccupe même plus de mettre sa solution d'accord avec les termes de la loi.

3° *Compagnies d'Huissiers.* — Il s'agit cette fois des compagnies d'huissiers. L'administration de l'enregistrement soutenait que les compagnies d'officiers ministériels *constituent des établissements publics*, et prétendait *à ce titre* placer la communauté des huissiers de Périgueux sous l'application de la loi de 1872, pour percevoir la taxe sur le revenu d'obligations aux porteurs émises par cette communauté. Ainsi formulée cette prétention échoua devant le tribunal civil. La Cour de cassation à son tour rejeta en termes exprès l'appréciation de l'administration. Mais elle lui donna gain de cause en se plaçant à un autre point de vue. Aux termes de l'arrêt rendu dans cette affaire « si la communauté dont il s'agit *ne doit vas être considérée comme un établissement public,*

il est certain du moins, que, *comme collectivité ayant
une existence propre*, elle rentre dans les prévisions de
la loi. » (Cas. civ. 6 août 1878 — D. P. 78. 1. 291).

Ainsi toute collectivité créant des valeurs semblables
à celles qu'émettent les sociétés d'actionnaires, devra
être soumise à la taxe : telle est la conséquence admise
par la jurisprudence. Malgré l'autorité qui s'attache aux
arrêts de la Cour de cassation, il nous semble impossible
d'admettre une formule aussi large sans ajouter à la loi.
Nous remarquons que lorsqu'il a voulu atteindre les
actions, titres d'emprunts, obligations des *corporations*
étrangères, le législateur a eu soin d'insérer le mot
« *corporations* » dans l'art. 4. Et nous pensons que rien
ne nous autorise à ajouter l'expression de *collectivité* à la
nomenclature de notre paragraphe (1).

SECTION II.

REVENUS IMPOSABLES.

51. — Controverse relative à l'interprétation du mot « emprunt ».
Termes de la controverse.

51. — La taxe de 3 p. 100 s'applique en vertu de
notre par. 2, aux *arrérages et intérêts des emprunts et
obligations*.

Quelle est exactement la portée de ces expressions,
et quelles valeurs ont été visées par le législateur, lorsqu'il a écrit le mot « emprunt » à côté du mot « obligation »?

____

(1) Sur le mot « entreprise », V. ci-dessus n° 24.

Cette question a soulevé l'une des controverses les plus graves qui se soient produites à propos de la loi du 29 juin 1872. Engagée presque au lendemain de la loi, la lutte n'est pas encore terminée, bien que la Cour suprême semble avoir pris définitivement parti, et s'être engagée résolument dans une voie où d'ailleurs nous refuserons de la suivre. La longue durée et la vivacité du débat n'ont rien qui puisse surprendre : les intérêts pratiques de la question sont en effet considérables. Laissant de côté pour le moment l'examen de la jurisprudence, nous allons essayer de résoudre la difficulté au point de vue doctrinal. Nous sommes persuadé que la lumière ne peut manquer de se faire, et la vraie solution d'apparaître avec évidence, dès que l'on aborde ce débat dans l'état d'esprit dont parlait Descartes au commencement de son *Discours sur la Méthode*, c'est-à-dire dégagé de toute préoccupation d'idées antérieures.

L'examen du texte même de la loi pour en rechercher l'application littérale peut nous être de quelque secours ; sinon pour faire pressentir la solution, tout au moins pour faciliter l'exposé des différents systèmes.

I. A première vue la juxtaposition des mots « *emprunt* » et « *obligation* » trouve une explication fort simple. Le mot *emprunt* est un terme générique, exprimant le fait d'emprunter, quel que soit d'ailleurs le mode employé pour cela. Le mot *obligation* désigne au contraire une espèce particulière d'emprunt, celui qui est constaté par un titre cessible, remis au créancier d'une société, d'un état, d'un département, d'une ville, en vue de constater son droit : ce sens est celui que lui donne la loi de 1850. Notre loi de 1872 frapperait dès lors, d'une manière générale, les intérêts de tous les emprunts, et notamment, les intérêts de l'emprunt contracté sous forme d'obligation. Cette explication, que nous repoussons absolument, permettrait de taxer toutes les créances des sociétés, villes, etc., même les créances hypothécaires, ou simplement chirographaires. C'est l'explication que propose l'administration, et sur laquelle elle a basé un système qui prévaut en jurisprudence, sans avoir été d'ailleurs poussé en pratique jusqu'à ses dernières déductions.

II. Les expressions employées par la loi fournissent un point d'appui tout aussi solide aux adversaires de l'administration. On s'en est servi pour édifier un système tout à fait contraire à celui que nous avons exposé. La loi parle, dit-on, des *arrérages et intérêts* des *emprunts et obligations;* le mot « *arrérages* » est le corrélatif du mot « *emprunts* » de même que le mot « *intérêts* » est le corrélatif du mot « *obligations* ». Voilà ce que suggère la lecture du texte. En outre, dans la pratique des affaires, il est d'usage de dire : les emprunts des villes, départements, états ; — les obligations des sociétés — et cela pour désigner une même idée : *l'appel au public pour la souscription des titres émis.* C'est cette idée qu'ont dû avoir en vue les rédacteurs de la loi.

M. Thiers déclarait, au moment du vote, comme nous avons déjà eu l'occasion de le dire, que la rédaction avait été confiée à des hommes compétents, à ces hommes auxquels on confie d'habitude l'élaboration d'un texte en de telles matières.

Comment admettre que ces hommes compétents appelés à rédiger une loi fiscale, aient pris les mots dans leur sens vulgaire, et non dans leur sens technique?

Eh bien, le sens technique du mot emprunt est précisé dans tous les dictionnaires, dans toutes les encyclopédies. Voici la définition de Littré : « Emprunt. Finance. Il se dit des sommes qu'un gouvernement, une commune, une grande entreprise obtient par des *souscriptions volontaires* des particuliers, à la condition d'en servir les intérêts ». Et maintenant, ouvrons Larousse « Emprunt. Finance. Acte d'un gouvernement, d'une société, d'une administration, qui demande de l'argent aux particuliers, par *souscription volontaire,* et à certaines conditions ». Les mots *emprunt* et *obligation* dans ce système, sont donc presque synonymes. Ils désignent des valeurs identiques ; mais à cause d'une légère nuance qui les sépare, et pour prévenir toute équivoque, le législateur les a écrits l'un et l'autre dans son texte, pensant avec raison qu'une loi fiscale ne saurait être trop explicite (1).

(1) Ce système est exposé et soutenu avec beaucoup d'énergie dans une série d'articles parus sous le titre de *Revue de jurisprudence,* dans la

III. Entre ces deux opinions extrêmes se place un système beaucoup moins absolu et qui nous paraît plus près de la réalité. Le mot *emprunt* ne se trouve pas à côté du mot *obligation* dans les lois antérieures qui établissent des taxes spéciales sur les valeurs mobilières. Le législateur de 1872 n'a-t-il pas employé à dessein des expressions plus larges que celui de 1850 et 1857? Ne faut-il pas, par suite, étendre le cercle de la perception, au delà des limites dans lesquelles est enfermée la perception des droits de timbre et de transmission, établis à ces dates? Sans doute, la loi de 1872 n'atteint pas, sous quelque forme qu'ils se produisent, tous les emprunts contractés par les sociétés, villes, départements (les travaux préparatoires de la loi, comme nous le verrons, en fournissent la preuve éclatante); mais elle atteint les emprunts « qui entraînent la création de titres » et qui ne diffèrent en réalité des obligations que par » leur durée et leur mode de remboursement. — En un » mot, la taxe doit atteindre les emprunts qui consti- » tuent dans le patrimoine de ces personnes leur *dette* » *consolidée* et non pas leur *dette flottante* ». (1) Et la pensée du législateur, si telle a été sa pensée, se comprend fort bien. Le contribuable est habile à éluder la taxe. Si la loi n'a pas soin de lui fermer toutes les issues, il trouvera moyen de se dérober à l'impôt nouveau. Il

Gazette des Tribunaux, janvier et février 1886, sous la signature de M. G. Deloison, avocat à la Cour d'appel. En ce sens, Demasure. *op. cit.* n° 230.

(1) M. G. Demante. *Principes de l'Enregistrement*, t. II, n° 528.

importait donc de viser les combinaisons ingénieuses
qu'il aurait pu inventer, pour voiler sous une forme déguisée de véritables obligations. La distinction à faire
entre la dette flottante et la dette consolidée, entre les
emprunts dissimulant la création d'obligations véritables
et les autres emprunts, sera d'ailleurs subordonnée à
l'appréciation des faits : la solution variera suivant les
espèces (1). Le principal défaut de ce système a été de n'offrir aucune règle précise. Admis dans quelques décisions
judiciaires, il a servi d'introduction au système absolu
qui consacre la perception la plus large, et l'interprétation la plus extensive du texte.

§ I

Discussion théorique.

52. — Comment le mot « emprunt » s'est introduit dans la loi.
— Les travaux préparatoires.

53. — Réfutation du système de l'administration.

54. — Conclusions.

52. — *Travaux préparatoires.* — Puisque les expressions employées par le législateur ne peuvent nous mettre sur la voie de la véritable solution, mais qu'au contraire elles offrent le même point d'appui à trois
systèmes différents, il faut bien chercher ailleurs la clef
des difficultés qui viennent d'être exposées.

Les travaux préparatoires qui sont ordinairement d'un

____

(1) M. G. Demante. *Ibid.*

médiocre secours en notre matière, ne pourraient-ils pas nous révéler ici l'esprit de la loi?

L'administration l'a pensé. Dans une instruction écrite préparée pour soutenir ses conclusions devant la Cour de cassation, elle a tiré argument des incidents qui ont précédé et accompagné le vote de la disposition controversée (1).

Le document dont il s'agit contient d'abord cet aveu :

« Lorsque la commission du budget a présenté à l'Assemblée nationale les deux projets de loi sur les créances hypothécaires et sur le revenu des valeurs mobilières, le projet de loi sur le revenu était limité aux valeurs mobilières représentées par des titres négociables; *il ne comprenait pas les emprunts ordinaires* » (2).

Il en fut ainsi d'ailleurs pendant toute la durée des longues discussions suscitées par ce dernier projet, et la situation était encore la même la veille de son adoption, c'est-à-dire le 28 juin 1872.

Dans la séance du 28 juin, on vota le projet de loi détaché de la cédule C du projet Casimir Périer : une taxe de 2 p. 100 se trouva ainsi établie sur les revenus des créances hypothécaires.

Pour ne pas atteindre deux fois les mêmes valeurs,

---

(1) Cette instruction écrite a été produite dans l'affaire qui a donné lieu à un arrêt dont il sera question plus loin, en date du 8 nov. 1880. Elle est rapportée à propos de cet arrêt dans le Sirey de 1881. 1re partie, p. 87.

(2) V. *J. off.* du 25 mai 1872, p. 3,348.

il importait de déclarer dans la loi sur les créances hypothécaires, que la taxe de 2 p. 100 n'atteindrait pas les
valeurs visées d'autre part par le projet d'impôt sur le
revenu des valeurs mobilières. C'est ce qu'on fit dans
l'art. 2 de la loi du 28 juin, qui déclara cette loi non
applicable *aux emprunts hypothécaires représentés par
des titres.*

Quant aux emprunts hypothécaires, non représentés
par des titres, on ne leur accorde aucune immunité.
Pourquoi cela? « Parce que, d'après le document de
l'administration, *la commission était alors persuadée
que les emprunts non représentés par des obligations,
ne seraient pas atteints par la taxe sur le revenu,* et
qu'ils resteraient par conséquent sous l'application du
droit de 2 p. 100 ».

Mais ces prévisions ne se sont pas réalisées : « *Après
le vote de la loi du* 28 *juin* 1872, *et à la suite d'une
dernière conférence entre la commission et le gouvernement,* un accord s'est établi entre eux au sujet du
texte définitif du projet de loi sur le revenu des valeurs
mobilières. Le rapporteur l'a immédiatement présenté
à la Chambre. Or, parmi les modifications auxquelles la
commission avait consenti, se trouvait précisément l'*extension du droit de* 3 *p.* 100 *à tous les emprunts sans
distinction* ».

Mais, les emprunts hypothécaires non constatés par
des obligations, ne se trouvèrent-ils pas dès lors soumis
à un double taxe : taxe de 2 p. 100 en vertu de la loi du

28 juin 1872 qui ne leur accordait aucune immunité, taxe de 3 p. 100 en vertu de la loi du 29 juin de la même année, qui frappe tous les emprunts? Singulier résultat : constatés par des obligations, les emprunts auraient payé 3 p. 100 seulement, non constatés par des obligations, ils eussent payé 2 p. 100 en sus, soit 5 p. 100 ! Le document de l'administration a prévu l'objection : « Dès lors qu'on votait la loi du 29 juin, qui atteignait nommément tous les emprunts sans distinction, ces emprunts se trouvaient *de plano* dispensés de l'impôt de 2 p. 100 applicable aux créances hypothécaires, *à raison de l'incompatibilité des deux taxes*. Le résultat était le même que si la dispense avait été prévue dans la loi antérieure, comme elle l'avait été spécialement à l'égard des emprunts représentés par des obligations. »

Ainsi voilà une affirmation fort nette. Le mot « emprunt » a été introduit dans le texte de notre art. 1er, en vue d'appliquer la taxe aux revenus des emprunts quelconques faits par les compagnies, villes, etc. Et c'est seulement après le vote de la loi sur les créances hypothécaires, *dans la séance du 28 juin,* que l'introduction de ce mot a donné à la taxe sur le revenu des valeurs mobilières une extension si considérable ! Cette extension consacrée par le vote du 29 juin a d'ailleurs eu pour résultat d'abroger en partie, d'une manière implicite, la loi qui venait d'être votée pour atteindre les créances hypothécaires (1).

(1) Le document que nous analysons a été rédigé en 1880. Trois ans

53. — *Réfutation du système de l'administration.* —
Si nous suivons l'administration sur le terrain où elle
se place, il est facile d'établir que sa thèse manque de
base et que ses arguments se retournent contre elle.

Les travaux préparatoires ne contiennent pas la
moindre trace de l'extension donnée à la dernière heure
au projet d'impôt sur le revenu des valeurs mobilières.

Sans doute le rapport, déposé par M. Desseilligny le
25 mai 1872, proposait l'adoption d'un projet où ne se
trouvait pas le mot « d'emprunt, » et le texte définitif voté
le 29 juin contient cette expression. Mais que faut-il
induire de là ?

Le projet définitif devenu la loi du 29 juin 1872, reproduit presque littéralement l'ancien projet présenté par
M. Pouyer-Quertier, et dont il a été question dans notre
historique. Le mot « emprunt » se trouve dans l'un et
l'autre texte. Il a évidemment, dans l'un et dans l'autre
cas, la même signification (1).

Or, le projet Pouyer-Quertier, bien que contenant le

plus tôt l'administration ne s'était pas encore avisée de tirer argument des
travaux préparatoires. Voici, en effet, comment elle s'exprimait dans un
mémoire présenté en 1877 à la Cour de cassation « *peut-être, quoique les
travaux préparatoires* de la nouvelle loi *ne fournissent aucune indication*
à ce sujet, ne serait-il pas téméraire d'affirmer qu'on a voulu précisément, par l'addition du mot « emprunt », frapper spécialement des valeurs
mises à l'abri des droits de timbre et de transmission ». Crédit agricole.
Cass. 12 déc. 1877 (*Rép. Pér.* nº 4,844 — Sir, 78, 1. 81). Ainsi, ce qui n'était
qu'une simple hypothèse en 1877, est devenu une certitude en 1880 ! Cette
simple observation ne suffit-elle pas pour rendre suspecte l'argumentation
de l'administration ?

(1) C'est ce qui résulte de la comparaison des deux textes, comme

mot « emprunt » avait au fond la même portée que le projet de la commission du budget de 1871 qui ne contenait pas ce mot. M. Benoît d'Azy, chargé de faire un rapport à leur sujet, constatait dans la séance du 6 janvier 1872 qu'il s'agissait en réalité d'une même proposition « *sur les mêmes valeurs mobilières*, avec quelques modifications dans les formes de la perception ». *J. off.* du 7 janv. 1871, p. 104.

Il est d'ailleurs facile de comprendre pourquoi on prit la formule du projet Pouyer-Quertier plutôt que celle du projet de la commission du budget, proposée d'abord par M. Desseilligny. Une taxe de 2 p. 100 avait paru suffisante au rapporteur pour assurer à la taxe le rendement de 15 millions qu'on voulait lui faire produire. M. Pouyer-Quertier démontra que ce taux était trop faible et proposa de reprendre son ancien projet, qui établissait une taxe de 3 p. 100. L'assemblée se rendit

on peut s'en rendre compte par les extraits suivants:

TEXTE DE 1871 (POUYER-QUERTIER)	TEXTE DE 1872 (LOI DU 29 JUIN)
ART. 8	ART. 1
A partir de... il est établi une taxe annuelle et obligatoire :	Indépendamment des droits de timbre et de transmission... il est établi... une taxe annuelle obligatoire.
... 2º Sur les arrérages et intérêts annuels des rentes, obligations et *emprunts* des départements, communes et établissements publics, ainsi que des sociétés, compagnies et entreprises ci-dessus désignées.	... 2º Sur les arrérages et intérêts annuels des *emprunts* et obligations des départements, communes et établissements publics, ainsi que des sociétés, compagnies et entreprises ci-dessus dégnées.

à ses raisons. En même temps qu'on reprit le taux du projet Pouyer-Quertier, on en reprit aussi la formule.

Quant à l'hypothèse *d'une dernière conférence,* entre la commission et le gouvernement, *après le vote de la loi du 28 juin,* pour consacrer *l'extension du droit de* 3 p. 100 *à tous les emprunts sans distinction,* elle est doublement inadmissible, car elle se heurte à une double impossibilité.

Impossibilité matérielle, car immédiatement après le vote sur les créances hypothécaires M. Desseilligny lisait à la tribune son rapport sommaire concluant à l'adoption du texte définitif de notre loi (1).

Impossibilité morale, car M. Thiers, qui prit une part considérable à l'élaboration et la discussion des lois de finance de 1872, n'eut certes pas toléré un accord de ses ministres avec la commission pour étendre la portée de la loi. Trois jours auparavant il s'efforçait au contraire de restreindre son champ d'application, et l'on ne saurait admettre qu'avec cette opiniâtreté dont il tirait vanité lui-même, il ait brusquement changé d'attitude (2).

---

(1) V. compte rendu de la séance du 28 juin. *J. off.* du 29 juin 1872.

(2) Voici ce qu'il déclarait le 25 juin 1872. « Il faut bien nous entendre sur ces mots : impôts sur les *valeurs mobilières.* Si l'on entend par ces mots non seulement l'impôt sur les valeurs mobilières, connues vulgairement sous le titre d'obligations, d'actions, etc., mais encore l'impôt sur les appointements des fonctionnaires, *l'impôt sur les créances hypothécaires* et enfin l'impôt sur le chiffre des affaires, *nous ne pourrons être d'accord avec votre commission... J. off.* du 26 juin 1872, p. 4,301.

Du reste la condamnation du système de l'administration résulte des paroles même des orateurs qui ont
pris part aux derniers incidents de la discussion. *Une
question de chiffres à établir*, voilà sur quoi portèrent
les derniers débats d'après le témoignage de M. Desseilligny dans la séance du 26 juin (*J. off.* du 27 juin,
p. 4316). C'est sur cette question qu'intervint l'accord
entre le gouvernement et la commission.

M. Pouyer-Quertier déclare dans la séance du 28 juin
que le projet est « *la reproduction presque textuelle* »
des projets antérieurs et le lendemain M. Magne en
propose à son tour l'adoption « *dans les termes où il
a été formulé par la commission du budget de* 1871 *et*
1872 » (*J. off.* du 29 juin 1872, p. 4383 et *J. off.* du
30 juin 1872, p. 4444).

54. — *Conclusions.* — De ce qui précède, n'est-il pas
permis de conclure que le système si largement compréhensif de l'administration ne résiste pas à un sérieux
examen? Non, le mot « emprunt » n'a pas été introduit
dans la loi à la dernière heure, pour englober même les
simples emprunts hypothécaires, même les emprunts
chirographaires. Les emprunts hypothécaires non constatés par des obligations, ont été atteints pendant quelques mois par la loi du 28 juin 1872, puis l'abrogation
de cette loi leur a rendu l'immunité. Les emprunts chirographaires n'ont jamais été taxés et ils continuent
d'échapper à la taxe.

Ce système écarté, il nous reste à choisir entre les

deux autres systèmes que nous avons exposés. L'un considère les expressions « obligations » et « emprunts » comme tout à fait synonymes. L'autre fait cette concession, que le mot « emprunt » peut servir à atteindre certaines valeurs ayant avec les obligations beaucoup d'analogie, sans constituer des obligations proprement dites. Des exemples pratiques nous montreront la légère nuance qui sépare ces deux systèmes.

Nous avons manifesté nos préférences pour le dernier système, dans les termes où nous l'avons formulé plus haut. Il possède à nos yeux un double avantage. Il tient un compte suffisant de la présence du mot « emprunt » dans la loi et il n'est pas contredit par les travaux préparatoires.

En outre, il s'agit toujours, dans ce système, de taxer les revenus de *valeurs mobilières* proprement dites et le titre même de la loi du 25 juin 1872 lui fournit un point d'appui. — Observons encore que l'art. 4 de la loi qui vise les sociétés étrangères et étend à ces sociétés les règles des articles précédents, frappe en propres termes « les obligations, *titres* d'emprunt, *quelle que soit d'ailleurs leur dénomination...* » — Enfin le décret rendu le 23 août 1873, relativement aux bons de liquidation émis par la ville de Paris en vertu d'une loi du 26 juillet 1873, déclare que ces bons sont exempts de l'impôt sur le revenu. Que signifie cette déclaration ? Il pouvait y avoir doute au sujet de ces bons ; on aurait pu y voir des titres analogues à des obligations et essayer de les soumettre à la taxe sur le revenu. Le décret, comme le remarque M. Demante, ne pouvait leur conférer l'exemption, mais seulement déclarer par voie interprétative que ces bons n'étaient pas des valeurs visées par la loi du 29 juin 1872 (1).

§ II.
Applications de la loi. Emprunts taxés.

55. — Première jurisprudence. — Système intermédiaire.

56. — Nouvelle jurisprudence. — Taxe étendue à tous les emprunts.

57. — Conséquences de cette jurisprudence. — Limitation nécessaire.

55. — *Première jurisprudence.* — *Système intermédiaire.* — Si la jurisprudence actuelle se montre favorable à la plus large interprétation du mot « emprunt », il est à remarquer que cette jurisprudence est assez récente. Les tribunaux ont commencé pas admettre le système auquel nous nous sommes arrêtés. C'est à un jugement du tribunal de la Seine, du 6 juin 1874 (*Rép. pér.* n° 4070), que nous avons emprunté la formule de ce système. Il y est dit que les emprunts constituant pour les sociétés, villes, etc. *la dette consolidée*, subissent seuls la taxe, à l'exclusion des emprunts constituant *la dette flottante.*

Le premier arrêt de la Cour de cassation qui apparaisse dans les recueils, au sujet de l'interprétation du mot « emprunt » (12 déc. 1877 — Cas. civ. D. P. 77. 1. 106) s'ins-

____

(1) M. G. Demante : *op. cit.* t. II, p. 98, n° 2.

pire des vues que nous avons énoncées. Une société financière, le Crédit agricole, s'était procuré des sommes considérables par l'émission permanente de bons à échéance variable, extraits d'un registre à souche. Cette société prétendait que ces bons, *constituant des effets de commerce*, ne devaient pas subir la taxe de 3 p. 100 sur le revenu de valeurs mobilières. L'administration, au contraire, soutenait que cette circonstance importait peu pour l'application de la taxe, celle-ci devant atteindre « tous les emprunts des sociétés, sans distinction relativement à la forme, etc. »

L'arrêt de la Cour de cassation, rendu par la chambre civile, donne gain de cause à l'administration. Mais loin d'adhérer à cette théorie, que tous les emprunts doivent subir la taxe sans distinctions relativement à la forme, etc., la Cour constate avec soin « que les bons... extraits d'un registre à souche... sont, à bureaux ouverts, remis aux tiers, véritables prêteurs, qui en font la demande, en échange des fonds déposés par eux au guichet de la société; qu'ils produisent des intérêts payables à des époques déterminées ; que même ceux qui sont à plus de six mois d'échéance, portent à droite du titre des coupons d'intérêts que l'emprunteur détache à chaque semestre, et sur la présentation desquels la caisse du Crédit agricole fait le montant des intérêts échus. » La Cour tient compte en outre de l'importance de la somme ainsi empruntée : plus de 65 millions à une certaine époque ! Et elle déclare : « qu'*en présence de ces constatations*, il est manifeste que ces bons, qu'ils aient la forme d'une valeur à ordre, ou d'un effet au porteur, ont en réalité *tous les caractères distinctifs des titres qui sous le nom d'emprunt, sont* AUSSI BIEN QUE LES OBLIGATIONS PROPRE-MENT DITES, compris dans la classe de ceux dont les intérêts sont frappés de l'impôt de 3 p. 100 par les art. 1 et 3 de la loi du 29 juin 1872. » Ainsi, ce que la Cour veut atteindre, c'est l'appel au crédit public par l'émission de titres, alors même que ces titres ne sont pas des obligations proprement dites (1).

56. — *Nouvelle jurisprudence.* — *Taxe étendue à tous les emprunts.* — La Cour ne devait pas s'en tenir longtemps à cette distinction. Dans un arrêt du 6 août 1878, la chambre civile considère « qu'en établissant l'impôt de transmission, et la taxe annuelle et obligatoire de 3 p. 100 sur le revenu des valeurs mobilières, le législateur déclarait soumettre à l'impôt non seulement les actions et les obligations des départements, communes, établissements publics, sociétés, compagnies et entreprises quelconques, financières, industrielles, commerciales ou civiles, mais encore *les simples emprunts de même origine* » (Huissiers de Périgueux — D. P. 79. 1.2 91). — Cet arrêt, déjà étudié à un autre point de vue, semble consacrer, par sa formule générale, le système de l'administration. Mais, si on l'examine atten-

---

(1) Un arrêt du 3 août 1878, ch. civ. (D. P. 1.178) consacre la même doctrine. C'est cet arrêt qui reconnaît le caractère d'établissements publics aux Monts-de-Piété.

tivement, on constate que deux considérations principales inspirent la solution de la Cour : émission d'obligations remboursables au moyen d'un amortissement, par voie de tirage au sort, dans un délai déterminé ; création de titres au porteur, c'est-à-dire essentiellement négociables. Si cet arrêt consacre le système de l'administration par sa formule, il se rattache plutôt au système intermédiaire que nous admettons, par ses considérants (1). On pourrait le qualifier d'arrêt *de transition*, car il marque une étape de la jurisprudence vers le système de l'interprétation la plus extensive.

Un arrêt de la même chambre civile, du 9 avril 1879, contient une formule encore plus générale et plus largement compréhensive. Les opérations que le législateur a voulu atteindre en employant le mot emprunt « ce sont toutes les opérations par lesquelles une commune, un département se procurent, *par un moyen quelconque*, par une souscription publique ou *autrement* les fonds dont ils ont besoin ». (Ville de Paris D. P. 1879. 1. 289). L'administration avait perçu la taxe, à l'occasion de certaines opérations faites par la ville de Paris et dans lesquelles elle voyait des emprunts.

La Cour, elle aussi, vit dans ces opérations des emprunts sur lesquels il y avait lieu de percevoir la taxe.

(1) On pourrait faire la même remarque au sujet de plusieurs jugements et arrêts rendus depuis. Ces décisions, semble-t-il, ont pour ainsi dire conscience de l'exagération à laquelle aboutit le système qui prévaut : elles cherchent à justifier leurs décisions par les circonstances de la cause.

On se demanda d'ailleurs au lendemain de l'arrêt, s'il fallait prendre à la lettre la formule dont elle venait de se servir pour motiver sa décision. On en doutait à cause des conséquences que pouvait entraîner cette formule, et l'annotateur de l'arrêt dans le *Recueil périodique* de Dalloz, disait : « Quelque générale qu'elle soit dans les termes, la formule semble devoir être restreinte à l'espèce même ; et dans l'espèce elle s'explique par cette considération qu'en définitive les valeurs, à l'occasion desquelles elle est intervenue, *ne différaient pas au fond des autres obligations municipales* qui, à aucun titre, ne pouvaient être soustraites à l'impôt ».

Le doute a aujourd'hui disparu. La Cour de cassation a précisé sa pensée dans des arrêts postérieurs : cette pensée est évidemment d'atteindre tous les emprunts. L'arrêt du 9 avril 1879 visait les opérations des villes et départements. Toute opération qui constituera un emprunt si elle est faite par ces personnes morales, sera également un emprunt si elle est faite par une société. Supposons dès lors qu'un emprunt soit contracté par une société sans émission de titre négociable, par acte notarié par exemple. Cet emprunt subira la taxe. C'est ce qui résulte d'un arrêt de la Cour de cassation du 8 novembre 1880, rendu à propos d'un emprunt hypothécaire. C'est dans l'affaire qui donna lieu à cet arrêt, que l'administration développa son argumentation fondée sur les travaux préparatoires de la loi, et sur l'introduction à la dernière heure du mot « emprunt ». La Cour a répété à propos des sociétés, ce qu'elle avait déclaré à propos des villes et départements. La loi atteint : « toute opération par laquelle une société se procure, par un moyen quelconque, par souscription publique ou *autrement* les fonds dont elle a besoin... les emprunts garantis par un gage ou une hypothèque n'ont pas été exceptés de cette disposition » (D. P. 81. 1. 87).

Un jugement du tribunal civil de St-Omer, du 26 juillet 1883, rendu à propos d'un emprunt hypothécaire contracté par la société civile de St-Bertin, s'était inspiré d'une doctrine contraire et s'était prononcé contre la perception de la taxe. Un arrêt de la Chambre civile du 2 août 1886 vient de confirmer la jurisprudence de la Cour, et de consacrer la perception en reproduisant les motifs de l'arrêt du 8 novembre 1880 (D. P. 1886. 1. 447).

Un arrêt du 28 août 1882 déclare également que les intérêts des emprunts contractés par les établissements publics subissent la taxe de 3 p. 100 et cela même si ces emprunts sont garantis par un gage ou une hypothèque (Hospice d'Aix, Ch. civ. — D. P. 1883. 1. 423). Le vote d'une loi spéciale pour frapper les revenus des créances hypothécaires, le 28 juin 1872, l'abrogation de cette loi quelques mois plus tard, n'auraient eu aucune influence relativement à la perception de la taxe sur les revenus des emprunts hypothécaires, puisqu'il est établi, à l'aide du raisonnement que nous avons reproduit, que cette perception se fonde sur la loi du 29 juin 1872.

Nous citerons, en dernier lieu, un arrêt du 24 juillet 1883, dans lequel la Cour de cassation tire une nouvelle déduction de sa formule. La chambre civile considère qu'il convient d'appliquer la taxe aux intérêts payés par une société, en raison de sommes empruntées sur *simples reconnaissances*, tant à ses propres actionnaires qu'à des tiers, en vue d'exécuter des travaux extraordinaires (24 juillet 1883 — D. P. 1884. 1. 132).

57. — *Conséquences de cette jurisprudence. Limitation nécessaire.* — Cependant, si générale et si compréhensive que soit la formule de la Cour de cassation, il ne faut pas oublier que cette formule n'a d'autre but que de définir le plus largement possible le mot « emprunt ». Si donc l'on se trouve en présence d'une opération dans laquelle il est impossible de voir un emprunt, cette opération fut-elle *un moyen* pour une société, une ville ou un département *de se procurer des fonds*, il n'y aura pas lieu de percevoir la taxe.

1° *Avances ne constituant pas un prêt.* — Un arrêt de la Chambre civile du 29 août 1883 a statué dans le sens que nous venons d'indiquer (D. P. 1884. 1. 132). Il s'agissait dans l'espèce d'une société constituée pour dessécher les marais de la Basse-Ailette. Les associés avaient effectué le versement de leur part contributive pour l'exécution des travaux, sans avoir d'ailleurs stipulé pour ces parts ni intérêts, ni conditions de remboursement. Mais plus tard, au lieu d'exiger comme ils en avaient le droit en vertu du décret de concession, l'attribution d'une part de la plus-value résultant des travaux, ils se contentèrent de reprendre leurs avances, intérêts et capital, les intérêts leur étant d'ailleurs versés *par les propriétaires desséchés* restés étrangers à l'association, et *non par la société*. Fallait-il voir dans le versement des parts contributives effectué par les associés, une opération constituant un emprunt par la société, sous prétexte qu'il y avait eu là un moyen pour elle de se procurer les fonds dont elle avait besoin? Y avait-il lieu à perception de la taxe sur les intérêts reçus par les associés quand ils reprirent leurs avances? La Cour admit la négative, le versement des parts contributives n'avait pas constitué *un prêt*, mais une avance pour le compte des propriétaires desséchés, qui seuls eurent la charge du remboursement. Cette solution est exacte ; *jure civili*, il n'y avait pas eu d'emprunt, or, il ne faut jamais perdre de vue les déductions de la « *stricta juris civilis ratio* », quand il s'agit de qualifier un acte en vue de la perception.

2° *Dépôts dans les caisses d'épargne. Comptes-courants dans les banques.* — Nous ne pouvons également qu'approuver, tout en considérant comme admis le système de l'administration, certaines solutions dans lesquelles celle-ci ne semble pas tirer tout le parti possible de la large formule que lui concède la jurisprudence. C'est ainsi que la taxe sur le revenu n'est pas appliquée aux intérêts des sommes que les caisses d'épargne reçoivent en dépôt (1).

(1) Décis. min. finances, 27 sept. 1878 — D. P. 5.435.

Il en est de même des sommes déposées en comptes-courants dans les établissements de banque (1), sauf cependant le cas où le versement de ces sommes donne lieu à la délivrance de reconnaissances productives d'intérêts et cesse de pouvoir être retiré à toute réquisition. En ce cas il y aurait lieu à la taxe (Trib. civ. de Remiremont, 20 mai 1880 — D. P. 5. 387).

Faut-il voir dans l'immunité accordée aux dépôts faits dans les caisses d'épargne, ou dans les banques, tant que ces dépôts peuvent être retirés à toute réquisition, une disposition *de rémittence*, inspirée à l'administration soit par une pensée de bienveillance, soit par la crainte de soulever des protestations trop vives si elle poussait à l'extrême les conséquences de son système ? On pourrait le croire, si l'on considère que l'acceptation de ces dépôts, dont on paie l'intérêt et dont on doit rendre l'équivalent, constitue pour les sociétés de banque et la caisse d'épargne, une opération ayant pour effet de leur *procurer des fonds*. La formule si large de la Cour de cassation justifierait ici la perception.

Mais cette immunité peut recevoir une explication plus juridique. La Cour de cassation a employé des termes vagues, de manière à englober tous les emprunts dans sa formule. Nous avons vu qu'elle même ne prend pas à la lettre sa prétendue définition. On doit donc aller au fond des choses, et se demander si l'acte

______

(1) Décis. min. finances, 15 mars 1879 — D. P. 5.435 solution de l'adminis. de l'Enregistrement, 3 fév. 1876 — D. P. 76. 5.463.

au sujet duquel on veut percevoir la taxe, a les caractères d'un emprunt. Or, comment faut-il qualifier, en droit, le fait qui consiste à recevoir une somme, remboursable à la première réquisition, ou après un simple préavis ?

Comme le fait fort justement remarquer M. Demasure (1) il importe de ne pas confondre deux contrats distincts : le prêt, *mutuum*, et le dépôt irrégulier. Pour reconnaître si l'on est en présence d'un prêt ou d'un dépôt irrégulier, il n'est pas de meilleur *criterium* que celui de Pothier. « Le prêt *mutuum*, se fait *uniquement en faveur de l'emprunteur*, qui a besoin de la somme qui lui est prêtée par ce contrat ; c'est uniquement pour lui faire plaisir que le prêteur la lui prête. Au contraire, le dépôt irrégulier se fait *principalement en faveur de celui qui donne son argent à garder*, dans la crainte qu'il ne soit pas en sûreté chez lui (2) ».

Les circonstances du fait, la qualité des parties, le taux de l'intérêt, le mode et les conditions de remboursement seront des éléments d'appréciations pour décider si le contrat est en faveur de celui qui reçoit, ou s'il n'est pas plutôt en faveur de celui qui remet l'argent. Les caisses d'épargne sont instituées pour favoriser l'économie ; celui qui y porte son argent fait un *dépôt irrégulier*, car l'opération est surtout à son avantage. Il en sera de même le plus souvent dans l'opération qui

(1) Demasure : *op. cit.* n° 232.
(2) Pothier : *Du dépôt*, n° 83.

consiste à déposer des sommes chez un banquier ; on cherche des garanties de sécurité qu'une caisse particulière ne saurait offrir. Mais si l'intérêt est très élevé, si la somme n'est remboursable qu'à terme, les éléments du prêt dominent : on sera en présence du *mutuum*. Dans ce cas seulement, il y aura lieu, selon nous, à une perception légitime de la taxe de 3 p. 100 (1). Nous cherchions vainement désormais à contester le triomphe du système de l'administration contre lequel on peut seulement protester au point de vue doctrinal, pour l'honneur des principes. Mais, s'il faut admettre en présence de la jurisprudence si formelle de la Cour de cassation, que la taxe peut être étendue à tous les emprunts, même à ceux qui auraient échappé à cette taxe jusqu'à ce jour, nous avons le droit de discuter les conséquences de cette jurisprudence, et de ne pas considérer comme une pratique toute de rémittence, susceptible d'être remplacée demain par une pratique contraire, ce qui n'est qu'une limitation logique de la règle consacrée par la Cour de cassation.

§ III

Lots et primes de remboursement

58. — Loi du 24 juin 1875.

58. — Indépendamment des arrérages et intérêts annuels soumis en propres termes à la taxe de 3 p. 100, par

(1) Dissertation de M. Naquet. *Rép. pér.* 5,905.

l'art. 1ᵉʳ, parag. 2 de la loi du 29 juin 1872, les emprunts et obligations peuvent donner lieu et donnent lieu ordinairement à d'autres produits au profit de leurs souscripteurs. Ces produits sont les primes de remboursement et les lots. Constituaient-ils sous l'empire de la loi du 29 juin 1872, un revenu imposable, et pouvait-on dès lors leur faire subir la taxe ? L'administration ne l'avait pas pensé (Sol. 20 mars 1873). Cependant, les primes de remboursement et les lots ne sont autre chose que des intérêts mis en réserve et distribués autrement que les arrérages et intérêts proprement dits. Une compagnie qui emprunte pourrait donner à ses prêteurs un intérêt plus élevé si elle ne lui donnait ni primes ni lots. N'était-il pas juste, dès lors, que les primes et les lots qui sont substitués à ces intérêts, fussent assujettis à la même taxe ? Ces considérations, que nous extrayons presque littéralement de l'exposé des motifs de la loi du 21 juin 1875, relative à divers droits d'enregistrement (1), amenèrent l'Assemblée nationale à insérer dans cette loi un art. 5 ainsi conçu :

« Sont assujettis à la taxe de 3 p. 100 établie par la loi du 29 juin 1872, les lots et primes de remboursement, payés aux créanciers et aux porteurs d'obligations, effets publics et tous autres titres d'emprunts. La valeur est déterminée pour la perception de la taxe, savoir... » (2).

(1) D. P. 1875. 4. 108. Exposé des motifs, nᵒ 6, — Rapport, *ibid.*, nᵒ 2.

(2) Texte et analyse de la loi. Dalloz : *Code annoté de l'Enregistrement*, nᵒ 15,906 et suivants.

Nous nous occuperons des règles édictées par cette loi, et par le décret d'administration qui l'a suivie, dans la partie de notre étude consacrée à la détermination du revenu imposable.

CHAPITRE IV

DÉTERMINATION DU REVENU IMPOSABLE

59. — Division du chapitre.

59. — Les règles relatives à la détermination du revenu imposable, sont contenues dans l'art. 2 de la loi du 29 juin 1872. — Cet article comprend trois paragraphes, calqués en quelque sorte sur les trois paragraphes de l'article 1er, et correspondant à chacune des trois catégories de revenus frappées par l'art. 1er. — Le décret du 6 décembre 1872 et la loi du 21 juin 1875 nous fourniront également des indications ou des règles sur le sujet qui nous occupe. Nous étudierons les trois paragraphes de l'article 2 dans le même ordre que les trois paragraphes de l'art. 1er; c'est-à-dire que nous nous occuperons dans une 1re section de la détermination du revenu des actions et parts d'intérêts (art. 2. 1° et 3°) et dans une 2e section de la détermination du revenu des emprunts et obligations (art. 2. 2°).

SECTION I

REVENU DES ACTIONS ET DES PARTS D'INTÉRÊT

§ I

Revenu des actions

60. — Règle établie par la loi. — Pas de difficultés.

60. — En ce qui concerne les actions, aux termes de l'art. 2, le revenu est déterminé :

« Par le dividende fixé d'après les délibérations des assemblées générales d'actionnaires, ou des conseils d'administration, les comptes rendus, ou à leur défaut, *tous autres documents analogues.* »

Là, pas de difficulté. Dans les sociétés par action, il existe nécessairement, en vue de la fixation du revenu par les assemblées générales annuelles, des rapports faits à ces assemblées, ou des comptes rendus qui en tiennent lieu. Ces pièces doivent être déposées par les sociétés et l'on a dès lors la base nécessaire pour la détermination du revenu.

§ II

Revenu des parts d'intérêt. Sociétés sans conseil d'administration. Évaluation à 5 p. 100 du capital.

61. — Mode d'évaluation prévu par la loi. Difficultés soulevées par cette disposition. Comment se pose la question.

A
Revenu supérieur à 5 p. 100

62. — L'existence de ce revenu peut-elle être établie s'il n'y a pas de conseil d'administration.

63. — Solution inspirée par l'esprit de la loi. Jurisprudence.

64. *Quid* s'il y a un conseil d'administration, mais que ce conseil n'ait pas délibéré.

B
Improductivité absolue

65. — Conséquences de l'évaluation à 5 p. 100.

66. — Possibilité d'établir l'absence totale de revenu. Considérations qui justifient cette règle. Réquisitoire de M. l'avocat général Desjardins.

67. — Réponse à une objection. Solution libérale de la Cour de Cassation.

C

Revenus inférieurs à 5 p. 100

68. — Sorte de « forfait » établi par la loi. Critique de cette conception d'un « forfait » imposé au contribuable.

69. — Règles pratiques. Jurisprudence.

61. — *Mode d'évaluation prévu par la loi. — Difficulté soulevée par cette disposition.* — Dans les sociétés non divisées par actions, il ne saurait y avoir d'assemblées d'actionnaires, ni par conséquent de comptes rendus faits à des assemblées pour constater les bénéfices de l'année. Certaines commandites simples, parmi les plus importantes, ont des conseils d'administration qui prennent des délibérations à ce sujet. Ces délibérations sont des documents tout indiqués pour la détermination du revenu. Quand elles n'existent pas, il a fallu trouver un autre mode de détermination ; ce mode est établi dans l'art. 2, 3°.

« Pour les parts d'intérêt et commandites, par les délibérations des conseils d'administration, ou, à défaut de délibération, à raison de 5 p. 100 soit du prix moyen des cessions de parts d'intérêt consenties pendant l'année précédente, et dûment enregistrées, soit du montant du capital social ou de la commandite (1) ».

(1) Quand on n'a pas d'autre base pour la détermination du revenu que les deux modes d'évaluation indiqués dans cet article, on s'attachera plutôt, si cela est possible, au prix de cession des parts, qu'au montant du capital social. Instr. n° 2,457.

On remarquera de suite, à la lecture de ce texte, que la loi ne s'exprime plus ici dans les mêmes termes qu'à propos des sociétés par actions. Dans le par. 1, elle indiquait comme base de la détermination du revenu : la délibération des assemblées générales d'actionnaires ou des conseils d'administration, les comptes rendus ou *tous autres documents analogues* ; elle ne parle plus, dans le par. 3, que de deux choses : délibération des conseils d'administration, et, à défaut, évaluation de revenu à 5 p. 100. — Ne faut-il pas, dès lors, considérer cette différence de rédaction comme intentionnelle, et voir dans le par. 3 une alternative entre deux termes, en dehors desquels il n'y aurait place pour aucune autre base de détermination?

La question est intéressante à résoudre à plusieurs points de vue. L'administration peut prétendre établir, à propos d'une société sans conseil d'administration, que les revenus de cette société sont supérieurs aux 5 p. 100 prévus par la loi. Ou bien c'est la société qui demandera à prouver que son revenu est inférieur à ce taux, ou même qu'elle n'a aucun revenu. Ces prétentions ne peuvent être accueillies qu'autant qu'on ne verra pas dans l'évaluation du revenu à 5 p. 100 dont parle le texte, une présomption irréfragable, une de ces présomptions qu'on appelle dans le langage de l'école « *juris et de jure* ». La difficulté n'étant pas susceptible de recevoir dans tous les cas une seule et même solution, il importe de l'envisager sous ses différents aspects.

A

Revenus supérieurs à 5 p. 100.

62. — *Ce revenu peut-il être établi en vue de la perception, s'il n'y a pas de conseil d'administration ?* — Au lendemain de la première application de la loi, l'administration eut la pensée de limiter autant que possible, les cas d'évaluation à 5 p. 100 du revenu imposable, et de trouver, en dehors des délibérations des conseils d'administration, une base réelle pour déterminer le revenu des sociétés qui nous occupent. Sans doute, le texte même de notre paragraphe semblait peu favorable à cette pensée, mais un autre texte offrait un point d'appui à l'administration. Le règlement d'administration publique rendu le 6 déc. 1872, en vue de la liquidation de l'impôt, s'exprime ainsi dans son art. 2 : « La liquidation définitive a lieu au moment du dépôt... des comptes rendus et extraits des délibérations des assemblées générales d'actionnaires, ou des conseils d'administration, *ou de tous autres documents fixant le dividende distribué*. » Le décret du 6 décembre 1872, ne fait d'ailleurs aucune dictinction entre les actions d'une part, et les parts d'intérêt et commandites d'autre part. Les sociétés déposeront en vue de la liquidation les comptes rendus des conseils d'administration, ou *tous autres documents analogues*, qu'elles soient ou non par action.

Dès lors, prétendait l'administration, chaque fois

qu'une commandite simple sera assujettie par ses statuts à prendre périodiquement des décisions pour la détermination des dividendes à distribuer, n'aura-t-on pas dans ces décisions *les documents analogues*, susceptibles de servir de base à la détermination du revenu d'après des termes du décret? Les statuts prévoient que les bénéfices seront constatés par un inventaire, auquel prendront part tous les membres de la société : ce document présentera des conditions d'exactitude et de sincérité suffisantes. On aura là une base pour la détermination du revenu, analogue à la délibération d'un conseil d'administration. Les seules commandites dont les statuts n'auront rien prévu pour la fixation périodique des revenus à distribuer paieront la taxe d'après l'évaluation du revenu à 5 p. 100, cette évaluation devant servir à défaut de toute autre base.

63. — *Solution inspirée par l'esprit de la loi. Jurisprudence.* — Ce système n'a pas prévalu en jurisprudence. Un jugement du tribunal de la Seine du 31 janvier 1874 a précisé en termes remarquables les arguments qui rendent inadmissible l'opinion de l'administration, et qui obligent à prendre à la lettre le paragr. 3 de l'art. 2 de la loi du 29 juin 1872 (1).

La loi voulant imposer le revenu des sociétés sans déclaration ni investigation, a divisé les sociétés, au point de vue de l'assiette de l'impôt, en deux catégories distinctes.

---

(1) Voir ce jugement et la note qui l'accompagne. D. P. 1874. 3.103

Les sociétés par action, les commandites pourvues
d'un conseil d'administration vivent en quelque sorte
de publicité : on peut asseoir la taxe sur leur revenu réel,
que font connaître les rapports ou comptes rendus des
assemblées générales, les décisions des conseils d'administration, et autres documents également faciles à consulter.

Mais les sociétés qui ne sont pas divisées en actions,
et qui n'ont pas de conseil d'administration doivent être
soustraites à toute ingérence dans leurs écritures privées
et dans leur administration intérieure ; leurs opérations
doivent rester secrètes : à l'égard de ces sociétés on a
assis la taxe sur le revenu, présumé d'après l'importance
du capital.

Après s'être inspiré de ces considérations, qui reflètent
incontestablement la pensée du législateur et qui ont dû
inspirer la rédaction de notre par. 3, le tribunal observe
» que les termes du règlement d'administration publique,
sainement entendus, ne sont point en opposition avec
ceux de la loi, et qu'eussent-ils un sens différent et une
portée plus étendue, ils seraient à cet égard sans force
ni valeur. » Cela est évident : le règlement a pu interpréter la loi, mais non la modifier. Le jugement du tribunal de la Seine observe en outre que « dans toute société
en commandite, on fait un inventaire annuel d'après
lequel on fixe le revenu de la commandite ». Dès lors,
« si la prétention de la Régie était fondée, la loi n'aurait
pas eu besoin de diviser ces sortes de société en deux caté-

gories, toutes seraient nécessairement comprises dans la
première ». Dans toutes, en effet, l'inventaire constituerait le *document analogue* à une délibération d'un conseil
d'administration, et pour aucune il n'y aurait lieu à évaluer le revenu à 5 p. 100.

64. — *Il y a un conseil d'administration, mais il n'a pas
délibéré.* — Ainsi, la lettre et l'esprit de notre paragraphe
interdisent à l'administration de chercher à taxer les
revenus des parts d'intérêts et commandites, en prenant
une autre base pour la détermination de ce revenu que
la délibération d'un conseil d'administration ou l'évaluation à 5 p. 100. Mais il peut se faire qu'une société ait un
conseil d'administration, et que ce conseil n'ait pris aucune délibération annuelle. Cela s'est produit dans une
espèce où les statuts portaient qu'une réunion annuelle
aurait lieu, afin de permettre aux associés d' « approuver
et contredire les comptes et inventaires, et autoriser
s'il y a lieu des répartitions de bénéfices ». Cette clause
statuaire ne constituait pas une obligation légale, et la
seule taxe de 5 p. 100 a été reconnue exigible par un
jugement du tribunal de Lille du 27 juin 1874 (D. P.
1874. 5. 531).

L'administration prétendait infliger l'amende prévue
par la loi pour le cas où les procès-verbaux de délibération ne sont pas déposés : mais pour que cette prétention
fût fondée, il aurait fallu établir qu'une délibération
eût existé. A défaut de cette preuve les termes de la
loi n'autorisent que l'évaluation à 5 p. 100. Le jugement

du tribunal de Lille est donc à l'abri de toute criti-
‘que.

B.

Improductivité absolue

65. — *Conséquences de l'évaluation à* 5 *p.* 100. —
Notre par. 3 a été inspiré par une pensée de protection
en faveur des sociétés non divisées par actions, et non
pourvues de conseil d'administration. On a voulu assurer
le secret à leurs opérations, et prévenir toute ingérence
administrative dans leurs affaires intérieures.

On présume que leur revenu est de 5 p. 100, et elles
ne paient la taxe que sur ce revenu présumé, bien que la
plupart du temps elles réalisent un revenu bien supérieur.
Mais cette protection ne va-t-elle pas, en certains cas, se
retourner contre elles-mêmes ? Ne pouvant établir leur
revenu réel par une délibération de leur conseil d'administration, puisqu'elles n'en ont pas, faudra-t-il qu'elles
paient l'impôt sur un revenu présumé de 5 p. 100 alors
qu'elles réalisent un revenu beaucoup moindre, alors
qu'elles ne réalisent aucun revenu, et alors même
qu'elles subissent des pertes si considérables qu'elles
soient ? Cette solution serait bien rigoureuse. L'espoir
de profiter de la loi, aux jours de la prospérité, le spec-
tacle d'une société voisine qui ne paie peut-être la taxe
que sur la moitié ou le quart de son revenu réel, grâce
au système de notre par. 3, paraîtront aux sociétés
malheureuses de maigres consolations. On accusera,
non sans raison, le législateur de 1872 d'avoir observé de

singulières règles de justice distributive, s'il fait payer
en trop aux uns ce que les autres paient en moins. Faut-
il considérer ces résultats quelque peu choquants comme
une conséquence inévitable de la loi ?

Nous ne le pensons pas. Il est certain, tout au moins,
qu'au cas où une société demande à prouver par les
moyens légaux qu'elle n'a aucune espèce de revenus,
elle doit être admise à faire cette preuve, afin d'échapper à la taxe.

66. — *Possibilité d'établir l'absence totale de revenu.
— Arguments en faveur de cette solution.* — Un arrêt de
la Cour de cassation, rendu après délibération en la
chambre du conseil par la chambre civile de cette cour,
le 13 avril 1886, sur le réquisitoire conforme de M. l'a-
vocat général, vient de consacrer cette solution (D.
P. 1886. 1. 185). Le réquisitoire de M. Desjardins formule en d'excellents termes les arguments qui justifient
cette jurisprudence. Le jugement du Tribunal de la Seine,
qui avait motivé le pourvoi, considérait l'art. 2, 3°, de
notre loi comme établissant « une présomption légale,
qui ne permet pas à la Régie d'exiger, et au contribuable
de présenter aucun document autre que la délibération
limitativement spécifiée par cet article en vue d'augmenter ou de diminuer la taxe proportionnellement au revenu
réel produit par les opérations sociales. » Il s'agissait dans
l'espèce d'une société civile et particulière ayant pour
objet la mise en valeur de deux immeubles contigus.
N'ayant pas de conseil d'administration, cette société

prétendait justifier par des extraits des registres sociaux
que les parts des associés n'avaient produit aucun revenu.
La question de savoir si l'improductivité absolue peut
être démontrée autrement que par les délibérations d'un
conseil d'administration se posait donc nettement, et
pour la première fois la Cour de cassation allait la trancher *in terminis* (1.)

Voici les principales considérations exposées par l'a-
vocat général et dont s'est inspiré l'arrêt du 15 avril 1886 :

1° Tout d'abord la logique et le bon sens, d'accord
avec les textes, protestent contre la pensée d'une sorte de
forfait, qui aboutirait à la création artificielle d'un revenu. La loi du 29 juin 1872 s'intitule « loi relative à un
impôt *sur le revenu* des valeurs mobilières ». Le par. 1er
de l'art. 1er de cette loi soumet à la taxe « *les intérêts, dividendes, revenus et tous autres produits des actions* » et
le par. 3 du même article atteint « *les intérêts, produits et
bénéfices annuels des parts d'intérêt* ». L'art. 2 dit à son
tour : « le revenu est déterminé... » Tous ces textes
supposent l'existence d'un revenu. Pas de revenu, pas
de matière imposable, pas de détermination possible
en vue de la perception de l'impôt. Comment en effet

---

(1) L'affirmative avait prévalu le 31 août 1874 devant le tribunal de Van-
nes (D. P. 1875. 5.528). Mais d'autres tribunaux s'étaient prononcés depuis
dans le sens contraire. Un arrêt de la Ch. des req. du 28 janv. 1879
(D. P. 79. 4.293) avait touché incidemment à la question et fournissait un
préjugé favorable à l'opinion soutenue par l'administration, pour justifier
la perception de la taxe.

déterminer la quotité d'une chose qui n'existe pas? *Prius non esse quam esse tale.*

2° On veut percevoir l'impôt même là où il n'y aura pas de revenu? Sur quoi sera prélevé cet impôt? Forcément sur le capital! Cette conséquence qui contredit si manifestement et les intentions du législateur de 1872, et les déclarations réitérées de ses orateurs les plus autorisés, n'est-elle pas la condamnation du système de l'administration? Qu'on veuille bien se rappeler l'attitude de M. Thiers, si nettement opposé à tout système ayant « pour résultat final de frapper le capital improductif ». Frapper le capital lui semblait « une mesure dangereuse ». Et son ministre des finances, M. Magne, considérait une telle mesure comme « une violation des règles ordinaires de notre code financier, et une sérieuse injustice en même temps qu'un sérieux danger ». Ce dernier n'a-t-il pas condamné par avance l'opinion que nous combattons, lorsqu'il s'écriait: « Comment? Voilà une entreprise commencée, dont les actions se cotent à la Bourse, mais qui n'a encore produit aucune espèce de revenu, et c'est sur ce capital que vous allez asseoir l'impôt, présumant que le capital représente un revenu! » — Si d'ailleurs on ne recule pas devant cette conséquence de percevoir notre taxe sur le capital, on arrive bientôt à l'absurde. Supposons, avec M. Desjardins, une société qui a perdu 95 p. 100 de son capital: il faudrait lui arracher une bribe des cinq derniers centièmes, qui forment le solde de l'actif social, sous prétexte de percevoir un impôt sur le produit inexistant du capital originaire presque anéanti ! On pourrait même concevoir que l'impôt fût perçu quand la source de tout revenu sera tarie, c'est-à-dire quand le capital entier sera absorbé (1) !

3° A ce double argument, tiré de la saine interprétation du texte et de l'esprit du législateur, s'ajoute l'auto-

(1) Ces considérations nous paraissent très justes. Nous devons, toutefois, faire à leur propos une double observation. — On sait que l'Assemblée nationale refusa d'admettre un système d'impôts connu dans la science financière et économique sous le nom d' « *impôt sur le capital* ». Il ne suffirait pas de rappeler ce vote, pour établir que l'Assemblée n'a pas pu consacrer d'autre part une règle ayant *pour résultat* de faire prélever un impôt sur le capital. L' « *impôt sur le capital* », au sens technique du mot, a pour assiette le capital fixe possédé par le contribuable, ce qui n'empêche pas que, *normalement*, le contribuable doive le payer avec ses revenus et non avec son capital. Inversement, nos divers impôts directs qui ont pour assiette le *revenu présumé* du contribuable peuvent aboutir *en fait* à imposer parfois au contribuable un prélèvement sur son capital : c'est l'inconvénient de tout système qui consiste à atteindre les revenus à l'aide de présomptions.

Mais cet inconvénient, compensé d'ailleurs par de sérieux avantages, n'a pu être admis qu'autant qu'il était impossible de l'éviter. Dans notre cas, la constatation réelle des revenus, ou plutôt de l'absence des revenus était possible, le législateur ne pouvait la prohiber.

Nous verrons cependant que la taxation à 5 p. 100 du capital est imposée aux associations religieuses, sans qu'il soit permis à ces associations de s'abriter derrière l'exception d'improductivité absolue (loi du 29 déc. 1884). Mais c'est là une disposition rigoureuse, *exceptionnelle*, inspirée au législateur par le désir de déjouer pour l'avenir et de punir pour le passé certains calculs par lesquels ces associations avaient paru se dérober à la taxe.

Voy. les paroles du rapporteur général au Sénat, *J. officiel* du 28 décembre 1884. 1ᵣᵒ séance du 27 déc. p. 2,013. Ces paroles, que nous citons plus loin, prouvent qu'il y a là *une dérogation au droit commun*.

rité du décret du 6 déc. 1872. Cet acte réglementaire, rendu pour assurer l'exécution de la loi du 29 juin, s'attache à faire payer la taxe sur le revenu des sociétés, et rien que sur ce revenu. Qu'on lise l'art. 1er. Pour les valeurs à revenu fixe, la taxe est payée « d'après les produits annuels afférents à ces valeurs ». Pour les actions, parts d'intérêt, commandites et emprunts à revenu variable, « d'après le résultat du dernier exercice, réglé et calculé sur les quatre cinquièmes du revenu, *s'il en a été distribué* ». Et cet article se termine par une disposition bien significative : à la fin de chaque année, lors de la liquidation définitive de la taxe pour l'exercice entier, s'il est dû un complément de taxe au profit du trésor, il est immédiatement acquitté. « Dans le cas contraire, l'excédent versé est imputé sur l'exercice courant, ou *remboursé* si la société est arrivée à son terme, ou *cesse de donner des bénéfices.* » Donc, on a touché ce qui n'était pas dû, au cas d'improductivité, car, sans cela, la taxe régulièrement perçue ne serait pas restituée. (art. 60, loi 22 fr. an VII). Cette dernière disposition, il est vrai, n'est écrite que pour les sociétés par actions, mais ne traduit-elle pas la pensée du législateur, et pourrait-on sans injustice refuser de s'inspirer d'une pensée si manifeste, dès qu'il s'agit des sociétés sans conseil d'administration ?

67. — *Réponse à une objection. Solution libérale admise en jurisprudence.* — Nous avons admis, il est vrai, que malgré les termes de l'article du décret dont il s'agit, l'administration ne pourrait pas dans le cas prévu par cet article recourir aux *documents analogues*, bilans, inventaires, etc., pour établir l'existence d'un revenu supérieur à 5 p. 100 du capital social. Le système que nous venons de soutenir n'est-il pas en contradiction avec cette solution, puisqu'il permet d'employer contre l'administration les *documents analogues* dont elle ne peut se servir ? L'objection est très sérieuse dès qu'on est en présence d'un revenu à déterminer. Mais, comme l'a fort bien remarqué M. Demasure (1), dont l'opinion a été reproduite dans le réquisitoire de M. Desjardins : « Cette critique perd toute sa force, et la contradiction signalée disparaît, si l'on accepte la distinction déjà proposée entre deux opérations qui ne peuvent être confondues : la fixation de l'assiette de l'impôt et le calcul de sa quotité, en d'autres termes, la preuve de l'exigibilité et la liquidation. *L'improductivité fait exception à tout.* Elle rend impossible une perception quelconque, ainsi que le reconnaît pour les sociétés par actions l'article *in fine* du décret du 6 décembre 1872. Or, lorsqu'un fait entraîne de semblables conséquences, on ne concevrait pas que les contribuables fussent mis dans l'impossibilité de l'établir ».

Telles sont les principales considérations qui ont inspiré l'arrêt de la chambre civile. Elle a condamné, en termes laconiques sans doute, mais pourtant très clairs et très nets, un système qui, contrairement à toutes les

(1) Demasure : *loc. cit.* p. 275, n° 221.

tendances de notre législation, frappait directement le contrat de société, au lieu de viser les bénéfices issus de ce contrat. L'alternative posée dans l'art. 2, § 3, de la loi du 29 juin « s'applique uniquement, dit l'arrêt, au cas où il s'agit de fixer le chiffre du revenu ; cet article ne saurait faire obstacle au droit qui appartient à la société de prouver, par tous les moyens légaux, qu'elle n'a aucune espèce de revenus. » Cette solution libérale, d'une longue et vive controverse, fournit une excellente réponse à l'opinion trop accréditée d'après laquelle la Cour de cassation sanctionnerait uniformément tous les systèmes imaginés par l'administration.

C

Revenus inférieurs à 5 p. 100

68. — *Sorte de « forfait » établi par la loi. — Critique de cette conception d'un « forfait » imposé au contribuable.* — Maintenant, modifions un peu les termes de l'hypothèse précédente. Nous sommes toujours en présence d'une société sans conseil d'administration, à laquelle on veut imposer la taxe sur un revenu évalué à 5 p. 100 de son capital social. Mais cette société ne s'abrite plus derrière son improductivité totale pour échapper à cette réclamation : elle offre seulement d'établir qu'elle a réalisé un revenu très modeste, bien inférieur à l'évaluation proposée, et demande à ne payer l'impôt que sur son revenu réel.

Est-il possible d'accueillir cette prétention et de lui

permettre la preuve de ce revenu ? Les arguments que nous avons fait valoir pour le cas d'improductivité totale militent encore, bien qu'avec une moindre force, en faveur de cette solution.

On a quelque peine à admettre qu'on puisse qualifier d'impôt *sur le revenu*, une taxe calculée d'après une évaluation à 5 0/0 du capital social, lorsqu'en réalité le revenu réalisé atteint peut-être 1 p. 100 ou 1/2 p. 100 de ce capital. En outre, ce mode de calcul conduit à négliger complètement l'une des préoccupations les plus sérieuses de l'Assemblée nationale : on peut concevoir telle hypothèse où les bénéfices réalisés n'atteignent même pas le montant de l'impôt, calculé sur le revenu présumé à 5 p. 100 : dans ce cas une partie de l'impôt sera perçue sur le capital ! Enfin, la pensée d'atteindre le revenu réel quand cela est possible, est manifeste dans le règlement d'administration publique rendu à la suite de la loi de 1872 ; or, ici, des *documents analogues* aux délibérations d'un conseil d'administration peuvent permettre, comme au cas d'improductivité absolue, d'établir sans déclaration ni inquisition le revenu réel : dès lors, pourquoi préférer à cette constatation directe du revenu, le procédé douteux de la taxation à l'aide d'une présomption ?

On essaie, il est vrai, de justifier, au point de vue rationnel, la perception sur un revenu supérieur au revenu réel, par l'idée d'une *sorte de forfait* établi par le législateur dans l'intérêt même du contribuable. Cette idée

a été développée à propos d'une affaire soumise à la Cour
de cassation, le 18 nov. 1878, dans le rapport de M. le
conseiller Dareste (D. P. 79. 1. 2,291), qui semblait en
tirer des déductions même pour le cas d'improductivité
totale.

« La loi, disait ce rapport, n'a pas voulu pénétrer dans
le secret des sociétés qui n'ont pas de conseil d'administration, ni de délibérations régulières constatées par un
registre... Peu importe que la société prospère ou
non... Entrer dans cet ordre de considérations, ce serait
violer expressément l'art. 2 de la loi de 1872. »

Nous l'avons déjà indiqué; au point de vue de l'équité
cette idée du forfait nous paraît peu satisfaisante. Protéger contre les inquisitions de l'administration les sociétés qui désirent s'y soustraire, dans le cas prévu par
l'art. 2, rien de plus sage, rien de plus conforme à l'esprit général de la loi de 1872. Mais pourquoi imposer
cette protection même dans les cas où les intéressés la
repoussent comme une charge accablante et demandent
à s'y soustraire? Pourquoi frapper le revenu au moyen
d'une présomption, lorsqu'il est possible de le connaître par une constatation directe. Le législateur de 1872
aurait pu sans danger permettre cette constatation, et
autoriser les sociétés à établir leur revenu véritable par
les inventaires ou autres documents sérieux?

Une disposition du projet Casimir Périer, de 1871,
divisé, on s'en souvient, en quatre cédules, et destiné à
atteindre les différentes sources de revenu, proposait,

précisément dans une matière voisine, une solution analogue à celle que nous soutenons ici. La déclaration n'était admise dans ce projet que comme *ultimum reme-dium*, à défaut de tout autre moyen de reconnaître le revenu. Et encore n'était-ce pas la déclaration générale du revenu, mais une déclaration limitée strictement à chacune des catégories de revenu qui ne pouvaient être connues autrement. Mais, il est un cas où, par exception, M. Casimir Périer et la Commission admettaient volontiers la déclaration générale du revenu, sans que personne dans l'Assemblée, songeât à protester sur ce point: c'est lorsque le contribuable, principal intéressé dans la question, sollicitait lui-même la permission de déclarer son revenu, afin de profiter de l'exemption accordée aux revenus inférieurs à 1,500 fr.

69. — *Règles pratiques. Jurisprudence.* — Malheureusement, rien n'indique que l'Assemblée ait voulu consacrer ce système en notre matière. Au contraire le texte de l'art. 2, par. 3, pose une alternative qui paraît s'imposer sans aucune distinction dès qu'il y a un revenu à déterminer. Extrait des délibérations d'un conseil d'administration, ou évaluation à 5 p. 100 du capital social, il n'y a pas à sortir de là. C'est la règle pour l'administration ; ce sera aussi la règle pour les sociétés, si l'on s'en tient à la lettre de l'art. 2, par. 3, sans admettre les *documents analogues* indiqués dans l'art. 2 du décret.

Telle est la solution admise par la jurisprudence.

L'arrêt du 13 avril 1886 la consacre par cette déclaration que l'art. 2 « s'applique au cas où il s'agit de fixer le chiffre du revenu ». C'est seulement pour établir l'absence de revenus qu'on peut chercher des preuves en dehors de cet article (1). On peut aussi trouver des points d'appui en faveur de cette solution, dans les arrêts du 23 août 1875 (D. P. 75. 1. 347), du 18 novembre 1878 (D. P. 79. 1. 229) et du 28 janvier 1879 (D. P. 79. 1. 293). On a même prétendu, mais à tort, que ces arrêts tranchaient en faveur de l'administration la controverse relative au cas d'improductivité totale.

Les arrêts de 1878 et 1879 nous fournissent des indications intéressantes sur le calcul du 5 p. 100 dans deux cas où le recours à ce mode d'évaluation présente des difficultés. Aux termes de ce premier arrêt, il faut s'attacher uniquement, pour ce calcul, au capital tel qu'il est fixé dans l'acte social, sans tenir compte de l'augmentation ou de la diminution de ce capital : dans l'espèce, on invoquait la dépréciation du capital, mais non l'absence de revenus. Le second arrêt statue sur le cas d'indétermination du capital dans l'acte de société. Ce n'est pas aux juges d'apprécier, comme l'avait admis un jugement du tribunal de la Seine, la valeur des parts de fondateur en tenant compte des circonstances ; mais, pour se conformer à l'art. 5 de la loi du 29 juin, d'après

---

(1) Sur cette question, V. M. E. Naquet : *Rép. pér.* de mars 1887 (art, 6,816) et M. Testoud : *Revue critique*, 1887, p. 79 et suiv. le premier admet l'idée du forfait dans tous les cas ; le second ne l'admet dans aucun cas.

lequel le recouvrement de la taxe doit être suivi comme
en matière d'enregistrement, il y a lieu de recourir à la
déclaration estimative des parties prévue dans l'art. 16
de la loi du 22 frim. an VII.

SECTION II

REVENUS DES OBLIGATIONS ET EMPRUNTS

70. — Arrérages et intérêts.

71. — Lots et primes de remboursement.

70. — *Arrérages et intérêts.* — Aux termes de l'art. 2,
2°, le revenu est déterminé : « Pour les obligations ou
emprunts, par l'intérêt ou le revenu *distribué dans
l'année* ».

Ici, nulle difficulté. Les expressions employées dans
ce paragraphe suggèrent seulement une remarque : on
prend en considération, pour la détermination du revenu, *ce qui est distribué* aux obligataires ou prêteurs.
Si donc les sociétés ou établissements publics prennent
à leur charge la taxe afférente à l'intérêt des obligations
et emprunts il n'y a pas là un supplément de revenu
passible de l'impôt. Cette solution est adoptée par une
décision du ministre des finances du 24 septembre 1883
(D. P. 1885. 5. 497). Nous avons vu qu'il en est autrement pour les actions : si une société supporte la taxe
qui leur est applicable, il faut voir là un supplément de
dividende, et en tenir compte pour la détermination du
revenu (même décision).

71. — *Lots et primes de remboursement.* — La loi du

21 juin 1875 et le décret du 15 décembre de la même année s'occupent de la détermination de la taxe relativement aux *lots* et *primes de remboursement*. Les lots et primes ont été soumis à l'impôt dans le but d'atteindre le produit intégral des obligations et titres d'emprunt.

Aux termes de l'art. 5 de la loi du 21 juin 1875 « la valeur est déterminée, pour la perception de la taxe, savoir :

« 1° Pour les lots, par le montant du lot en monnaie française ;

« 2° Pour les primes, par la différence entre la somme remboursée et la taxe d'émission des emprunts ».

Il semblerait, à la lecture de ce texte, qu'en ce qui concerne les lots, l'impôt doit être perçu sur leur montant sans aucune distinction. Ce serait contraire à l'intention manifestée par le législateur de 1875, dont le but a été d'atteindre le bénéfice réel résultant des lots ou primes. Tenant compte de cette intention, l'administration de l'enregistrement a admis dans une solution du 20 novembre 1875 (D. P. 76. 5. 465), que lors du paiement d'un lot, le seul bénéfice réalisé sur la souscription serait considéré pour la détermination du revenu imposable. Si donc un lot payé comprend le remboursement de la somme versée pour la souscription du titre, c'est seulement sur ce qui excède ce remboursement que la taxe de 3 p. 100 sera perçue. Cet excédent constituera alors une sorte de prime.

Pour les primes, il y a lieu de déduire de la somme

remboursée la valeur du titre d'après son taux d'émission.

Les difficultés relatives à la fixation de ce taux d'é-mission ont été réglées par le décret qui a suivi la loi.

Lorsque les obligations ou autres effets publics ont eu un taux unique d'émission, c'est ce taux qui est pris en considération.

Si le taux d'émission a varié, un taux moyen d'émission sera établi par le procédé suivant. Pour *chaque emprunt*, c'est-à-dire pour toutes les obligations du même type, faisant, le cas échéant, l'objet d'une seule inscription à la cote de la bourse, on divise le montant total de l'emprunt, sous la seule déduction des arrérages courus au moment de chaque vente, par le nombre des titres correspondant à cet emprunt. Si l'émission faite à des taux variables n'est pas terminée, la moyenne est établie d'après la situation de l'emprunt au 31 décembre de l'année qui a précédé celle du tirage.

Enfin, lorsque les moyens ci-dessus ne peuvent être employés et que le taux d'émission reste inconnu, il y a lieu d'admettre que le titre a été émis « moyennant un capital formé de vingt fois l'intérêt annuel stipulé, lors de l'émission, au profit du porteur du titre. A défaut de stipulation d'intérêt, il est pourvu à la fixation du taux d'émission dans la forme tracée par l'art. 16 de la loi du 22 Frim. an VII (déclaration estimative) (1) ».

____

(1) Décret du 15 déc. 1875, art. 1 et 2. — Instr. du 17 déc. 1875 n° 2,536 — D. P. 76. 5. 467. — Dalloz : *Code Annoté de l'Enregistrement*, p. 677 et 678.

CHAPITRE V

PERCEPTION DE LA TAXE

72. — Division du chapitre.

72. — Les règles relatives à la perception de la taxe sont contenues dans les art. 3 et 5 de la loi du 29 juin 1872, dans le décret du 6 déc. et dans l'instruction générale de l'administration de l'enregistrement du 11 décembre de la même année (*Instr.* 2,457 — D. P. 1874. 5. 531).

L'art. 3 de la loi contient trois paragraphes. La quotité de l'impôt est déterminée dans le par. 1ᵉʳ. Le par. 2 nous apprend quel en est le débiteur. Une disposition transitoire relative à l'année 1872 est contenue dans le par. 3.

L'art. 5 s'occupe des pénalités et du mode de recouvrement de l'impôt : le décret et l'instruction générale nous fournissent les règles de détail. Nous étudierons ces dispositions dans quatre sections :

Section I. Paiement de la taxe.

Section II. Contraventions. Pénalités.

Section III. Prescription.

Section IV. Recouvrement et poursuites.

SECTION I

PAIEMENT DE LA TAXE

73. — Quotité de la taxe. Par qui, où, quand, comment elle est payée.

74. — Disposition transitoire de l'art. 3 *in fine*. Difficulté qu'elle a soulevée.

75. Liquidation de *la taxe*.

73. — *Quotité de la taxe. Par qui, où, quand, comment elle est payée.* — La disposition relative au chiffre de l'impôt est ainsi conçue.

« La quotité de la taxe établie par la présente loi, est fixée à 3 p. 100 du revenu des valeurs spécifiées en l'art. 1 » (art. 3. par. 1).

A qui peut s'adresser l'administration pour obtenir le paiement de cette taxe ? le texte répond à cette question :

« Le montant en est avancé, sauf leur recours, par les sociétés, compagnies, entreprises, villes, départements ou établissements publics » (art. 3. par. 2).

Ainsi, l'administration n'a en face d'elle que les sociétés, compagnies, etc. Elle ne connaît pas, elle ne doit pas connaître les actionnaires, obligataires ou prêteurs. Les discussions survenues au cours de l'élaboration de la loi fournissent des indications certaines en ce sens. Peu importe d'ailleurs que le texte ait accordé un recours contre les personnes auxquelles va le revenu : que celles-ci subissent ou non, en dernier lieu, la charge de l'impôt, c'est une question d'incidence, qui n'influe en rien sur le droit de poursuite accordé à l'administration, en vue du recouvrement de la taxe. Nous ferons donc des réserves au sujet des solutions admises par certains jugements, qui accordent à l'administration un recours contre les personnes dont la société est devenue débitrice à la suite d'un emprunt (1). Les modes de liquidation de la taxe, prévus par le décret du 6 décembre, seraient inapplicables, s'il fallait considérer comme débiteurs de l'impôt les actionnaires, obligataires ou prêteurs. C'est un motif de plus pour ne pas admettre un telle solution (2).

Le lieu et les époques de paiement sont fixés par le décret du 6 décembre et l'instruction du 11 déc. 1872.

La taxe est payée au bureau de l'enregistrement du siège social ou administratif désigné à cet effet. Pour les prêts faits par la Caisse des dépôts et consignations et le Crédit foncier, la perception n'a pas lieu dans les dépar-

(1) Remiremont, 10 mai 1880, *Rép. pér.* n° 5,514 — Clermont, 18 juin 1885, *Rép. pér.*, n° 6,546 — Chaumont, 25 février 1886, J. E., n° 22,631.

(2) Que faut-il décider cependant, au cas d'une société dissoute, lorsque les associés se sont partagé tout ou partie de l'actif social, et qu'il ne reste plus dans la caisse de la société de quoi payer la taxe dont elle est débitrice?

Le Trésor pourra-t-il agir en reversement des sommes retirées de la caisse sociale au préjudice de ses droits? Un jugement du tribunal de Nice a répondu affirmativement au cas d'une société anonyme. « Le patrimoine social d'une société anonyme forme la garantie de ses créanciers; une partie quelconque de ce patrimoine ne peut être distraite de sa destination ». Le Trésor, créancier de la société, peut donc « agir directement contre les actionnaires prématurément apportionnés » (Nice 20 juil. 1885, *Rép. pér.*, n° 6,532).

Nous acceptons cette solution. Il y a ici des circonstances particulières qui rendent admissibles l'action de l'administration.

tements ; la taxe relative à ces créances est réglée à Paris.

Le paiement s'effectue en quatre termes égaux dans les vingt premiers jours des mois de janvier, avril, juillet et octobre de chaque année.

74. — *Disposition transitoire. Difficulté soulevée par cette disposition.* — Le par. 3 de l'art. 3 contient une disposition transitoire ainsi conçue :

« *Pour l'année* 1872, les revenus, intérêts et dividendes seront sujets à la taxe pour moitié seulement de leur montant, *quelle que soit d'ailleurs l'époque à laquelle le paiement aura lieu.* »

Cette disposition a donné lieu à deux interprétations différentes dans les conséquences pratiques sont considérables.

La première interprétation admise par un jugement du tribunal d'Orléans du 31 janvier 1881 (D. P. 1884. 1. 465) consiste à dire que, dans la pensée du législateur, la taxe a dû frapper pour moitié seulement les bénéfices *réalisés* dans l'année 1872. La loi ne fait, en cela, qu'appliquer purement et simplement le principe de la non-rétroactivité des lois. L'impôt sur le revenu n'étant exigible qu'à partir du 1ᵉʳ juillet 1872, c'est-à-dire à partir du milieu de l'année, rien de plus naturel que d'y soumettre pour moitié seulement, les bénéfices effectués pendant l'année 1872. Quant aux bénéfices des années antérieures, il n'était nul besoin de leur accorder expressément l'immunité : le principe de la non-rétroactivité suffit pour qu'il ne puisse être question de leur faire subir l'impôt.

Dans le système contraire à cette interprétation, « il serait arrivé.... qu'au cas de distribution en 1873 à la fois
de bénéfices réalisés en 1871 et en 1872, les bénéfices
afférents au 1ᵉʳ semestre de 1872 auraient été exempts
de la taxe, tandis que ceux obtenus à une époque antérieure, en 1871, l'auraient supportée intégralement....
ce résultat nullement équitable n'a pas dû être voulu par
le législateur ».

Ce raisonnement semble irréfutable, et pourtant il
est facile de le faire tomber. Il suffit pour cela d'admettre que l'exception écrite dans l'art. 3, vise non les
produits *réalisés* dans l'année 1872, mais les produits
distribués dans le cours de cette année, comme l'exprime l'art. 6 du règlement du 6 déc. 1872.

Cette interprétation nous paraît bien préférable. En
effet l'exception ainsi comprise avait parfaitement sa
raison d'être. Supposons qu'elle n'existe pas : toutes les
sociétés qui sont dans l'usage de distribuer leurs revenus
avant le 1ᵉʳ juillet auraient échappé à la taxe pour 1872
puisque cette taxe n'était applicable qu'à partir du 1ᵉʳ juillet. Celles au contraire qui font leur distribution après
le 1ᵉʳ juillet auraient supporté intégralement l'impôt
pour 1872. Ainsi, le paiement pour les unes, l'immunité
pour les autres, auraient dépendu d'une circonstance
toute fortuite : l'époque de la distribution ! Le législateur ne l'a pas voulu, et pour les soumettre toutes au
même traitement, il a écrit la disposition transitoire de
l'art. 3. Si d'ailleurs on admet cette interprétation, il en

résulte que la distribution de bénéfices postérieurement
à la mise en vigueur de la loi du 29 juin 1872 sera soumise à la taxe, même si les bénéfices ont été réalisés
antérieurement à l'année 1872.

La Cour de cassation a cru cette dernière interprétation mieux fondée. Confirmant sa jurisprudence antérieure sur des questions voisines, elle a déclaré par un
arrêt du 28 mai 1884 (D. P. 1884. 1. 465) que la loi du
29 juin 1872 « a établi sur les valeurs mobilières un
impôt dont *la perception a pour cause déterminante la
répartition* qui fait passer du patrimoine social dans
l'avoir personnel des associés ou actionnaires, les intérêts, dividendes, revenus, et tous autres produits des
actions de toute nature des sociétés financières, industrielles, commerciales ou civiles. Qu'ainsi, pour décider
quand il y a lieu à perception de la taxe, il faut *s'attacher uniquement au fait de la distribution des bénéfices
sociaux*, sans se préoccuper du moment où a eu lieu leur
réalisation (1) ».

75. — *Liquidation de la taxe.* — En ce qui concerne
le mode de liquidation, il y a une distinction à faire,
suivant qu'il s'agit de valeurs dont *le revenu est fixé et
déterminé à l'avance* (obligations, emprunts), ou de valeurs *à revenu variable*, déterminé d'après les bénéfices
réalisés (actions et parts d'intérêt).

S'agit-il de valeurs à *revenu fixe*, la liquidation a lieu,
chaque trimestre, d'après le nombre des titres, ou bien

(1) Dans le même sens, Cass. civ. 19 janv. 1887, *Rép. pér.* 6,819.

des valeurs (lorsqu'il n'y a pas de titres négociables) existant au dernier jour du trimestre, et d'après le revenu qui leur est attribué.

S'agit-il de valeurs à *revenu variable*? La liquidation s'opère d'après le résultat du dernier exercice, réglé et calculé sur les quatre cinquièmes du revenu, s'il en a été distribué, et en ce qui concerne les sociétés nouvellement créées; sur le revenu évalué à 5 p. 100 du capital appelé.

Par la nature même des choses, on a été obligé d'adopter ici un tel procédé. Au moment de la liquidation, le revenu n'est pas connu : il dépend d'événements ultérieurs qui peuvent l'accroître ou l'affaiblir. Le décret du 6 décembre n'a pu prescrire ici, aux dates fixées pour le paiement, une liquidation définitive. Mais l'impôt ne sera payé que provisoirement en attendant la liquidation définitive qui sera opérée après la clôture des écritures de l'exercice, au moment du dépôt des documents fixant le revenu distribué.

Aux termes de l'art. 2, 3°, dern. alinéa, de la loi du 29 juin, « les comptes rendus et les extraits des délibérations des conseils d'administration ou des actionnaires, seront déposés dans les vingt jours de leur date, au bureau de l'enregistrement du siège social. »

La situation exacte est révélée par la liquidation nouvelle qui suit ce dépôt. S'il en résulte un complément de taxe au profit du trésor, il est immédiatement acquitté. Dans le cas contraire, l'excédent versé est imputé sur l'exercice courant, ou remboursé, si la société est arrivée à son terme, ou si elle cesse de donner des revenus.

Mais, pour certaines valeurs à *revenu variable*, on n'a pas la ressource de recourir au dépôt de comptes rendus, extraits de délibération, ou autres documents analogues, en vue de la liquidation définitive. C'est le cas qui se présente dans les sociétés sans conseil d'administration. On procède alors à la liquidation définitive à l'aide du mode d'évaluation prévu par l'art. 2, 3°, pour la détermination du revenu de ces sociétés : on prend 5 p. 100 du prix moyen des cessions de parts d'intérêt consenties pendant l'année précédente et dûment enregistrées, et, à défaut de cessions, 5 p. 100 du capital social ou de la commandite. Remarquons en passant, que le décret du 6 déc. prend en considération de préférence le prix moyen des cessions, s'il y en a eu.

Il en serait de même, au cas d'une commandite simple, si, malgré la présence d'un conseil d'administration, aucune disposition n'a été prise pour la fixation des dividendes. Peu importe d'ailleurs qu'aux termes des statuts, ce conseil doive prendre des délibérations annuelles à cet égard. L'administration n'a pas le droit de demander compte de l'exécution d'une telle clause, car « on ne saurait assimiler à une obligation légale, une règle que les associés se sont eux-mêmes imposée dans un intérêt d'ordre intérieur » (Lille, 27 juin 1874 — D. P. 74. 5. 531). Si l'administration ne peut établir que des délibérations ont eu lieu, elle n'a d'autre ressource que de procéder à la liquidation trimestrielle par l'évaluation à 5 p. 100. Il en est ainsi, à plus forte raison, lorsque les commanditaires ont seulement le droit de consulter l'inventaire annuel, ou de l'établir d'accord avec les gérants, pour connaître leur revenu. L'administration ne peut s'immiscer dans les écritures de la société (1).

En ce qui concerne le paiement de la taxe sur les lots et primes de remboursement des obligations, l'avance de la taxe est encore faite par les sociétés, compagnies, villes et départements, et cela dans les 20 jours qui suivent le paiement du lot ou de la prime. Le lieu du paiement de la taxe est le bureau de l'enregistrement du siège social ou administratif, désigné pour recevoir la taxe sur le revenu. Le receveur doit exiger une copie certifiée du tirage au sort, avec un état indiquant pour chaque tirage : 1° le montant des titres amortis ; 2° le taux d'émission de ce titre ; 3° le montant des lots et primes échus aux titres sortis ; 4° la somme sur laquelle la taxe est exigible (déc. 15 décembre 1875, art. 3. — Instr. 17 décembre 1875, n° 2,536) (2).

SECTION II

CONTRAVENTIONS. PÉNALITÉS. SOCIÉTÉS EN AVANCE. COMPENSATION.

76. — Contraventions. Pénalités.

77. — Société en avance. Compensation.

(1) Les règles qui viennent d'être énoncées sur le lieu et l'époque du paiement de la taxe, et sur sa liquidation, sont extraites du décret du 6 déc. 1872, art. 1 et 2, et de l'Inst. Génér. du 11 déc. de la même année. Voy. Dal. : *Code de l'Enregistrement*, p. 681, n° 15,982 et suiv.

(2) Dal. : *Code de l'Enregistrement*, p. 678.

78. — Avances en l'acquit de notre taxe, et en vue des valeurs même qui la rendent exigible.

79. — Avances en l'acquit de notre taxe, mais en vue d'autres valeurs.

80. — Avances en l'acquit d'une autre taxe.

81. — Jurisprudence.

76. — *Contraventions. Pénalités.* — La loi du 29 juin 1872 dispose dans son art. 5, premier alinéa, que :

« Chaque contravention aux dispositions qui précèdent et à celle du règlement d'administration publique qui sera fait pour leur exécution, sera punie conformément à l'art. 10 de la loi du 23 juin 1857. »

Or cet article prescrit une amende de 100 francs à 5,000 francs sans préjudice des peines portées par l'art. 39 de la loi du 22 frim. an VII pour omission ou insuffisance *de déclaration*. Ces dernières peines consistent dans la perception d'un droit *en sus*. En ce qui concerne l'impôt sur le revenu, la loi n'a pas prescrit de déclaration, il ne peut donc y avoir de droit *en sus* de ce chef. Mais cette pénalité ne sera-t-elle pas encourue au cas d'infidélité des comptes rendus, extraits ou autres documents qui doivent être déposés en vertu de l'art. 2 de la loi, pour servir de base à la perception ? L'instruction générale du 11 décembre 1872, n° 2457, se prononce pour l'affirmative (D. P. 76. 5. 459).

On conteste cette solution, en faisant observer que l'administration peut user de son droit de communication, dont il sera question bientôt, pour contrôler les indications qui lui sont fournies par les sociétés (1).

En présence des textes, qui semblent exiger indiffé-remment la remise des procès-verbaux d'assemblées générales ou de délibérations de conseils d'administration, ou la production de simples extraits de ces documents (art. 2 de la loi, art. 6 du décret), il doit suffire, pour éviter la contravention, de fournir une pièce qui établisse le montant du revenu imposable distribué.

Il appartient aux tribunaux de déterminer le chiffre des pénalités encourues : les seuls tribunaux civils sont compétents ; ils ne doivent pas accueillir l'exception de bonne foi (*Cass. Req.*, 18 novembre 1878 — D. P. 1879. 1. 229). Le défaut de paiement de la taxe donne lieu à une amende par chaque trimestre (D. P. 81. 5. 391).

77. — *Société en avance. Compensation.* — Nous avons vu que, pour les valeurs à revenu variable, il se fait chaque trimestre des paiements provisoires de la taxe, en attendant la liquidation définitive qui s'effectue chaque année, après la clôture des écritures de l'exercice, pour l'exercice entier. Supposons qu'une société soit constituée en avance, au moment de cette liquidation définitive, et que l'excédent versé par elle soit resté entre les mains de l'administration, pour être imputé sur l'exercice suivant. Aux échéances trimestrielles de cet exercice, la société encourera-t-elle l'amende si elle n'effectue pas de nouveaux paiements. Ne pourra-t-elle

(1) Demasure : *loc. cit.* p. 304, no 237. Cet auteur invoque en ce sens un ugement du tribunal de la Seine, du 21 déc. 1877 (*Cont. Enreg.* 15,918).

pas au contraire s'abriter derrière les avances constatées à son profit. La question est complexe et doit être
envisagée à différents points de vue.

78. — *Avances en l'acquit de notre taxe, et en vue des
valeurs même qui la rendent exigible.* — Tant que la dette
d'une société vis-à-vis du Trésor est couverte par le
montant de ses avances, et que cette dette a précisément
pour cause une taxe et des valeurs *en vue desquelles* les
avances ont été faites, la société ne saurait être astreinte
à effectuer des versements trimestriels. Le défaut de
paiement ne peut entraîner dans ce cas aucune amende.
Les actions d'une société ont cessé d'être productives.
La somme versée par cette société pour le service de la
taxe applicable à ces valeurs se trouve par suite, à la fin
de l'exercice annuel, sujette à imputation ou à remboursement. Cette somme est conservée par l'administration, pour être imputée sur les nouveaux droits qui seront exigibles, du jour où les actions redeviendront
productives. Il est clair que, lorsque cet événement se
produira, l'administration ne pourra rien réclamer, et la
société n'encourra aucune amende, tant que les nouveaux droits exigibles seront couverts par les avances
restées entre les mains de l'administration.

79. — *Avances en l'acquit de notre taxe, mais en vue
d'autres valeurs.* — Si les avances proviennent de sommes versées pour le paiement de la taxe afférente à des
actions, et que le droit de 3 p. 100 soit réclamé à propos d'autres valeurs, à l'occasion, par exemple, des

intérêts d'un emprunt contracté par la société, que faudra-t-il décider ?

A s'en tenir aux principes du droit civil, il semble qu'aucune hésitation ne soit possible : la compensation doit encore s'opérer. Une société doit une somme à l'État, l'État lui en doit une autre, pourquoi n'y aurait-il pas compensation dès que les conditions ordinaires sont réunies ? L'État a une personnalité particulière à laquelle ne fait point obstacle la décomposition administrative du service, qui n'est qu'une mesure d'ordre intérieur. Le trésor public demeure toujours le créancier ou le débiteur public de l'obligation : pourquoi ne subirait-il pas la compensation comme un particulier, en l'absence de tout texte contraire ?

Des considérations d'ordre public font pourtant fléchir la rigueur de cette conséquence. « L'ordre dans les finances est le premier besoin de l'État. On ne peut l'y établir et l'y conserver qu'en opérant entre les recettes et les dépenses du budget des divisions qui facilitent le contrôle des recouvrements, aussi bien que la vérification de leur emploi. Si ces divisions étaient confondues, si les recettes acquises à telles ou telles régies pouvaient être payées à telle ou telle autre, par le motif que le trésor reçoit toujours l'intégralité de sa créance, il n'y aurait bientôt plus que trouble et désordre dans la gestion financière de l'État (1) ». Des raisons analogues sont invoquées lorsqu'on se trouve en présence de

____

(1) Garnier : *Répertoire de l'Enregistrement*, V° Compensation, n° 4,632.

produits de diverses natures confiés à la même administration, ou même en présence de produits semblables mais ayant une différente origine. Ces raisons empêchent la plupart des auteurs d'admettre en matière d'impôt toutes les déductions des règles civiles de la compensation : mais le silence des textes rend fort délicate la question de savoir en quelles circonstances et dans quelles limites il convient de déroger aux règles civiles (1).

Nous ne pouvons qu'indiquer ces idées générales, dont l'examen et la discussion nous mèneraient beaucoup trop loin. Remarquons seulement qu'aucune considération d'intérêt public, aucun prétexte de bon ordre administratif ne font obstacle à ce qu'on admette la compensation dans l'hypothèse que nous avons examinée. Quelques embarras pour le classement méthodique des produits dans la comptabilité du bureau, voilà tout ce qu'on peut objecter: C'est un inconvénient trop secondaire pour faire échec à la loi civile.

80. — *Avance en l'acquit d'une autre taxe.* — La question devient douteuse lorsqu'une société se trouve en avance par suite de versements faits en l'acquit d'une autre taxe. Un jugement du tribunal de la Seine du 21 déc. 1877 admet qu'il y a lieu de compenser la taxe

(1) MM. Aubry et Rau repoussent d'une manière beaucoup trop absolue la compensation en matière d'impôts, à l'aide d'un argument tiré des travaux préparatoires, IV, p. 235.

Voy. Garnier : *Rép. périod.* et *Dict. des droits d'Enregistrement*, V° compensation.

sur le revenu non payé, avec les droits de timbre par abonnement restituables par suite de l'improductivité de la société. Cette solution semble naturelle ; c'est la même caisse qui doit recevoir et payer : une compensation de ce genre ne saurait apporter un grand trouble dans l'administration. On objecte, il est vrai, que les règlements sur la comptabilité qui ont pour les comptables toute l'autorité d'une loi, ne permettent pas de classer sous un nouveau titre une recette classée d'abord sous un autre titre (1). Mais il faut prendre garde qu'aucun texte n'autorise formellement à écarter la compensation ; on ne saurait donc faire échec aux règles du droit civil en cette matière, sans une raison tout à fait décisive : or, ici, l'objection nous semble peu probante (2).

81. — *Jurisprudence.* — Quelles sont les règles admises par la Cour de cassation, dans les questions délicates que nous venons d'examiner ?

Nous ne connaissons pas d'arrêt qui pose des règles bien précises, au moins lorsqu'il s'agit de notre taxe. Mais un arrêt du 23 août 1883 touche incidemment à plusieurs des difficultés qui viennent d'être exposées, et cet arrêt peut servir de point d'appui aux solutions que nous avons admises (D. P. 1884. 1. 132. V. l'arrêt de la Ch. civile et la note).

---

(1) *Dict. des droits d'Enregistrement*, V° compensation, n° 108. — Cf. Garnier : *Rép. pér.*, n° 4,650.

(2) Demasure : *loc. cit.* p. 307, n° 238.

Dans l'espèce, la société des houillières de Liévain
s'était vu réclamer par l'administration une somme de
3,025 fr. 70 représentant le paiement de la taxe de 3 p. 100
pour les intérêts de neuf échéances trimestrielles d'emprunts passibles de la taxe. L'administration prétendait
en outre que, par suite de non-paiement aux échéances
trimestrielles, cette société avait encouru l'amende
édictée par l'art. 5 de la loi du 29 juin 1872. La société
prétendait qu'en admettant que les emprunts visés fussent passibles de la taxe, ce qui était contesté, elle n'avait
commis aucune contravention aux dispositions qui ré-
glementent le paiement de cette taxe. En effet, la somme
que la société avait versée pour le service de la taxe
applicable à ses actions, pendant l'exercice antérieur
aux réclamations de l'administration, s'était trouvée sujette, à la fin de cet exercice, à imputation ou à remboursement, une délibération du conseil d'administration de la société ayant déclaré cet exercice improductif.
Était-il possible de reprocher un retard dans le paiement, à une société débitrice d'une somme de 3,500 fr.,
lorsque cette même société avait été reconnue en avance,
dans la liquidation précédente, d'une somme de plus
de 5,000 francs?

Le tribunal civil de Béthune, et après lui, la chambre
civile de la Cour de cassation n'ont pas admis ce raisonnement. Une double circonstance *de fait* sert à motiver l'arrêt. Lorsque la société s'est trouvée en avance
vis-à-vis du Trésor par la taxe applicable à ses actions,

plusieurs des échéances de cette même taxe, réclamées pour ses emprunts étaient passées, et les amendes prévues pour retard dans le paiement étaient encourues à l'égard de ces échéances. En outre, les sommes dites avancées étaient dans la caisse du Trésor avec une affectation spéciale, que la société elle-même leur avait donnée, en les appliquant par déclarations des 17 oct. 1877 et 15 janvier 1878 au dividende éventuel des actions, pour les exercices ultérieurs.

Nous n'insisterons sur ces circonstances de fait (1). Ce qu'il importe de constater, c'est qu'il résulte de l'aveu tacite de la Cour que rien, *en principe*, ne s'opposait à l'admission du raisonnement de la société. La Cour de cassation paraît donc admettre, comme nous l'avons admis nous-même, que des avances faites en l'acquit de notre taxe, à propos de certaines valeurs, peuvent entrer en compensation avec les sommes dues pour la même taxe, mais à l'occasion de valeurs différentes.

SECTION III

PRESCRIPTION.

§ I

Action de l'administration pour le recouvrement de la taxe

82. — Absence de disposition formelle. — Référence aux lois de l'enregistrement.

(1) Une considération de droit, dans l'espèce, pouvait être invoquée contre la compensation demandée par la société de Liévain. Cette société *contestait l'exigibilité de la taxe* réclamée pour ses emprunts. Or « la compensation ne s'applique de plein droit que quand il s'agit de deux

82. — *Absence de disposition formelle. Référence aux lois de l'enregistrement.* — Par quel délai se prescrit l'action de l'administration pour le recouvrement de l'impôt sur le revenu des valeurs mobilières (1)? L'intérêt de cette question est manifeste ; pour le toucher du doigt, il suffit de se rappeler certaines réclamations de l'administration : ne l'avons-nous pas vue après douze années d'existence de la loi, réclamer la taxe aux revenus de certains emprunts pour lesquels aucun impôt n'avait été payé jusqu'alors? Malheureusement, sur ce point encore, l'interprétation de la loi du 29 juin 1872 a suscité une grave controverse, et la solution qui a prévalu, est loin d'être satisfaisante.

Il est naturel d'admettre que, dans une question de cette importance, le législateur ait pris soin de nous donner au moins quelques indications. Cela est d'autant plus vraisemblable que la rédaction de la loi fut confiée, on s'en souvient, à des hommes compétents, choisis,

dettes certaines, déterminées, liquides ou exigibles (C. civ. 1,290. 1.291), Toute dette contestée, litigieuse ou subordonnée à une action ou réserve qui peut l'anéantir, n'est pas susceptible d'être opposée en compensation » Note sous l'arrêt du 23 août 1883 — D. P. 84. 1.132.

(1) Cette question est fort bien traitée par M. G. Deloison, dans les articles déjà cités, qu'il a publiés dans la *Gazette des Tribunaux* de janvier et février 1886. Nous lui empruntons plusieurs de nos arguments.

d'après le témoignage de M. Thiers lui-même, parmi ceux auxquels on s'adresse lorsqu'on tient à avoir des textes qui ne puissent soulever aucune difficulté pratique. Ces rédacteurs n'ont pas inscrit dans la loi le mot « prescription » que nous n'avons rencontré nulle part dans la série de nos articles. Mais, dans le dernier alinéa de l'art. 5, après s'être expliqués sur les pénalités et avoir renvoyé pour ces pénalités à l'art. 10 de la loi du 23 juin 1857 (lequel se réfère lui-même à la loi du 22 Frim. an VII) ils ont inséré la disposition suivante.

Art. 5 (*in fine*). « *Le recouvrement* de la taxe seule revenu *sera suivi*, et les instances seront introduites et jugées *comme en matière d'enregistrement.* »

Voilà donc une nouvelle référence à la loi fondamentale de l'enregistrement, c'est-à-dire à la loi du 22 frimaire an VII. Que signifie cette référence? Qu'on veuille bien le remarquer, les expressions que nous venons de reproduire ont été insérées dans l'art. 5 par des jurisconsultes ; le dernier alinéa de l'art.5 est précisément l'une de ces innovations introduites dans la loi à la dernière heure, à la suite de l'accord entre le gouvernement et la commission. Eh bien, ces jurisconsultes, lorsqu'ils ont écrit que le *recouvrement serait suivi comme en matière d'enregistrement*, ont dû se préoccuper de la portée d'une telle formule en jurisprudence. Et cela d'autant mieux que dans une matière voisine, une formule presque identique avait donné lieu quelque temps auparavant, à une controverse judiciaire terminée par

un arrêt de la Cour de cassation. La loi du 5 juin 1850
sur le timbre ne contient également pas le mot de « prescription ». Mais elle déclare qu'à défaut de capital nominal mentionné par les titres, le droit sera calculé sur le
capital réel « *déterminé d'après les règles établies par les
lois sur l'enregistrement* ». Un arrêt du 19 février 1866
(D. P. 1866. 1. 12) avait reconnu que ce renvoi aux lois
de l'enregistrement s'étendait même à la durée de la
prescription. La disposition de la loi du 29 juin 1872,
dont l'étendue est pour le moins équivalente, n'impli-
que-t-elle pas chez le législateur l'intention d'admettre
la même solution relativement à la prescription ?

L'indication de l'art. 5, *in fine*, n'a d'ailleurs rien de
vague, si l'on veut bien serrer le texte d'un peu près. On
n'a pas dit, comme dans beaucoup d'autres lois, que
l'impôt serait recouvré *dans les formes* établies pour les
droits d'enregistrement. De telles expressions pourraient
ne pas concerner la prescription, car la prescription
n'est pas une forme de recouvrement. On s'est servi d'un
terme plus compréhensif. Le recouvrement aura lieu
comme en matière d'enregistrement, c'est-à-dire d'après
les règles relatives aux droits d'enregistrement. Or,
l'une de ces règles est assurément l'indication du délai
pendant lequel l'action en recouvrement peut être exer-
cée (1).

Si l'on refuse d'admettre cette interprétation, on

____

(1) *Journal du Palais.* Note sous l'arrêt du 29 août 1881 (82. 1. 414).

aboutit à un résultat d'une choquante bizarrerie. Supposons que le Conseil d'administration d'une société prenne une délibération aux termes de laquelle telle partie du revenu afférent à l'exercice écoulé, va être distribuée ; supposons d'autre part qu'un extrait inexact de cette délibération soit déposé, de manière à faire ressortir une distribution moindre que la distribution réelle. Voilà deux faits étroitement connexes, dont l'un fait encourir la taxe sur le revenu distribué, et l'autre, l'amende pour contravention à la loi. Or, la prescription du supplément de taxe à percevoir s'opérera dans les délais de droit commun, tandis que la prescription de l'amende sera régie par les délais des lois d'enregistrement, car la référence à la loi de frim. an VII est formelle en ce qui concerne les pénalités (1).

Il est enfin, à l'appui de l'opinion qui veut faire prévaloir en notre matière la prescription abrégée des lois d'enregistrement, des considérations d'intérêt public et d'équité qui n'ont pu être négligées par le législateur. Nous verrons, dans un instant, qu'à défaut de cette prescription abrégée, c'est la prescription de trente ans qui a été admise en jurisprudence. Est-il possible, si l'on a quelque souci de l'ordre économique, de laisser les parties exposées, pendant un tel laps de temps, à la répétition de droits dont l'accumulation serait une cause de ruine pour les sociétés ? Peut-on envisager sans effroi les complications dans les relations publiques et pri-

____

(1) Demasure : *loc. cit.* p. 308.

vées qui peuvent résulter de ces réclamations? En outre, les actionnaires primitifs qui ont touché intégralement, pendant de longues années, les revenus distribués, auront peut-être fait place dans la société, au moment de la réclamation, à de nouveaux actionnaires auxquels on ne peut sans iniquité imposer un pareil fardeau.

Sans doute, ces derniers arguments, tout de sentiment, semblent peu juridiques et ne suffiraient pas pour faire prévaloir à eux seuls une solution. Comme le fait remarquer l'auteur d'une savante note de Dalloz, à propos de la question qui nous occupe, il est admis par la Cour suprême : « que la crainte de quelques inconvénients qui peuvent résulter de la stricte exécution de la loi, ne peut être, pour les magistrats, un motif de s'en écarter (1). » Mais, ne tenir aucun compte de ces arguments, lorsqu'ils viennent corroborer une solution indiquée à la fois par le texte et par l'ensemble des dispositions de la loi, serait tomber dans un singulière exagération. A nos yeux, une solution, d'ailleurs vraisemblable, rencontrera toujours un solide appui dans cette circonstance qu'on ne peut attribuer au législateur la solution contraire, sans le considérer comme aveugle et injuste (2).

83. — *Quid des prescriptions spéciales aux autres*

(1) D. P. 1883. 1: 97. Note sous l'arrêt du 18 av. 1883 dont nous nous occuperons ci-dessous. — **Cf.** Dall. : *Jurisp. gén.* V° Enregistrement : n° 106 à la note.

(2) Ce système est admis par MM. Garnier : *Rép. pér.* n° 5,653, E. Naquet : t. III, n° 1,265, Demasure : *op. cit.* n° 239 et Deloison (*articles cités*).

impôts directs ? — Cependant, les arguments que nous venons d'exposer n'ont pas prévalu en pratique. La jurisprudence repousse, comme nous le verrons tout à l'heure, toute assimilation au point de vue de la prescription, entre le recouvrement de l'impôt sur le revenu et le recouvrement des droits d'enregistrement.

Cette assimilation étant écartée, la question n'est pas encore résolue, et plusieurs délais de prescriptions peuvent être proposés en notre matière.

Auquel de ces délais faut-il accorder la préférence, en saine doctrine ? Nous écarterons sans difficulté les prescriptions établies pour les divers impôts directs par les lois du 23 novembre 1790 et du 3 frim. an VII, par l'arrêté du 16 thermidor an VIII, et par les règlements de 1824 et 1839. L'impôt sur le revenu des valeurs mobilières a sans doute les caractères d'un impôt direct, mais c'est un impôt direct *sui generis*, qu'il faut se garder d'assimiler aux contributions foncières, des portes et fenêtres, etc. (V. ci-dessus. Introd. n° 2). C'est une taxe d'une autre nature, ainsi que l'a reconnu la Cour de cassation dans son arrêt du 3 avril 1878 (D. P. 78. 1. 178). Par son mode de recouvrement et son assiette elle diffère des autres impôts directs (1).

84. — *Quid de la prescription quinquennale de l'article 2,277 C. civ.* — Mais il est une prescription spéciale, en dehors de la prescription de trente ans, c'est la prescription

---

(1) En ce sens, Demasure, p. 310, n° 239. — Naquet : *Droits d'Enregistrement*, t. III, p. 364, n° 1,265.

de l'art. 2,277 du C. civ., établie en matière de revenus annuels et constituant le droit commun pour ces revenus.

« Se prescrivent par cinq ans : les arrérages des rentes perpétuelles et viagères, ceux des pensions alimentaires, les loyers des maisons et ceux des prix de ferme des biens ruraux, les intérêts des sommes prêtées, et *généralement tout ce qui est payable par année, ou à des termes périodiques plus courts.* »

La taxe sur le revenu des valeurs mobilières est payable, comme nous l'avons vu, à des termes périodiques : elle tombe donc bien sous l'application de l'art. 2,277 *in fine*. Il semble même qu'il eût été difficile de rédiger autrement ce dernier membre de phrase, si les expressions qu'il emploie avaient été choisies précisément en vue de régir notre taxe.

Du moment que la Cour de cassation déclarait l'action pour le recouvrement de cette taxe, soumise à la prescription du droit commun, n'était-ce pas dans cet article qu'elle devait chercher le droit commun en notre matière (1)? Cette solution eut été d'accord avec la jurisprudence antérieure. Qu'on ouvre un répertoire de jurisprudence, Dalloz par exemple, au mot *prescription*, on y trouvera des déclarations comme celle-ci :

« Considérant que l'art. 2,277 soumet à la prescription de cinq ans, *non seulement les revenus qui y sont spécifiés*, mais encore généralement tout ce qui est payable

____

(1) En ce sens : *Dict. des droits d'Enregistrement,* V° Actions et obligations. — Demasure: *op. cit.* n° 239;

par année, ou à des termes plus courts » (*Jurisp. gén. Prescription*, p. 290 — Cass. 19 nov. 1831).

Ou bien encore :

« Attendu que la prescription quinquennale est d'ordre public ; qu'elle a été établie par le législateur pour prévenir une accumulation d'arrérages onéreuse pour le débiteur ; que dans cet objet la loi a étendu cette prescription à tout ce qui est payable par année, ou à des termes périodiques plus courts. » (*Jurisp. gén. Prescription* — Cass. 13 mars 1833).

On pouvait donc s'attendre à voir consacrer en notre matière la prescription quinquennale, à défaut de la prescription spéciale en matière d'enregistrement. Cependant cette solution n'a pas été admise par la jurisprudence.

85. — *Prescription de trente ans. Jurisprudence.* — La Cour de cassation a été saisie pour la première fois de la question qui nous occupe en 1881. Deux jugements, l'un du tribunal de Reims, du 27 septembre 1879 (D. P. 1881. 5. 390), l'autre du tribunal de la Seine du 22 avril 1881 (D. P. 1882. 3. 63) avaient considéré les délais de la prescription en matière d'impôt sur le revenu, comme régis par les lois de l'enregistrement. La Cour n'a pas hésité à se prononcer en sens contraire : la seule prescription applicable en cette matière est la prescription du droit commun, et cette prescription du droit commun est la prescription de trente ans.

La Cour de cassation a d'ailleurs commencé par modifier sa jurisprudence relative à la prescription des droits de timbre établie par la loi du 5 juin 1850. Un arrêt de rejet de la chambre civile du 28 juillet 1875 (D. P. 1875. 1. 425) admet l'exercice de l'action en recouvrement de ces droits pendant une durée de trente ans. La prescription abrégée de la loi de frimaire an VII n'est applicable qu'aux droits d'enregistrement proprement dits, et en l'absence d'une disposition formelle, elle ne peut être étendue aux droits de timbre qui sont autre chose que des droits d'enregistrement. L'arrêt du 19 février 1866, dont nous avons rapporté la jurisprudence, cesse donc de pouvoir être invoquée à propos de l'impôt sur le revenu, comme une sorte de précédent.

Un arrêt de la chambre civile du 29 août 1881 (D. P. 1883. 1. 97) a interprété, dans le sens de l'arrêt de juil. 1875, la disposition aux termes de laquelle le recouvrement de l'impôt sur le revenu sera suivi *comme en matière d'enregistrement*. Cette disposition signifie « non pas que l'impôt de la taxe est, par rapport à la prescription, assimilé à l'impôt de l'enregistrement, dont il diffère par sa nature, mais simplement... que, bien que constituant une sorte d'impôt direct, la taxe sur le revenu des valeurs mobilières sera néanmoins *recouvrée par les agents de l'enregistrement, dans les mêmes formes que les droits d'enregistrement.* »

Il s'agissait, dans l'espèce, d'une société étrangère qui refusait de se soumettre aux dispositions de la loi et du décret de 1872, destinées à atteindre les valeurs de ces sociétés. On était en présence d'une perception *non encore entamée*. Dès lors, comme le fait remarquer la note du Dalloz, sous l'arrêt dont il s'agit, même au cas où l'on eût admis que la prescription de la taxe sur les valeurs mobilières est régie par les lois de l'enregistrement, la société eut été mal venue à invoquer la prescription biennale. Cette prescription, aux termes des art. 61 de la loi du 22 fr. an VII et 14 de celle du 16 juin 1824, ne s'applique qu'aux cas spéciaux visés par ces articles, c'est-à-dire aux cas où il s'agit de recouvrer un droit *supplémentaire*, ou de compléter une perception *entamée*, ou de saisir une contravention dans l'acte ou la déclaration soumis par les parties à l'administration. En dehors de ces cas, et notamment lorsqu'il s'agit de recouvrer un droit *principal*, dont l'exigibilité est contestée, les délais de la prescription restent sous l'empire du droit commun. L'arrêt de 1881 ne se préoccupait d'ailleurs aucunement de cette distinction : c'est en écartant toute assimilation au point de vue de la prescription, entre le recouvrement de la taxe sur le revenu et le recouvrement des droits d'enregistrement, qu'il déclarait applicables les délais ordinaires à l'exclusion du délai de deux ans.

L'assimilation est encore plus nettement repoussée par l'arrêt du 18 avril 1883 (D. P. 1884. 1. 131). Il s'agissait cette fois d'une perception entamée, et l'application des lois d'enregistrement eût entraîné la prescription biennale. Cette circonstance est restée sans influence sur la jurisprudence de la Cour de cassation.

Ce dernier arrêt écarte en même temps, d'une manière formelle, la prescription quinquennale, dans les termes suivants : « Les annuités dues par la compagnie des Mines de Douchy pour le paiement de la taxe de 3 p. 100 nécessairement variables dans leur *quantum*, forment des *créances distinctes, dont chacune représente un capital particulier*, et n'ont aucune analogie avec les intérêts, loyers, arrérages, *etc.*, sur lesquels la prescription quinquennale est établie par l'art. 2,271 du [C. civ.

Il faut avouer que le motif sur lequel on se fonde pour écarter l'art. 2,277 est singulièrement présenté. On repousse toute analogie entre les paiements trimestriels de la taxe, et les autres paiements représentant des *intérêts, loyers, arrérages*. C'est un soin superflu, aucun de ces mots ne pouvait servir à désigner le paiement de la taxe. Mais, ce qu'il importait d'écarter, du moment qu'on refuse d'admettre la prescription quinquennale, c'est la règle finale de l'art. 2,277, visant « tout ce qui est payable par années ou à des termes périodiques plus courts ». Ne peut-on pas, dès lors, reprocher à l'arrêt de se débarrasser d'un texte gênant par prétérition ? Le modeste *etc.* qui seul dans l'arrêt rappelle l'existence du dernier membre de phrase de notre article, ne semble-t-il pas destiné à esquiver la difficulté ?

Au lieu d'imputer à la Cour un pareil procédé, il nous semble préférable de rechercher sa pensée. Elle nous est révélée par un auteur distingué. La prescription de l'art. 2,277, dit M. Naquet (1), a été créée uniquement pour prévenir une accumulation d'arrérages ou d'intérêts, qui serait ruineuse pour le débiteur, et elle suppose dès lors des dettes *accessoires de capitaux préexistants*. De telles dettes ont seules été prévues par le législateur lorsqu'il a visé tout paiement périodique : il n'a employé ces expressions compréhensives que dans la crainte d'en omettre quelqu'une s'il s'était borné à faire une énumération.

Il nous semble que cette argumentation pêche par la base : on affirme ce qu'il faudrait prouver. Le législateur a voulu éviter la ruine du débiteur; mais, chaque fois que celui-ci est astreint à des paiements périodiques, la même accumulation dangereuse est à craindre, que ces paiements soient dus ou non en l'acquit de dettes accessoires à des capitaux préexistants, et rien n'est plus conforme à la pensée du législateur que d'appliquer sans restriction la formule compréhensive de la loi. Cette formule cadre admirablement avec ses intentions.

86. — *Réformes demandées.* — Quelle que soit la valeur de ces objections, la question est aujourd'hui tranchée. Tout en faisant des réserves au sujet de cette jurisprudence, il faut reconnaître que la seule prescription applicable quand il s'agit du recouvrement de l'impôt sur le revenu, est la prescription de trente ans. Une loi rectificative peut seule désormais faire prévaloir une autre solution. Cette loi qui mettrait fin à une situation fâcheuse

(1) Naquet: *Droits d'Enregistrement*, t. III, p. 364, n° 1,265.

est sollicitée par les intéressés. Des chambres de commerce ont adressé une pétition en ce sens au parlement.

On demande au législateur d'édicter en notre matière la prescription de cinq ans. Dans son excellent ouvrage sur le « Régime fiscal des Sociétés », M. Demasure faisait des vœux en faveur d'une réforme à accomplir en ce sens. Ce délai de cinq ans nous semble aussi parfaitement raisonnable. Il vaut mieux l'admettre que de renvoyer purement et simplement aux délais consacrés par la loi, pour la prescription en matière d'enregistrement. La prescription biennale en matière d'enregistrement ne s'applique pas, en effet, d'une manière générale : il y a lieu de faire, comme nous l'avons vu, suivant les cas, certaines distinctions souvent fort délicates. Ces distinctions peuvent être la source de bien des difficultés qu'on évitera en adoptant un délai uniforme. Nous allons d'ailleurs rencontrer une autre raison en faveur du délai de cinq ans.

§ II

Action du contribuable en restitution de la Taxe.

87. — Prescription de 5 ans. — Juridiction d'exception.

87. — Ce n'est plus l'administration, mais au contraire un contribuable qui exerce l'action en restitution. Des paiements ont été effectués pour acquitter la taxe sur le revenu des valeurs mobilières, lorsque cette taxe n'était pas due, ou bien il a été versé entre les mains de l'administration des sommes supérieures à celles qui étaient nécessaires pour acquitter la taxe. Les parties s'en aperçoivent et demandent la restitution des droits indûment perçus au profit du Trésor. Pendant combien de temps pourront-elles demander cette restitution? La loi du 29 juin 1872 ne s'est pas expliquée sur ce point. Mais nous trouvons la solution dans une disposition législative antérieure. Toute créance contre l'État qui n'aura pas été liquidée, ordonnancée et payée dans un délai de 5 années à partir de l'ouverture de l'exercice auquel elle appartient, sera prescrite et définitivement éteinte. C'est ce qui résulte de l'art. 9 de la loi du 29 janvier 1831 ; cette disposition a pour but de dégager le plus tôt possible chaque exercice de toute obligation, dans l'intérêt de la bonne administration des finances de l'État. Ne serait-il pas juste de soumettre au même délai de cinq ans par voie de réciprocité, la prescription de l'action accordée à l'administration contre les contribuables pour le recouvrement de notre taxe?

La loi qui soumettra à une même règle l'action de l'administration contre les parties, et l'action des parties contre le Trésor, devra trancher une autre difficulté. C'est une décision du ministre des finances qui prononce la déchéance quinquennale établie par l'art. 9 de la loi du 29 janvier 1831. Supposons cette déchéance prononcée à l'occasion d'une demande en restitution de la taxe sur le revenu des valeurs mobilières. Quelle juridiction sera compétente pour statuer sur l'application de cette déchéance? Aux termes d'un jugement du tribunal civil de Corbeil du 3 mars 1882 (D. P. 1883. 5. 431), il s'agit là d'une mesure gouvernementale qui ne peut être appliquée que par le ministre compétent, sauf recours au Conseil d'État : les tribunaux civils ne doivent pas connaître des difficultés d'application de cette déchéance. Ce jugement statuait à propos du droit de timbre : la solution eut été sans doute la même s'il se fût agi de la taxe sur le revenu. Cette solution nous paraît douteuse dans la législation actuelle : elle s'appuie sur la loi de 1831, mais elle méconnaît les dispositions spéciales qui régissent les difficultés relatives aux droits d'enregistrement et aux taxes assimilées (droits de timbre et taxe sur le revenu). L'art. 65 de la loi du 22 frim. an VII, reproduit dans toutes les lois postérieures sur l'enregistrement, dit que « l'introduction et l'instruction des instances auront lieu devant les tribunaux civils de département : la connaissance et la décision *en sont interdites* à toutes autres autorités constituées ou *administratives* ». Nous souhaitons que la législation nouvelle s'explique sur ce point et que la compétence des tribunaux civils soit affirmée, conformément au droit commun de l'enregistrement.

SECTION IV

RECOUVREMENT ET POURSUITES

88. — Pourquoi l'administration de l'enregistrement a été chargée du recouvrement de notre taxe.

89. — Conséquences. Droit de communication.

90. — Distinction entre les règles de forme et les règles de fond. Cette distinction manque de base.

91. — Action contre les associés ou les obligataires. Ils ne sont pas tenus solidairement.

92. — L'action du Trésor n'est pas privilégiée.

93. — Instances. Procédure.

88. — *Pourquoi l'administration de l'enregistrement a été chargée du recouvrement de notre taxe.* — L'impôt sur le revenu des valeurs mobilières est par sa nature un impôt direct. Mais cet impôt direct présente avec les autres impôts rangés dans la même catégorie, une différence importante, il était impossible d'organiser ce recouvrement comme celui des autres contributions directes. La contribution foncière, la contribution des portes et fenêtres, les contributions personnelle, mobilière, les patentes et autres contributions similaires sont perçues par les fonctionnaires des perceptions directes, d'après un rôle nominatif qui leur est remis chaque année. Une telle organisation eut imprimé à l'impôt sur le revenu des valeurs mobilières un caractère personnel, alors que l'Assemblée nationale tenait essentiellement à en faire une taxe réelle.

Une administration était toute indiquée pour effectuer le recouvrement de cette taxe et en assurer le rendement, par des procédés conformes aux intentions du législateur. L'administration de l'enregistrement, chargée par dés lois antérieures de percevoir les droits de timbre et de transmission, n'avait qu'à mettre à profit, à l'occasion du nouvel impôt, tous les renseignements qu'elle possédait déjà à l'occasion des deux premières taxes. Ces renseignements lui permettent de connaître l'existence des sociétés divisées en actions, ou des compagnies et établissements ayant émis des titres d'emprunts. L'existence des autres sociétés est également révélée par l'enregistrement des actes. Quant au nombre de titres ou de parts d'intérêt, ces renseignements sont également fournis soit par les enregistrements des actes constitutifs eux-mêmes, soit par les déclarations trimestrielles. « Toutes ces indications, rapprochées des extraits des délibérations, permettront aux receveurs de liquider, sauf règlement contradictoire, s'il y a lieu, lors du payement, les droits établis par la loi du 29 juin 1872 (1). »

Ces considérations ont inspiré l'art. 5 de la loi, aux termes duquel le recouvrement sera suivi, et les instances seront introduites et jugées comme en matière d'enregistrement.

89. — *Conséquences. Droit de communication.* — Il résulte de là que d'une manière générale on a étendu à la taxe sur le revenu les moyens de contrôle et les garanties qui existent en matière de droits d'enregistrement, ainsi que les facilités données aux employés de l'administration pour constater l'exigibilité de l'impôt(2).

(1) *Dict. des droits d'Enregistrement*, Vo Actions et obligations, no 245.

(2) Cette observation ne démontre-t-elle pas que les délais de prescription ne pouvaient être autres, dans la pensée du législateur de 1872, que les délais ordinaires en matière d'enregistrement?

Une solution de l'administration de l'enregistrement, du 26 septembre 1886 (D. P. 1886. 3. 31), a fait une application logique de cette conséquence. Afin d'assurer la perception des impôts d'enregistrement, la législation accorde aux agents de l'administration un droit dit de communication. En vertu de ce droit ils peuvent se faire représenter sans déplacement, dans les cas prévus par la loi, les actes, pièces, registres et autres documents existant dans les dépôts publics, dans les bureaux des agents de l'État et des établissements publics, et aux sièges des sociétés et compagnies. Ils obtiennent ainsi les renseignements, extraits et copies qui leur sont nécessaires pour les intérêts de l'État (1). Le droit de communication peut-il être invoqué, lorsqu'il s'agit d'établir l'exigibilité de la taxe sur le revenu? La question a été soulevée dans les circonstances suivantes. Un agent supérieur de l'enregistrement, procédant à l'examen des pièces de comptabilité d'une école secondaire libre, placée pour l'administration du temporel sous l'autorité de l'évêque de Nevers, constata que cet établissement avait contracté envers des particuliers différents emprunts productifs d'intérêts. La taxe de 3 p. 100 fut réclamée pour ces emprunts. L'évêque refusa d'admettre cette réclamation, pour ce motif que l'existence des emprunts n'avait pas été légalement constatée. Il niait

____

(1) Voy. art. 54 et suiv. *loi 22 février an VII;* art. 16 et 28 *loi 5 juin* 1850; art. 22 *loi* 23 *août* 1871; art. 7 *loi 24 juin* 1875. — *Dict. des droits d'Enregistrement,* V° Communication.

donc l'existence, en matière d'impôt sur le revenu, du droit de communication. La solution de l'administration du 26 septembre 1885 affirme au contraire l'existence de ce droit et s'appuie pour cela sur la référence de l'art. 5 de la loi du 29 juin 1872, aux lois spéciales de l'enregistrement. Nous approuvons cette solution.

90. — *Distinction entre les règles de forme et les règles de fond. Cette distinction manque de base.* — Il faut se garder toutefois d'étendre outre mesure l'assimilation entre la taxe sur le revenu et les droits d'enregistrement, lorsqu'il s'agit du recouvrement. Il y a là deux sortes d'impôts, d'une nature différente, et par suite toutes les règles de payement qui conviennent aux droits d'enregistrement ne sauraient être étendues à la taxe sur le revenu. Cela résulte des décisions de l'administration elle-même. Mais ces décisions nous paraissent s'inspirer d'un principe erroné, et pour celles-là même auxquelles nous allons donner notre approbation, nous ferons toutes nos réserves au sujet de la formule trop large qui sert de règle aux fonctionnaires de l'enregistrement, dans la perception du droit.

D'après la théorie admise par l'administration, lorsque l'art. 5 de la loi du 29 juin 1872 décide que la taxe sur le revenu sera recouvrée *comme en matière d'enregistrement,* cela signifie simplement que tous les moyens *de forme* destinés à mettre en mouvement l'action du trésor, toutes les règles de procédure seront empruntées aux lois spéciales de l'enregistrement, quand il s'agira de recouvrer la taxe sur le revenu. Mais l'application de ces lois spéciales devra être soigneusement écartée pour tout ce qui touche *au fond* du droit. Nous avons vu que le droit de communication était emprunté aux règles de l'enregistrement : c'est qu'il s'agit d'un mode de preuve à employer pour établir l'exigibilité du droit, c'est une question de forme, une règle de procédure. Au contraire, l'exception de prescription touche au fond du droit, et met en question l'exigibilité même de l'impôt, on ne peut la régler en notre matière, d'après les lois d'enregistrement.

Cette distinction peut paraître ingénieuse : elle n'a qu'un tort, c'est de ne trouver aucun point d'appui dans la loi du 27 juin 1872. Où voit-on que la loi ait admis les procédés *de forme*, à l'exclusion des moyens *de fond?* Il n'est pas un mot dans l'art. 5 qui autorise cette distinction. D'ailleurs, les conséquences auxquelles elle aboutit, en ce qui concerne la prescription, suffisent à la condamner.

91. — *Action de l'administration contre les associés ou les obligataires. Pas de solidarité.* — C'est pourtant cette distinction qui a servi d'argument principal à l'administration pour justifier deux décisions, que nous trouvons contenues dans les solutions du 23 mai 1884 (D. P. 1885. 3. 127) et du 18 août 1880 (D. P. 1885. 5. 510). D'après la solution de 1884, la règle de la solidarité, établie par la législation fiscale en matière d'enregistrement, ne saurait être appliquée au recouvrement de la taxe sur le revenu. D'après la solution de 1880, aucun privilège ne peut non plus être réclamé pour ce même recouvrement. La raison en serait que la solidarité et le privilège ne sont pas de pures questions de forme, mais touchent au fond même du droit.

Négligeant cet argument, qui selon nous est sans ·valeur, nous pensons cependant que ces solutions sont fondées. Il suffit, pour les établir, de se rappeler que pour être recouvré par l'administration de l'enregistrement, notre impôt n'en conserve pas moins *sa nature propre*, et que, par suite, certaines règles de recouvrement ne peuvent lui être étendues.

Voici comment se pose la question de la solidarité. L'art. 3 de la loi du 29 juin 1872 dispose que « le montant de la taxe est avancé, sauf leur recours, par les sociétés, compagnies, entreprises, villes, départements et établissements publics. » Ainsi, le Trésor peut agir contre les sociétés ou les personnes morales désignées, cela ressort des termes mêmes de la loi. — Peut-il agir également contre les associés ou les obligataires pour obtenir le paiement de la taxe ? La jurisprudence lui reconnaît ce droit (1).

Mais, si le Trésor a une action contre eux, faut-il admettre qu'ils soient tenus *solidairement* du paiement de la taxe ?

La notion exacte de la solidarité ne se dégage pas toujours nettement dans les documents judiciaires ni dans les documents émanés de l'administration. On parle de

(1) V. ci-dessus, n° 73.

solidarité établie en matière d'enregistrement sans préciser s'il s'agit d'une solidarité véritable, ou seulement de l'obligation *in solidum*, à laquelle les auteurs donnent souvent le nom de *solidarité imparfaite* (1). Mais, quelles que soient les solutions admises d'autre part, il est impossible d'accepter, en notre matière, soit la vraie solidarité, soit la simple obligation *in solidum*.

La vraie solidarité ne se présume pas. Elle ne peut exister, à défaut de stipulation des parties, que dans les cas expressément prévus par la loi (C. civ. art. 1202). Or, aucune disposition relative à notre taxe ne la mentionne.

Aucune disposition, non plus, n'implique l'idée d'une obligation *in solidum*. Au contraire, tout, dans la loi, proteste contre cette idée. La taxe de 3 p. 100 *n'est pas, de sa nature, une dette collective*, commune à tous les associés. « Elle incombe *à chacun d'eux personnellement*. Les travaux préparatoires de la loi démontrent avec évidence que cet impôt constitue une dette de l'actionnaire ou de l'obligataire, et que la société n'est *qu'un simple intermédiaire* chargé d'en opérer le recouvrement. » Ces dernières considérations, que nous empruntons à une solution administrative du 23 mai 1884 (D. P. 1885. 3. 128), prouvent surabondamment que chaque associé,

---

(1) Sur la distinction entre les deux solidarités, V. Rodière : *De la solidarité et de l'indivision*, n° 168 à 175. Demolombe, t. 26, n° 276 et suiv. et tous les commentateurs du C. civ. sur les art. 1,206 et 1,207.

Sur la solidarité en matière d'enregistrement, V. MM. G. Demante : *op. cit* n° 660, 665, 795, et Naquet : *op. cit.* n° 1,212 et suiv.

chaque porteur du titre ne peut être recherché que pour sa part (1). Il est inutile de faire intervenir d'autres considérations pour justifier cette solution.

92. — *L'action du Trésor n'est pas privilégiée.* — Quel que soit le sens attribué à ces mots, que l'impôt sera recouvré « comme en matière d'enregistrement », il est également facile d'établir de qu'aucun privilège n'appartient au Trésor pour le recouvrement de la taxe de 3 p. 100. Sans doute, un tel privilège garantit en certains cas la rentrée des droits d'enregistrement. Les cautionnements du notaire y sont assujettis chaque fois que ces officiers ministériels sont débiteurs vis-à-vis du Trésor, de droits d'enregistrement ou d'amendes. On s'accorde généralement à reconnaître que l'art. 32 de la loi de frimaire établit un privilège sur les revenus des biens à déclarer, en matière de successions (2). Le recouvrement des droits et amendes de timbre est aussi assuré par un privilège établi par l'art. 76 de la loi du 28 avril 1816, et il a été reconnu que ce privilège était applicable aux taxes d'abonnement, dues en vertu de la loi du 5 juin 1850 comme constituant de véritables droits de timbre (Paris, 12 janvier 1874 — D. P. 1874. 2. 100). Mais, en matière de privi-

---

(1) Si la Société est *un intermédiaire* établi entre le Trésor et l'associé ou l'obligataire, comme le reconnaît la solution qui vient d'être mentionnée, comment admettre que le Trésor ait une action directe contre ces derniers tant que dure la société ?

(2) MM. G. Demante : *Principes de l'Enregistrement*, t. II, n° 668-672 ; E. Naquet : *Droits d'Enregistrement*, t. III, p. 271, n° 1,222.

lège, tout est de droit étroit. Cette garantie exceptionnelle n'est pas de nature à être étendue par voie d'analogie à d'autres objets que ceux pour lesquels elle a été
expressément édictée. D'ailleurs quel privilège pour-
rait-il être question d'appliquer à la taxe sur le revenu?
Ce n'est ni le privilège établi pour des hypothèses spéciales en matière d'enregistrement, ni le privilège des
droits de timbre, car notre taxe « ne constitue ni un
droit de timbre ni un droit d'enregistrement, mais une
sorte d'impôt direct » (Civ. rej. 3 av. 1878. — D. P. 1878.
1. 178). Ce ne sera pas davantage l'un quelconque des
privilèges établis par des dispositions spéciales pour l'une
des quatre contributions directes, puisque le législateur,
tout en donnant à notre taxe la plupart des caractères
d'un impôt direct, ne l'a pas rattaché au système de ces
quatre contributions (1).

93. — *Instances.* — *Procédure.* — En ce qui concerne
les instances, la référence aux lois de l'enregistrement est
formelle; par conséquent, il ne saurait s'élever aucun
doute.

Le premier acte de poursuite sera une contrainte. Le
receveur manque-t-il de quelques éléments nécessaires
pour liquider la taxe? La contrainte sera décernée néanmoins, sauf à augmenter ou à diminuer la somme réclamée, suivant la déclaration à faire conformément à
l'art. 16 de la loi du 22 frim. an VII (Instr. n° 2,457).

(1) Dict. des droits d'Enregistrement, V° *Actions et obligations*, n° 251. —
V. ci-dessus Introduction, n° 2.

La contrainte est toujours précédée dans la pratique d'un avertissement, mais le défaut d'avertissement n'entraînerait pas sa nullité (Rouen, 23 déc. 1875. *Rép. pér.* 4,297). Elle est visée et rendue exécutoire par le juge de paix du canton et notifiée par huissier. Elle donne droit à l'administration, si le contribuable n'y forme pas opposition, de procéder à une saisie des biens de ce dernier. Elle interrompt la prescription, mais ne fait pas courir les intérêts : il est admis en jurisprudence qu'elle n'entraîne pas d'hypothèque judiciaire (1). L'administration peut donc avoir intérêt à agir par voie d'assignation directe, si on lui reconnaît ce droit, pour obtenir un jugement et une hypothèque (2).

Supposons que le contribuable résiste à la contrainte. Il doit signifier son opposition au receveur qui l'a décernée, avec assignation devant le tribunal de l'arrondissement qui est la juridiction compétente. Si c'est le contribuable qui entame l'action contre l'administration, il procède encore par voie d'ajournement, mais il lui est loisible de faire d'abord une réclamation administrative.

---

(1) (Cass. 22 janv. 1878. Dall. 5.716). Cette jurisprudence ne nous paraît pas devoir être accueillie sans réserve.

Sur cette question, Voy. M. M. G. Demante : *op. cit.* n° 839 — E. Naquet : *op. cit.* n° 1,279.

(2) Le droit d'agir par voie de contrainte accordé à l'administration ne lui enlève-t-il pas la faculté de procéder par voie d'assignation directe ? Elle conserve cette faculté d'après M. E. Naquet : *op. cit.* n° 1,280. En ce sens Cass. 20 mars 1839. — S. 39. 1. 349. M. G. Demante émet des doutes sur ce point, *op. cit.* n° 839.

Il peut constituer un avoué, mais il n'y est pas tenu, et s'il le fait, les frais de cette constitution resteront à sa charge.

La procédure est écrite : les plaidoiries sont prescrites à peine de nullité. Les parties se signifient respectivement des mémoires, et les jugements sont rendus sur le rapport d'un juge, pris parmi les juges de la cause. Ce rapport est présenté en audience publique et le ministère public doit également donner des conclusions orales à l'audience.

Les jugements rendus par les tribunaux de première instance en matière d'enregistrement ne sont pas susceptibles d'appel ; mais ils peuvent être déférés à la Cour de cassation. Le pourvoi doit être formé dans les deux mois après signification du jugement par le ministère d'un avocat à la Cour de cassation (1).

Toutes ces règles sont contenues dans la loi du 22 fr. an VII et dans les lois spéciales de l'enregistrement, dont

---

(1) Sur cette procédure, V. Dalloz, *Code de l'Enregistrement*, n⁰ 6,002 et suiv. *Jurisp. gén.* V⁰ Enregistrement, 5,642 et suiv.

Pourquoi cette procédure spéciale, en matière d'enregistrement ? Le législateur de l'an VII l'a établie pour un double motif. Il a voulu abréger les délais de la procédure, pour que la perception de l'impôt ne souffrît pas de retard. Il a cherché en outre à rendre les instances moins coûteuses pour le Trésor comme pour les particuliers. — L'attribution de la compétence aux tribunaux civils est une innovation heureuse du législateur moderne. Les lumières et l'indépendance de la magistrature constituent pour les citoyens une garantie sérieuse.

On peut regretter cependant que la loi n'ait pas fait en ces matières pleine concession de la procédure ordinaire (G. Demante : *op. cit.* n⁰ 11). A

les lacunes doivent être comblées par les règles ordinaires du Code de procédure (art. 65, loi du 22 fr. an VII ;
art. 17, loi du 27 vent. an IX).

propos de la taxe sur le revenu des valeurs mobilières, nous avons vu la
jurisprudence se fixer presque uniformément dans le sens le
plus rigoureux, chaque fois qu'une controverse s'est élevée dans l'application de la loi du 29 juin 1872. On a pensé que la publicité donnée aux
débats, et l'admission d'une juridiction d'appel, auraient placé le contribuable dans une situation plus favorable pour défendre ses intérêts. Il ne
faut pas oublier que les droits en litige ont ici une importance considérable. La procédure établie au commencement de ce siècle, en matière
d'enregistrement, devait s'appliquer le plus souvent à des affaires mini-
mes, dans lesquelles le tribunal remplissait pour ainsi dire le rôle d'un
juge de paix. L'impôt sur le revenu des valeurs mobilières donne lieu à
des perceptions qui se chiffrent par centaines de mille francs ; l'ancienne
procédure peut paraître au moins surannée. (Cette procédure est antérieure au Code de procédure ; il a même fallu un avis du conseil d'État
du 1er juin 1807, pour faire admettre qu'elle n'ait pas été abrogée par le
Code.)

M. G. Deloison, qui expose ces considérations dans la *Gazette des Tribunaux* du 18 février 1886, fait d'ailleurs observer que la procédure ordinaire n'est pas inconciliable avec les considérations qui firent admettre
en l'an VII une procédure spéciale. Pour ne pas ralentir le cours de la
Justice, et ne pas rendre les instances trop coûteuses, il suffirait de déclarer que les affaires d'enregistrement soit en 1re instance, soit en appel, seront
instruites comme en matière sommaire, et n'auront pas à subir le rôle
général. Les jugements des tribunaux de 1re instance, au cas de condamnation des parties seraient exécutoires comme en matière commerciale,
nonobstant l'opposition ou l'appel. Nous ne pouvons qu'indiquer ces
idées, soutenues avec beaucoup de force par M. Deloison. Nous nous as-
socions pleinement aux vœux qu'il forme, en faveur d'une réforme à accomplir en ce sens.

CHAPITRE VI

SOCIÉTÉS ÉTRANGÈRES.

94. — *Texte.* — L'art. 4 de la loi du 29 juin 1872 vise ces sociétés dans les termes suivants :

« Les actions, obligations, titres d'emprunts, quelle que soit leur dénomination, des sociétés, compagnies, entreprises, corporations, villes, provinces étrangères, ainsi que tout autre établissement public étranger, sont soumis *à une taxe équivalente* à celle qui est *établie par la présente loi* sur le revenu des valeurs françaises. »

95. — *Principe de l'équivalence.* — *Immunité accordée aux fonds d'État étrangers.* — Le principe énoncé dans le premier alinéa de l'art. 4 appelle une double observation. La première, très importante, et sur laquelle nous reviendrons bientôt, c'est qu'il résulte des expressions employées par le législateur l'intention formelle d'établir l'égalité fiscale entre les titres des sociétés françaises et ceux des sociétés étrangères. Il veut soumettre les unes et les autres au même régime, en ce qui concerne la taxe sur le revenu, et il manifeste sa volonté en formulant ce que nous appellerons le principe de l'équivalence. De cette observation découlent, comme nous le verrons, d'importantes conséquences.

Nous remarquons en second lieu que les fonds publics des États étrangers bénéficient en ce qui concerne la taxe, de la même immunité que les fonds publics français. M. Pouyer-Quertier ayant demandé avec insistance que l'on comprît les fonds d'état étrangers dans les dispositions de l'art. 4, sa proposition amena M. Thiers à fournir sur ce point des explications qui nous font connaître le motif de cette immunité. « Nous vous déclarons, quant à nous, que nous tenons pour impossible de demander aux gouvernements étrangers qu'ils nous fournissent des mandataires responsables et agréés par nous, qui seraient chargés d'acquitter les divers impôts auxquels les titres de rentes et autres objets publics seraient assujettis. Il serait à craindre que la nature des relations, qu'entraînerait une telle situation, n'amenât des complications que nous regretterions d'avoir soulevées » (Séance du 29 juin 1872. *J. off.* du 30 juin, p. 4,414).

96. — *Règlement du 6 décembre 1872.* — *Division du chapitre.* — Dans les deux derniers alinéas de l'art. 4, le législateur confie à un règlement d'administration publique, le soin de fixer le mode d'établissement de la taxe sur les valeurs des sociétés étrangères, ainsi que la quotité du capital social assujettie à la perception.

Ce règlement arrêté le 6 décembre 1872, et dont nous connaissons déjà plusieurs dispositions relatives aux sociétés françaises, porte dans son art. 3, 1er alinéa :

« Toutes les dispositions des deux articles précédents (époque et mode de paiement de la taxe) sont applicables aux sociétés, compagnies, entreprises, corporations, villes, provinces étrangères, ainsi qu'à tous autres établissements publics étrangers *dont les titres sont cotés ou circulent en France*, ou *qui ont pour objet des biens soit mobiliers soit immobiliers situés en France*. »

Viennent ensuite des dispositions relatives à l'assiette de la taxe, à la détermination du revenu et à la perception.

Pour l'explication de ces dispositions, nous diviserons en deux catégories les sociétés et établissements publics étrangers, soumis à la taxe.

1° Sociétés et établissements publics dont tout ou partie des titres sont cotés ou circulent en France.

2° Sociétés ou établissements publics possédant en France des biens meubles ou immeubles.

SECTION I.

SOCIÉTÉS OU ÉTABLISSEMENTS PUBLICS ÉTRANGERS DONT LES TITRES SONT COTÉS OU CIRCULENT EN FRANCE.

97. — Détermination de la taxe.

98. — Titres circulant en France sans être cotés. Titres émis.

97. — *Détermination de la taxe.* — Aux termes de l'art. 4 de la loi du 29 juin 1872, 2° al. « Les titres étrangers ne pourront être cotés, négociés, exposés en vente, ou émis en France, qu'en se soumettant à l'acquittement de cette taxe (taxe sur le revenu) ainsi que des droits de timbre et de transmission. »

Et le décret du 6 déc. 1872, auquel il est renvoyé pour les détails d'application de la loi, dispose à son tour, dans son art. 3, 2°, que « la taxe sur le revenu, pour les titres cotés à la bourse ou émis en France, est assise sur la même base que les droits de timbre et de transmission ; elle est déterminée en la forme prévue au règlement d'administration publique du 24 mai 1872. »

D'après ce dernier règlement, le nombre des titres devant servir de base à la perception est fixé par le ministre des finances, sur l'avis préalable d'une commission composée comme il suit : le président de la section de finances du conseil d'État, président ; le directeur général de l'enregistrement, des domaines et du timbre ; le directeur du mouvement général des fonds ; un régent de la banque de France ; le syndic des agents de change de Paris (art. 1).

Le nombre des titres assujettis aux droits ne peut être inférieur, pour les actions à 1 p. 100, et pour les obligations à 2 p. 100 du capital (art. 2).

Tous les trois ans, le nombre des titres fixé par le ministre peut être revisé.

Le défaut de payement des droits entraîne la radiation de la cote. Néanmoins, le représentant établi en France, conformément à l'art. 10 du déc. du 17 juillet 1857 reste responsable des droits jusqu'à l'époque à laquélle les titres auront cessé d'être cotés.

98. — *Titres circulant en France sans être cotés.* — *Titres émis.* — Un jugement du tribunal de la Seine du 5 juin 1885 (Compagnies d'assurances *l'Union* et *le Phénix Espagnol* — D. P. 1885. 5. 512) a eu à résoudre quelques difficultés d'application de la taxe en ce qui concerne les sociétés de cette première catégorie. Les titres d'une société étrangère circulent en France ; ils sont négociés en banque ou dans la coulisse, mais sans être admis à la cote officielle. Ces titres sont-ils soumis à la taxe sur le revenu des valeurs mobilières ? La question se posait en même temps pour les droits de timbre et de transmission. Elle a été résolue par l'affirmative, et avec raison selon nous. Le 2ᵉ alinéa de l'art. 3 du décret du 6 déc. 1872, qui détermine la base de perception pour les sociétés étrangères ayant des titres en France, ne parle, il est vrai, que des titres « *cotés à la bourse ou émis en France* ». Mais on peut remarquer que la formule de l'alinéa qui précède est plus large : Il vise les titres qui sont cotés *ou circulent* en France. Tout doute disparaît si l'on consulte le texte même de la loi du 29 juin 1872, par lequel il est renvoyé à un règlement d'administration publique (déc. du 6 déc.) pour les détails de la perception. « Les titres étrangers ne pourront être cotés, *négociés*, exposés en vente ou émis en France qu'en se soumettant à l'acquittement de la taxe (sur le revenu) ainsi que des droits de timbre et de transmission. » Ce texte que nous connaissons déjà, et qui n'est autre que l'art. 4 de la loi, parle de toute négociation, sans aucune restriction. Et si une disposition du décret ne parle plus que des titres cotés, c'est sans doute parce que le rédacteur du décret a surtout en vue ces titres, qui seuls en pratique seront facilement atteints par la taxe, la circulation des autres titres étant bien difficile à constater.

Le même jugement interprète les expressions « titres émis ». Faut-il considérer comme titres émis, au point de vue de la perception des trois taxes, les actions nouvelles qui, lors d'une émission, seraient réservées aux actionnaires anciens ? Il est certain que, dans le langage de la bourse, ces actions nouvelles font partie de l'émission. Il en sera de même au point de vue de l'impôt.

SECTION II

SOCIÉTÉS ET ÉTABLISSEMENTS PUBLICS POSSÉDANT EN FRANCE DES BIENS MEUBLES OU IMMEUBLES.

99. — Légalité de la perception à l'égard de ces titres.

100. — Détermination de la taxe. Vice de rédaction de l'art. 4 du décret. Difficulté pratique qui en résulte.

101. — Détermination de la taxe (suite). Lacune du même art. 3. Conséquences.

102. — Établissements publics étrangers n'ayant pas de titres sur le marché français. Pas de taxe.

103. — Sociétés ayant à la fois des biens et des titres en France.

104. — Sociétés ayant en France l'objet de leur entreprise sans y avoir ni biens ni titres.

99. — *Légalité de la perception à l'égard de ces titres.* — La disposition du décret du 6 décembre 1872, ci-dessus rapportée (art. 3, 1°), aux termes de laquelle il suffit que les sociétés et établissements étrangers aient des biens en France pour se voir assujettis à la taxe de 3 p. 100, a soulevé une grosse question.

Si l'on se reporte à l'art. 4 de la loi du 29 juin, on n'y trouve aucune mention relative aux sociétés et établissements compris dans cette catégorie. Après avoir exprimé que les actions, obligations, et titres d'emprunt étrangers sont soumis à la taxe, l'art. 4 porte que « *les titres étrangers* ne peuvent être cotés, négociés, exposés en vente ou émis en France qu'en se soumettant à l'acquittement de cette taxe... » Ne peut-on pas dire que cette sanction écrite à la suite du principe doit servir à en déterminer l'étendue, et que par suite le législateur a eu uniquement en vue les valeurs étrangères qui empruntent le marché français, la taxe étant simplement le prix de l'accès à ce marché ?

Ces prémisses admises, on en aperçoit la conséquence. Le règlement du 6 décembre 1872 aurait donné à la loi une interprétation extensive. C'est par une véritable addition que les sociétés et établissements ayant des biens en France auraient pris place dans ce règlement. Par suite, l'auteur du décret ayant excédé la délégation de pouvoir consentie devant le législateur, son œuvre se trouverait sur ce point entachée d'illégalité (1).

Ce raisonnement a été soutenu devant la Cour de cassation qui lui a fait mauvais accueil. Dans un arrêt de re-

—————

(1) En ce sens Garnier : *Rép. gén.* no 9,530 et *Rép. pér.* art. 5,050 et 5,854.

jet rendu par la Chambre civile, le 29 août 1881 (D. P. 1883. 1. 97), elle a reconnu la légalité du décret. Aux termes de cet arrêt « il ne résulte ni du texte, ni de la pensée de la loi, que la taxe par elle établie ne doive atteindre que la circulation sur le marché français des titres représentant les actions ou les obligations émises par les sociétés. »

C'est en effet une autre loi, la loi du 23 juin 1857, qui a pour objet la circulation des actions et des obligations, et le législateur de 1872 a certainement eu un autre but que de superposer un nouveau droit de circulation au droit préexistant. Il a pris soin lui-même de nous avertir que la taxe sur le revenu était indépendante des droits de timbre et de transmission.

L'arrêt nie d'autre part la corrélation intime que l'on voudrait établir entre le 1er et le 2e alinéa de l'art. 4 de la loi. La première disposition pose un principe très général, le principe d'une taxe équivalente imposée aux sociétés étrangères et aux sociétés françaises. La deuxième disposition a un tout autre but que de restreindre et d'expliquer ce principe : elle se préoccupe uniquement de viser des valeurs que la formule donnée au principe ne suffirait peut-être pas à atteindre. C'est pourquoi elle vise « spécialement les valeurs ou les titres négociables qui seraient produits sur le marché français par les sociétés *dont tous les biens seraient à l'étranger.* »

Le décret du 6 décembre 1872, loin d'ajouter à la loi,

n'a donc fait que tirer le développement logique du principe général contenu dans l'art. 4, 1°. « La formule compréhensive (de cette disposition) implique l'idée que non seulement les sociétés étrangères qui ont émis des titres cotés ou négociés en France, mais encore celles qui y possèdent des biens, meubles ou immeubles, servant à l'exploitation de leur entreprise, doivent la taxe sur le revenu, à raison des valeurs qui en dépendent » (D. P. 1883. 1. 97. V. la note).

Avant de quitter l'arrêt du 29 août 1881, remarquons que cet arrêt a soin de relater cette circonstance de fait : que la société dont il s'agit « possède en France, et *y exploite* d'une manière continue, depuis 1869, des biens susceptibles de donner lieu à la taxe », et plus loin, que la société anglaise *le Crédit* n'a pas à la vérité de titres circulant sur le marché français, mais que « les produits *de l'exploitation* des biens qu'elle possède en France n'en sont pas moins une partie des revenus de ses titres ». Ces constatations ne sont pas inutiles. Le décret du 6 décembre 1872 déclare soumis à la taxe les sociétés, établissements, etc. « qui ont *pour objet* des biens soit mobiliers, soit immobiliers situés en France. » On peut inférer de cette formule, que la simple possession de tels biens ne suffirait pas à entraîner la perception du droit, si ces biens ne servaient à l'exploitation de l'entreprise et n'étaient par suite l'un des objets de la société.

Un nouvel arrêt de la Cour de cassation du 2 août 1886 (*Rép. pér.*, n° 6,747) a tranché dans le même sens et dans les mêmes termes la difficulté que nous venons d'examiner.

100. — *Détermination de la taxe.* — *Vice de rédaction de l'art. 3 du décret.* — *Difficulté pratique qui en résulte.* — Comment sera acquittée la taxe par les sociétés de la seconde catégorie ? L'art. 3 du décret du 6 décembre 1872 s'occupe de cette question dans son dernier alinéa.

« Les sociétés, compagnies et entreprises étrangères dont les titres ne sont pas cotés, mais qui ont pour objet des biens meubles ou immeubles situés en France, doivent la taxe sur le revenu *à raison des valeurs françaises qui en dépendent* et acquittent cette taxe *d'après une quotité du capital social fixée par le ministre des finances* sur l'avis préalable de la commission instituée par le règlement ci-dessus indiqué (règlement du 24 mai 1872 dont nous avons reproduit les dispositions plus haut). Elles doivent, à cet effet, faire agréer par le ministre des finances, *avant le 1ᵉʳ décembre* 1872, si elles existent actuellement, et dans le cas contraire, avant toute opération en France, un représentant français, personnellement responsable des droits et amendes ».

L'une des dispositions de ce texte était en partie inapplicable. Les sociétés existant lors de la promulgation du décret, auraient dû, d'après la rédaction, faire agréer un représentant responsable avant le 1ᵉʳ décembre 1872, et le décret n'a été promulgué que le 11 décembre de la même année. Cette impossibilité d'application sur un

point particulier, relevait-elle les sociétés de leur obligation, ou tout au moins devait-elle entraîner l'exemption de l'amende prévue par l'art. 5 du décret, au cas
où le défaut de présentation du représentant empêche-
rait le paiement de la taxe à la première échéance ? Cette
première échéance était fixée par l'art. 6 du décret lui-
même : le premier versement devait avoir lieu dans les
20 jours de sa promulgation, par conséquent le 31 décembre 1872 au plus tard. Mais le paiement ne peut avoir
lieu que si la base de l'impôt est établie, et cette base ne
peut être établie par la commission spéciale que si le représentant responsable est agréé. On comprend dès lors
toute l'importance de la prescription qui exige la présentation du représentant responsable, et tout le parti
que les sociétés auraient tiré de l'inadvertance du législateur si l'erreur de date commise, en ce qui concerne la
présentation du représentant, empêchait cette disposition
d'être obligatoirement applicable en temps importun.

La Cour de cassation a repoussé cette conséquence.
La présentation du représentant a été possible à partir
du 11 déc. 1872, date de la promulgation du décret « à
partir de ce moment les compagnies étrangères ont été
en demeure de satisfaire à la prescription de la loi. La
mesure prescrite ayant eu pour objet unique d'assurer
et garantir au trésor le payement de l'impôt et son recouvrement à l'échéance, *a dû nécessairement être accom-
plie avant cette échéance*, et par conséquent le 31 déc. 1872
au plus tard, puisque, aux termes de l'art. 6 du décret

du 6 déc. 1872, le premier versement devait avoir lieu dans les vingt jours de sa promulgation » (Cass. civ. rej. 22 av. 1879. — D. P. 83. 1. 98. — Dans le même sens, Cass. civ. rej. 29 août 1881. — D. P. ibid.).

On a reproché à la Cour de cassation d'avoir excédé les limites du pouvoir jurisprudentiel, par cette correction d'une erreur législative (1). Ce reproche nous paraît mal fondé. La date substituée par la Cour à celle du 1ᵉʳ déc. 1872 n'a rien d'arbitraire. Elle est indiquée par les dispositions mêmes du décret comme délai maximum pour la présentation du représentant. Il résulte de cette jurisprudence que l'amende prévue par l'art. 5 de la loi du 29 juin 1872, pour chaque contravention au règlement d'administration publique rendu en vue de l'exécution de la loi, est due pour n'avoir pas fait agréer de représentant responsable dans ce délai, et pour n'avoir pas effectué les versements trimestriels à partir de la mise à exécution de la loi du 29 juin 1872.

Il est clair, d'ailleurs, qu'aucune amende ne sera due si la société, ayant fait ses diligences, s'est présentée au bureau d'enregistrement où la taxe est portable (art. 1 du décret) et n'a été empêchée de se libérer que par le fait de l'administration dont la décision n'est pas encore intervenue. Cette décision, nous l'avons vu, doit être rendue par le ministre des finances qui fixe la quotité du capital social soumise à la taxe : c'est là un mode rigoureux de détermination pour la base de l'impôt : une

(1) Demasure : *loc. cit.* nᵒ 249.

évaluation provisoire faite par l'administration ne saurait la remplacer (Grasse, 18 fév. 1878 — D. P. 1883.
1. 97).

Remarquons que la fixation faite par le ministre, qu'il
s'agisse des sociétés étrangères ayant des titres cotés ou
de celles qui ont des biens en France, n'est susceptible
d'aucun recours soit devant le Conseil d'État, soit devant
les tribunaux. Il exerce à cet égard un pouvoir discré-
tionnaire, sans appel. « Les sociétés n'ont que le choix
entre deux mesures : ou exécuter la décision, ou se re-
tirer du marché français et vendre les propriétés qu'elles
possèdent en France ». *Rép. gén.* n° 9537.

101. — *Détermination de la taxe (suite).* — *Lacune
du même art. 3. — Conséquences.* — Le décret du 6 décembre 1872, auquel renvoie l'art. 4 de la loi du 29 juin,
pour tout ce qui regarde l'application et le développement du principe de l'équivalence posé dans cet art. 4,
se borne à déclarer, en ce qui concerne les sociétés
étrangères ayant des biens en France, que la taxe sera
acquittée « d'après une quotité du capital social fixée
par le ministre des finances ».

Mais, comment imposera-t-on cette quotité du capital
social? En d'autres termes, par quel procédé aura lieu la
détermination du revenu imposable? Le décret du
6 décembre 1872 est muet à cet égard. Il est permis de
le regretter, car aucun impôt ne peut être perçu sans un
texte de la loi qui l'autorise formellement, et il peut
sembler quelque peu arbitraire d'emprunter, pour cette

détermination du revenu imposable, des règles qui n'ont
pas été *expressément* étendues au cas dont il s'agit (1).
Cependant cet emprunt est indispensable : si on ne con-
sent pas à l'admettre, nous ne voyons pas comment il
sera possible de recouvrer la taxe à l'égard des sociétés
qui ont pour objet des biens meubles ou immeubles situés en France. D'ailleurs, un tel emprunt est évidemment conforme aux intentions des auteurs de la loi et du
décret de 1872. L'art. 4 de la loi pose le principe de l'é-
quivalence entre les sociétés françaises et les sociétés
étrangères; l'art. 3 du décret maintient l'assimilation et
donne les moyens de connaître la quotité du capital social des entreprises étrangères, qui sera considérée
comme la représentation des biens exploités en France
par ces entreprises. Cette fraction du capital une fois
connue, quoi de plus naturel que de l'imposer d'après la
règle posée dans l'art. 2 de la loi du 29 juin, pour la
détermination du revenu imposable ? Puisqu'aucune disposition sur les sociétés étrangères ne déroge à cet article, ne faut-il pas admettre que le législateur s'y est
référé, alors que sa pensée était « d'établir l'égalité fiscale entre les valeurs françaises et les valeurs étrangères ». Disons donc avec la Cour de cassation à laquelle
nous empruntons ce raisonnement « que les deux catégories de valeurs sont soumises à une règle commune;
il en résulte que pour les valeurs étrangères comme
pour les valeurs françaises la taxe doit être perçue sui-

(1) Demasure: *loc. cit.* n° 251.

vant les distinctions de l'art. 2 de la loi, d'après lequel le revenu est déterminé : 1° pour les actions, par le dividende fixé d'après les délibérations des assemblées générales d'actionnaires, ou de conseils d'administration, les comptes rendus, ou tous autres documents analogues ; 2°.... 3° pour les parts d'intérêt et commandites, soit par les délibérations des conseils d'administration des intéressés, soit, à défaut de délibération, par l'évaluation à 5 p. 100 du montant du capital social, ou de la commandite » (Arrêt déjà cité du 22 avr. 1879. Ch. civ. rej. — D. P. 1883. 1. 97).

102. — *Établissements publics étrangers n'ayant pas de titre sur le marché français. Pas de taxe.* — Les établissements publics étrangers « qui ont pour objet des biens, soit mobiliers, soit immobiliers, situés en France », seront-ils soumis à la taxe de 3 p. 100 à raison de ces biens, même s'ils n'ont émis chez nous, ou n'y négocient aucun titre ? L'affirmative semble résulter du texte de l'art. 3 du décret du 6 déc. 1872, si l'on se contente de lire le premier alinéa de cet article.

Mais, le troisième alinéa qui s'occupe des conditions de la possession de biens en France, ne parle plus que des sociétés, compagnies et entreprises étrangères, sans mentionner les établissements publics. Il faut en conclure que ces établissements ne doivent la taxe qu'au cas où ils ont sur le marché français des titres d'obligation ou d'emprunt. Cette solution trouve sa justification dans l'observation suivante. Les établissements publics français ne doivent la taxe sur le revenu qu'à raison de leurs obligations, ou emprunts. Le principe de l'équivalence qui inspire l'économie de la loi tout entière, ne permettait pas qu'on fît aux établissements étrangers une condition différente (*Rép. gén.* n° 9540).

103. *Société ayant à la fois des biens et des titres en France.* — Lorsqu'une société rentre à la fois dans l'une et l'autre des deux catégories que nous venons d'étudier, c'est-à-dire lorsqu'elle a à la fois des titres et des biens en France, il y a lieu, pour éviter un double emploi, de faire un choix entre les deux bases possibles de perception. Sera-ce le nombre des titres, ou l'évaluation du capital que l'on devra prendre en considération? En l'absence de toute règle législative sur ce point, nous pensons que le ministre pourra opter pour la base de perception la plus favorable au Trésor.

104. *Société ayant en France l'objet de leur entreprise sans y avoir ni biens ni titres.* — Dans l'article qu'il consacre à « l'Impôt direct sur le revenu des valeurs mobilières », le *Répertoire général* de M. Garnier envisage une troisième catégorie de sociétés étrangères, à côté des deux catégories que nous venons d'étudier. Il suppose des sociétés ayant en France l'objet de leur entreprise, sans y avoir de biens ni de titres en circulation. L'intention du législateur d'atteindre de telles sociétés lui paraît hors de doute.

Pour nous, il nous semble inutile de comprendre ces sociétés dans une catégorie spéciale. En effet, si l'hypo-

thèse prévue par le savant auteur se réalise complètement, nous ne voyons pas comment notre taxe pourrait
atteindre les entreprises étrangères, et dès lors, à quoi
bon s'en occuper?

Dans les exemples donnés par M. Garnier, au cas de
sociétés ayant pour objet la concession d'un chemin de
fer en France, ou l'exploitation d'une usine louée à un
tiers, etc., les conditions de l'hypothèse ne se trouvent
plus remplies. Ces sociétés, comme il le reconnaît d'ailleurs lui-même, n'ont-elles pas, à défaut d'autres biens situés en France, des biens mobiliers consistant précisément dans ces concessions et ces exploitations? En tenant
compte de la valeur de ces droits, le ministre des finances pourra fixer la quotité du capital social qui devra
servir de base à la perception de l'impôt. Mais, on se
trouvera alors dans la catégorie des sociétés ayant des
biens en France, et non dans une nouvelle catégorie.

On pourrait supposer le cas d'une compagnie d'assurances étrangère, organisée pour fonctionner en France,
et passer chez nous des contrats d'un type inconnu à
nos compagnies nationales. Cette société n'aurait peut-
être ni biens, ni titres en France. Mais alors, comment
l'atteindre? Admettons avec M. Garnier qu'une telle
société révèle son existence par des agissements constatés dans des actes publics, et qu'elle trouve son intérêt à offrir spontanément le payement de la taxe. Ce sera
une hypothèse bien rare et bien peu pratique, il ne convient donc pas de s'y arrêter davantage.

CHAPITRE VII

CONGRÉGATIONS ET ASSOCIATIONS RELIGIEUSES.

105. — Division.

105. — Nous étudierons les associations et congrégations religieuses dans les trois situations qui leur ont été faites depuis 1872, par la législation de l'impôt sur le revenu des valeurs mobilières. Nous aurons ainsi trois sections consacrées, la première à la loi du 29 juin 1872, la deuxième à la loi du 28 décembre 1880, la troisième à la loi du 29 décembre 1884.

SECTION I

LES CONGRÉGATIONS ET ASSOCIATIONS RELIGIEUSES SOUS LA LOI DU
29 JUIN 1872.

106. — Le fait générateur de la taxe ne peut se produire. Conséquences.

107. — Jurisprudence durant cette période.

106. — *Le fait générateur de la taxe ne peut se produire. Conséquences.* — Nous avons précédemment étudié la question suivante, qui n'est pas l'une des moindres difficultés soulevées par l'interprétation de la loi du 29 juin 1872. La taxe doit-elle être perçue lorsque les bénéfices réalisés par une société ne sont pas distribués entre les associés ? L'esprit de la loi, la lettre même de plusieurs de ses dispositions nous ont fourni notre réponse. Il ne peut y avoir de revenu imposable, là où ne se rencontrent pas des produits qui enrichissent le patrimoine des associés, aux dépens du patrimoine social. La formule de l'art. 1ᵉʳ, qui parle de « bénéfices annuels », les art. 1 et 2 du décret du 6 déc. 1872 qui visent expressément le revenu *distribué* ne laissent aucun doute à cet égard : le fait générateur de la taxe est la distribution d'un revenu.

Mais cette solution, pour être juridique, n'en aboutissait pas moins en certains cas à des conséquences peu satisfaisantes. Sans doute, dans les sociétés ordinaires, lorsque des bénéfices auront été réalisés, il faudra tôt ou tard que des bénéfices donnent lieu à la perception de la taxe. L'esprit de lucre qui anime les associés les empêchera d'adopter une combinaison qui ne permettrait pas l'augmentation de leur patrimoine, au moyen des bénéfices sociaux, et ils se garderont bien d'insérer dans les statuts une clause prohibant, d'une manière absolue, la distribution des bénéfices.

Au contraire, les congrégations ou associations religieuses échappaient en fait à l'impôt sur le revenu des valeurs mobilières. Atteintes par le principe de la loi, puisque celle-ci n'excepte aucune société à raison de sa nature ou de son but, elles profitaient de leur situation toute spéciale. Il ne s'agit pas pour leurs membres de faire des bénéfices personnels ; l'augmentation du capital social est le véritable but. Il leur suffisait d'insérer

dans leurs statuts la clause de non-distribution des bénéfices, qui n'offre aucun inconvénient en ce qui les concerne, pour se soustraire de cette façon au paiement de
la taxe.

107. *Jurisprudence pendant cette période.* — L'administration, il est vrai, avait essayé de soumettre ces
sociétés à l'application de la loi. Repoussée par un jugement du tribunal du Blanc, du 2 mars 1875 (D. P. 18. 75.
5. 473) favorable à la société universelle agricole des trappistes de Fontgombault, elle ne se tint pas pour battue.

Nous avons vu que, lorsqu'une société n'est pas divisée par actions et n'a pas de conseil d'administration, il
ne peut être question de percevoir la taxe sur le revenu
réel et déclaré. L'exigibilité de cette taxe a été réglée
par la loi, en tenant compte du revenu présumé d'après
l'importance du capital (Art. 2. par. 3). Aucune preuve,
d'ailleurs, ne serait admise contre les présomptions de
la loi, s'il faut en croire l'administration. Ces présomptions s'imposeraient même au cas d'improductivité
absolue de la société. Eh bien, lorsqu'une association religieuse s'interdit par ses statuts toute distribution de revenus, lorsque ses revenus sont consacrés
d'après l'acte de fondation, à l'augmentation du capital,
à l'entretien et à l'extension des immeubles sociaux, etc.,
ne pouvait-on pas ranger cette association dans la catégorie des sociétés non divisées par actions et non pourvues d'un conseil d'administration, et la traiter dès lors
au point de vue de la perception, comme si elle avait

un revenu égal à 5 p. 100 de son capital? Cette prétention a été soutenue, mais sans succès, par l'administration devant le tribunal de la Seine, dans l'affaire des sœurs de la Sainte-Eucharistie. Dans son jugement du 6 juillet 1877 (D. P. 1877. 5. 454) ce tribunal, considérant d'ailleurs comme admis le caractère irréfragable de la présomption de l'art. 2, par, 3, s'explique en ces termes : « Attendu que cette présomption ne saurait être étendue au delà de ses limites naturelles... Qu'elle peut bien atteindre celles de ces sociétés qui, *créées pour donner des produits aux associés*, sont en fait improductives à tel ou tel moment de leur existence ; mais qu'elle est sans application à celles dont, par la loi même de leur institution, le revenu tout entier accroît chaque année leur capital ; — Qu'on ne pourrait sans abuser des termes de la loi, et sans dénaturer son esprit, admettre qu'elle ait, par une présomption *juris et de jure*, supposé le fait de distribution régulière des revenus là où il ne peut y en avoir aucune, et qu'elle ait, dans ce but, basé la perception de l'impôt sur une fiction contraire à la réalité la plus évidente et la plus certaine ».

Sans doute, ajoute ce jugement, la société loge, nourrit et entretient chacun de ses membres, mais « ce mode de consommation d'une faible partie des produits, ne saurait être assimilé à une répartition des bénéfices sociaux ; il n'est pour les associés que la compensation et le salaire de leur travail, et pour la société qu'une part de ses frais généraux. »

L'administration, il est vrai, fut plus heureuse dans d'autres espèces (1). Mais le principe n'en restait pas moins admis en doctrine et en jurisprudence que l'absence de tout revenu distribuable devait entraîner l'exemption de l'impôt (2). Il en résultait pour les congrégations un privilège exorbitant, en ce sens qu'elles tiraient parti d'une situation de fait qui ne pouvait se présenter pour les sociétés ordinaires. Le législateur se préoccupa de faire cesser ce qu'il considérait comme un abus : de cette préoccupation sortit la loi du 28 décembre 1880.

SECTION II

LES CONGRÉGATIONS ET ASSOCIATIONS RELIGIEUSES, SOUS LA LOI DU
28 DÉCEMBRE 1880 (3).

108. — But de la loi. — Texte.

109. — Généralité de la formule admise. — But.

110. — Portée de la loi. — Associations visées.

111. — Détermination du revenu. — Paiement de la taxe. — Son recouvrement.

108. *But de la loi. — Texte.* — Le président de la commission du budget, M. Henri Brisson, proposa en 1880 à la Chambre des députés un amendement

(1) Voy. Alger, 4 février 1880. Trappistes du Staouëli et Amiens, 3 juin 1880 (*Contrôleur*, no 16,366 et 16,726.)

(2) En ce sens, Cas. Req. 7 juin 1880. D. P. 80. 1. 466.

(3) Sur cette loi, V. dissertation de M. Testoud : *Rev. crit. de législation*, 1881, p. 273 et suiv. — M. E. Naquet, *Droits d'Enregistrement*, t. III, p. 471 — D. P. 1881. 4. 97.

destiné à atteindre les congrégations religieuses et à combattre l'extension de la mainmorte occulte. Ses vues furent admises en grande partie par le parlement. Indépendamment de l'art. 3, qui va nous occuper, la loi du 28 déc. 1880 contient une autre disposition, l'art. 4, destinée à atteindre les accroissements, par suite de clauses de réversion, au profit des membres restant, de la part de ceux qui cessent de faire partie de la société. Mais revenons à l'art. 3, qui seul a trait à notre matière.

Voici le texte de cet article.

« L'impôt établi par la loi du 29 juin 1872 sur les produits et bénéfices annuels des actions, parts d'intérêt et commandites, sera payé par toutes les sociétés dans lesquelles les produits ne doivent pas être distribués en tout ou en partie entre leurs membres. Les mêmes dispositions s'appliquent aux associations reconnues et aux sociétés ou associations même de fait, existant entre tous ou quelques-uns des membres des associations reconnues ou non reconnues. »

109. *Généralité de la formule admise. — But. —* On voit que le principe de la loi est posé en termes très généraux, et ne vise pas seulement les congrégations ou associations religieuses mais toutes les sociétés. L'amendement Brisson, et le texte voté d'abord par la Chambre des députés, frappaient au contraire directement et uniquement les congrégations ou associa-

____

(1) Voy. le texte et la discussion de cette loi. D. P. 1881. 4. 97.

tions religieuses. Mais, il en résultait un inconvénient qui fut révélé au Sénat par M. Wilson, sous-secrétaire d'État aux finances, dans les termes suivants :

« Les congrégations religieuses étaient nominativement désignées dans cet article. Il en résultait ceci : c'est que si, à côté d'une société religieuse, et le fait s'est produit, on avait constitué une société laïque, et si l'on avait placé sur la tête des membres de cette société laïque les biens appartenant à la société religieuse, la loi était tournée... Afin d'éviter toute difficulté à cet égard, et pour mieux atteindre le but du projet de loi, en prévenant la fraude, la commission a pensé qu'il y avait lieu de généraliser la rédaction votée par la Chambre » (Séance du 27 déc. 1880. — *J. off.* du 28 déc. 1880, p. 1,295).

Peut-être voulut-on aussi éviter une formule qui semblait établir une disposition exceptionnelle pour les congrégations, et préféra-t-on les atteindre à l'aide d'une disposition générale.

110. — *Portée de la loi. Associations visées*. — Les congrégations étaient seules en cause. Les sociétés qui sont constituées dans un but purement littéraire, scientifique, ou charitable, ces sociétés auxquelles l'esprit de spéculation est étranger, sont restées en dehors des atteintes de la loi. Des orateurs ayant exprimé la crainte de leur voir imposer la taxe, en vertu du texte adopté, le sous-secrétaire d'État prit soin de les rassurer.

« L'honorable M. Brisson a manifesté ces préoccupations au sujet des sociétés de secours mutuels, des sociétés d'assurances mutuelles, des sociétés scientifiques, etc. Eh bien, Messieurs, il suffit de répondre que ces sociétés et toutes autres de même nature ne peuvent tomber sous d'application de loi nouvelle, par une raison bien simple : c'est que la loi est uniquement faite pour les associations renfermant une clause prohibitoire de ne jamais distribuer les bénéfices entre leurs membres, et que les sociétés dont on se préoccupe très justement ne renferment pas une stipulation semblable, qui est contraire à leur essence, à leur but, et à toute leur organisation.

« Ces sociétés restent sous l'empire de la loi du 29 juin 1872. Elles continueront, comme par le passé, à payer la taxe ou à en être exemptes, selon qu'elles tomberont ou non sous l'application de cette loi. Et, à cet égard même, je puis rassurer la Chambre ; je puis lui faire connaître que la loi de 1872 n'est pas appliquée aux sociétés d'assurances mutuelles, et autres associations similaires, parce que ces associations ne sont pas des sociétés dans le sens de la loi de 1872. Les indemnités ou les secours versés aux adhérents sont le produit d'une sorte de contrat aléatoire et n'ont nullement le caractère de bénéfices. » (Séance du 28 déc. 1880.—J. off. du 29 déc. 1880, p. 12,985.).

L'administration de l'enregistrement s'est inspirée de cette déclaration. Dans son instruction n°. 2,651, du

20 juin 1881, rédigée en vue de l'application de la loi du 28 déc. 1880 (D. P. 1883. 5. 458) elle reconnaît que les compagnies d'assurances mutuelles et les sociétés de secours mutuels ne sont pas atteintes par la taxe. Il en est de même des sociétés scientifiques ou littéraires, cercles, comices, ouvroirs, loges, etc., établis sous forme de sociétés. Leur organisation ne leur interdit pas d'une manière absolue de distribuer les produits dépassant les besoins de l'association. Elles ne tombent pas de plein droit sous l'empire de l'art. 3 de la loi du 28 déc. 1880, et il faudrait pour qu'elles fussent soumises à cette disposition, que la distribution des produits fût interdite par leurs statuts, pour constituer avec ces produits une augmentation du capital (Instr. n° 2,651).

La loi du 28 déc. 1880 ne frappe pas les établissements publics ou d'utilité publique : elle n'atteint donc pas les hospices, bureaux de bienfaisance caisses d'épargne, monts-de-piété, etc. (même instruction).

Le texte de l'art. 3 vise les sociétés « dans lesquelles les produits ne doivent pas être distribués, *en tout* ou *en partie*, entre leurs membres ». Qu'il s'agisse d'une interdiction *totale* ou d'une interdiction *partielle* de distribuer les produits, il y aura donc lieu de percevoir la taxe. Le législateur a voulu se mettre en garde contre un calcul des intéressés, qui, pour déjouer la loi n'auraient pas manqué de distribuer une partie des bénéfices entre les membres de l'association ; l'autre partie, qui eut

sans doute été de beaucoup la plus considérable, devant
servir à l'augmentation du capital.

La mise à la réserve des revenus d'une société, l'attribution d'une partie de ces revenus au service des intérêts ou à l'entretien d'œuvres déterminées, n'entraînent pas l'application de la loi du 28 décembre 1880.
Sans doute dans ces hypothèses, une partie ou même
la totalité des revenus ne sont pas distribués entre les
associés ; mais lorsque la loi parle des sociétés dans lesquelles les revenus *ne doivent pas* être distribués, elle a
en vue les combinaisons qui tendent à la constitution ou
à l'accroissement des biens de mainmorte. Ces combinaisons ne sont possibles qu'au cas de prohibition de
distribuer, absolue et irrévocable. Cette solution imposée par les travaux préparatoires de la loi, est écrite dans
l'instruction précitée, n° 2651.

Indépendamment des congrégations religieuses reconnues, soumises à un régime légal qui empêche leurs
membres de recevoir aucune partie des produits de l'association à titre de distribution, la loi du 28 déc. 1880
est applicable également aux congrégations non reconnues. L'art. 3 s'en explique dans les termes que nous
avons déjà rapportés ; il vise les sociétés ou associations
« *même de fait* » existant entre tous ou quelques-uns
des membres des associations reconnues ou non reconnues.

Cette formule fut adoptée sous l'empire de considérations développées par M. Ribot à la Chambre des dé-

putés pour sauvegarder ce principe de droit public d'après lequel les congrégations non reconnues sont sans existence légale (séance du 11 déc. 1880.—*J. off.* du 11 déc. Comment atteindra-t-on ces associations de fait ? L'instruction n° 2,651 se préoccupe de cette question. L'administration est autorisée à établir par tous les moyens de preuve dont elle dispose, l'existence des sociétés verbales donnant lieu à l'impôt. Par suite, les actes opposables aux parties et les présomptions serviront à démontrer l'existence des sociétés de fait, à en déterminer le caractère et à prouver qu'elles sont par leur nature ou par les conventions arrêtées entre les associés, soumises aux conditions qui justifient l'exigibilité de la taxe (D. P. 1883. 5. 458 et suiv.).

111. — *Détails d'application*. — Après avoir posé le principe de la réforme introduite par la loi du 28 décembre 1880, l'art. 3 de cette loi s'occupe des règles d'application du principe. En ce qui concerne la détermination du revenu imposable, cet article porte:

« Le revenu est déterminé :

» 1° Pour les actions, d'après les délibérations, comptes rendus ou documents prévus par le premier paragraphe de l'art. 2 de la loi du 29 juin 1872 ; 2° et pour les autres valeurs, soit par les délibérations des conseils d'administration, soit par la déclaration des représentants des sociétés, ou associations, appuyées de toutes justifications nécessaires, soit à défaut de délibérations et de déclarations, à raison de 5 p. 100 de l'évaluation des meubles et des immeubles composant le capital social. »

Ce mode de détermination du revenu ayant été abrogé par la loi du 29 décembre 1884, que nous étudierons bientôt, nous ne nous arrêterons pas aux difficultés d'interprétation soulevées par la disposition que nous venons de rapporter. L'instruction générale n° 2,651 avait donné à la règle contenue dans cette disposition des développements qui, sur plusieurs points, pouvaient être critiqués. Ce qu'il importe d'observer, c'est que les revenus des sociétés visées par la loi de 1880 pouvaient être établis de trois manières : 1° par la délibération des assemblées d'actionnaires ou des conseils d'administration s'il y en avait ; 2° s'il n'y avait pas de conseil d'administration, — ce qui arrive souvent dans ces sociétés — par une déclaration munie des pièces justificatives, faite par les directeurs des établissements ; 3° à défaut, soit de délibérations de conseil d'administration, soit de déclaration, par une estimation à forfait à 5 p. 100, sur le capital brut, comme dans le système de la loi de 1872.

Il y eut donc désormais deux sortes de sociétés soumises à la taxe : d'une part, les sociétés distribuant leurs bénéfices, et pour lesquelles on admettait deux moyens de preuves, c'est-à-dire les délibérations d'actionnaires ou de conseils d'administration, ou l'évaluation à 5 p. 100 du capital ; d'autre part, les sociétés ne distribuant pas de bénéfices, pour lesquelles on admît

en outre un troisième mode de détermination du revenu:
la déclaration avec pièces justificatives.

L'admission de ce dernier mode de détermination
constituait donc pour les sociétés visées dans la loi de
1880, un avantage qui n'appartenait pas aux autres
sociétés soumises à la taxe sur le revenu. On avait sans
doute considéré que ces sociétés, ne distribuant pas de
revenus, ne peuvent produire ordinairement aucune délibération faisant ressortir les bénéfices annuels, et on
avait voulu leur offrir un autre moyen d'échapper à l'é-
valuation à 5 p. 100 du capital. Nous verrons comment
cet avantage leur a été enlevé par le législateur de 1884.

L'époque de ce mode de payement de la taxe, les contraventions, les poursuites, les pénalités sont réglées
par les derniers alinéas de notre article.

« Le payement de la taxe applicable à l'année expirée
sera fait par la société ou l'association, dans les trois
premiers mois de l'année suivante, sur la remise des
extraits des délibérations, comptes rendus ou documents analogues, et de la déclaration souscrite conformément à l'art. 16 de la loi du 22 frim. an VII
(art. 3, 3° al.).

Ainsi la taxe n'est plus exigible trimestriellement,
comme celle établie par la loi du 29 juin 1872, mais annuellement et en une fois.

Au cas de sociétés par actions soumises à la loi de
1880, et dont l'exercice social ne coïnciderait pas avec
l'année ordinaire, les pièces justificatives des produits

afférents à la portion de l'année sociale échue ne peuvent être remises dans les trois premiers mois de l'année réelle. On se référera aux règles indiquées par les art. 1 et 2 du décret du 6 décembre 1872 ; on calculera provisoirement ces produits à raison des 4/5 des produits correspondants de l'exercice antérieur, et s'il s'agit de sociétés nouvelles, à raison de 5 p. 100 du capital (Instr. n° 2,651).

« L'inexactitude des déclarations, délibérations, comptes rendus ou documents analogues peut être établie conformément aux art. 17, 18 et 19 de la loi du 22 frimaire an VII, 13 et 15 de celle du 23 août 1871 (art. 3, 4°). »

Cette double référence met aux mains de l'administration deux procédés d'investigation. L'expertise sera empruntée à la loi de frimaire, pour la valeur vénale des immeubles, le produit des biens meubles. Le deuxième procédé, introduit par la loi de 1871 pour combattre les dissimulations de prix dans les ventes, échanges et partages, a constitué une grave innovation en matière d'enregistrement et ne paraît pas avoir donné de grands résultats pratiques. Il consiste dans la preuve testimoniale, l'enquête, l'interrogatoire sur faits et articles, les présomptions simples de quelque nature qu'elles soient, en un mot toutes les preuves du droit commun, sauf le serment décisoire.

L'administration peut naturellement se prévaloir, en notre matière, des énonciations contenues dans les actes qui lui sont soumis. Elle a enfin invoqué, pour en faire l'application à notre matière, des lois antérieures qui lui permissent d'exercer des investigations au siège social de certaines associations constituées en sociétés par actions, ou présentant le caractère d'établissements publics. Mais le droit de communication lui a été vivement contesté sous l'empire de la loi de 1880. La loi de 1884, comme nous le verrons, a fait cesser tout doute en établissant expressément ce droit de communication.

Il nous suffira de reproduire simplement les dispositions finales de l'art. 3, pour être fixés sur les derniers détails d'application :

« Chaque contravention aux dispositions qui précèdent, et à celles du règlement d'administration publique qui sera fait, s'il y a lieu, pour l'exécution, sera punie conformément à l'art. 5 de la loi du 29 juin 1872.

« Sont maintenues, toutes les dispositions de cette dernière loi et du règlement d'administration publique du 6 décembre 1872, qui n'ont rien de contraire aux précédentes dispositions. »

SECTION III

LES ASSOCIATIONS ET CONGRÉGATIONS RELIGIEUSES SOUS LA LOI DU
29 DÉCEMBRE 1884.

112. — But de la nouvelle loi.
113. — Nouvelle formule adoptée. — Critiques.

112. — *But de la nouvelle loi.* — La loi de 1880 dont le législateur attendait des résultats sérieux, donna bientôt lieu à de grandes déceptions. Les mesures prises pour combattre l'extension de la mainmorte, dans les art. 3 et 4 de cette loi, n'atteignirent pas leur but : l'impôt établi par ces deux articles devait produire quatre millions et demi, le rapporteur de la commission du budget constatait en 1884 qu'il avait produit seulement 263,000 fr.

D'où provenait cette inefficacité? On a dit, et cela est très vraisemblable, que la déconvenue éprouvée résultait en grande partie d'évaluations mal faites. On aurait calculé les produits de la loi, au moment des discussions de 1880, en prenant pour base une évaluation à 5 p. 100, qu'il avait été question d'imposer comme mode unique de détermination du revenu. Puis on aurait oublié de modifier ce calcul lorsque les deux autres modes de détermination du revenu furent admis, concurremment avec l'évaluation à 5 p. 100.

Mais, une autre explication de l'improductivité de la loi de 1880 fut exposée à la Chambre et au Sénat, lors de la discussion du budget de 1885 : cette explication mérite d'être rapportée, car c'est elle qui a inspiré la nouvelle loi du 29 décembre 1884. On se souvient qu'au lieu de désigner nettement les congrégations et associations religieuses, la loi de 1880 vise « les sociétés dans lesquelles les produits ne doivent pas être distribués en tout ou en partie entre leurs membres ». Cette formule donnait aux congrégations et associations religieuses le moyen de se soustraire, par certaines combinaisons de leurs statuts, aux atteintes de la loi.

« Lorsque l'État a voulu, en vertu de la nouvelle loi, percevoir l'impôt, lorsqu'il a demandé aux congrégations religieuses le paiement de l'impôt de 3 p. 100 sur le revenu des sociétés, les congrégations ont répondu : « Pardon, nous ne sommes pas des sociétés dont les produits ne doivent pas être distribués ; et en effet, voici une délibération du conseil de notre ordre, aux termes de laquelle nos produits *pourront être distribués*.

« Très bien, a répondu l'agent du trésor, mais puisque vous êtes une société dont les produits peuvent être distribués, vous tombez sous le coup de la loi de 1872, et vous allez payer l'impôt de 3 p. 100 sur votre revenu.

« Du tout, ont répliqué les congrégations ; nous sommes bien une société dont les produits peuvent être distribués ; par conséquent nous échappons à la rédaction proposée par le Sénat. D'autre part la loi de 1872 exige

une distribution effective et effectuée des revenus ; or,
il est vrai que nous sommes autorisés à distribuer des
revenus, mais aucune distribution n'a été effectuée ;
nous n'avons donc rien à payer ».

Et le rapporteur général de la loi de 1884 devant la
Chambre des députés, auquel nous empruntons ces paroles, en concluait que la loi de 1880 avait été « une
mystification (1) ».

Pénétrés du même sentiment, la Chambre et le Sénat
ont adopté une disposition législative destinée à rendre
impossible désormais de telles combinaisons. Pour atteindre sûrement les bénéfices des associations et congrégations religieuses, une double innovation a été introduite par l'art. 9 de la loi du 29 déc. 1884. On a
désigné nommément les sociétés, et on a établi une
nouvelle base pour la détermination de leur revenu.
Quelques additions de détail à la loi de 1880 complètent
l'œuvre législative de 1884.

113. — *Nouvelle formule adoptée en 1884. Criti-*
ques. — « Les impôts établis par les art. 3 et 4 de la loi
de finance du 28 déc. 1880 seront payés par toutes les
congrégations, communautés et associations religieuses
autorisées ou non autorisées, et par toutes les sociétés
ou associations désignées dans cette loi dont l'objet

---

(1) *J. off*. du 21 décembre 1884 (1re séance du 20 décembre) p. 2,992. Un
calcul analogue employé pour éviter le droit d'accroissement était si-
gnalé par le rapporteur. Cette partie du débat est en dehors de notre
sujet.

n'est pas de distribuer leurs revenus en tout ou en partie entre leurs membres (Art. 9 loi du 29 déc. 1884, 1ᵉʳ alinéa.).

L'instruction administrative n° 2,712, du 3 juin 1885 (*contrôleur*, année 1885, n° 17,093 — D. P. 1886. 5. 448), a développé le principe écrit dans cette disposition, en s'inspirant des travaux préparatoires.

« En ce qui concerne les congrégations religieuses, la modification apportée à la loi de 1880 fait désormais dépendre l'exigibilité de l'impôt, non plus du fait de la prohibition expresse ou tacite d'une répartition indivi-duelle des bénéfices, mais de la nature même de l'asso-ciation qui les réalise. Du moment qu'une association présente les caractères d'une communauté religieuse, elle est régie de plein droit par l'art. 9 de la loi du 29 décembre 1884, sans qu'il y ait à rechercher si elle a été ou non reconnue, si elle poursuit un but de spécu-lation, ou si elle se consacre à des œuvres de charité, de quelque nature qu'elles soient. Il importe peu égale-ment qu'elle ait adopté l'une des formes autorisées pour les sociétés commerciales, ou que ses statuts lui per-mettent de procéder à une distribution de ses produits. La généralité des termes employés par le législateur interdit toute distinction fondée sur le but, ou la forme de l'institution, ou sur la possibilité d'une distribu-tion ».

La nouvelle formule employée pour soumettre à la taxe les congrégations religieuses a soulevé les critiques suivantes. On a d'abord fait observer que la désignation formelle de ces sociétés constituait un fait nouveau et un précédent dangereux. La loi paraît assujettir à l'impôt « une catégorie de personnes et non plus une catégorie d'intérêts ». Elle serait à ce point de vue une loi d'exception (Discours de M. de Mackau à la Chambre. 1ʳᵉ séance du 21 déc. 1884, *J. off.* 1884, p. 2,990.) Les rapporteurs de la loi à la Chambre et au Sénat, le directeur général de l'enregistrement parlant comme commissaire du gouvernement, ont protesté contre la pensée d'établir pour ces sociétés un régime exceptionnel. On les désigne par leur nom, parce que l'expérience de la loi de 1880 a démontré que c'était le seul moyen de leur faire supporter une taxe que supportent toutes les sociétés. Mais l'impôt conservera néanmoins son caractèse d'impôt réel, frappant les biens et non les personnes.

Une seconde critique constitue un grief plus sérieux. Nous allons voir que la nouvelle base admise pour la détermination du revenu consiste dans l'évaluation à 5 p. 100 de la valeur brute des biens meubles et immeubles de ces sociétés. Mais, si la totalité des produits de ces biens est affectée au soulagement des pauvres, au traitement des malades dans les hospices, à l'entretien des orphelinats, en un mot à l'accomplissement des œuvres de bienfaisance auxquelles se consacrent entièrement certaines sociétés religieuses ou laïques, n'est-il pas choquant de diminuer par le prélèvement de l'impôt

les ressources de toutes ces œuvres de dévouement ?
La taxe, en pareil cas, ne peut-elle pas être qualifiée de
taxes sur les pauvres. (Même discours de M. de Mackau.
Discours de M. Batbie au Sénat. Séance du 27 dé-
cemb. 1884. *J. off.* 28 déc. 1884, p. 2,010.)

Ces considérations avaient inspiré à un sénateur
M. Clément, la pensée d'un amendement, destiné à restreindre la généralité des termes de la loi, et à excepter
de la taxe les établissements consacrés « aux malades,
aux infirmes, aux enfants et aux vieillards indigents ».

Le Sénat rejeta l'amendement. Il craignit sans doute,
avec son rapporteur, « que la disposition proposée fut
d'une application difficile, et donnât lieu à de nouvelles
tentatives pour faire échapper à l'impôt, sous prétexte
de soins donnés à des indigents, des Sociétés qui ont
déjà usé de tous les moyens pour s'y soustraire ».

Rien n'a été innové, en ce qui concerne les autres Sociétés qui n'ont pour objet de distribuer leurs produits.
Les conditions d'exigibilité de l'impôt sont les mêmes
que sous l'empire de la loi de 1880. Les Sociétés littéraires, scientifiques, les associations de secours mutuels,
restent donc soumises à la règle que nous avons étudiée
précédemment.

114. — *Nouvelle base de détermination du revenu.
Biens « possédés », Biens « occupés ». Sens de ces mots.*
— « Le revenu est déterminé à raison de 5 p. 100 de la
valeur brute des biens meubles et immeubles, *possédés*
ou *occupés* par les Sociétés, *à moins qu'un revenu supé-*

rieur ne soit constaté, et la taxe est acquittée sur la remise d'une déclaration détaillée faisant connaître distinctement la consistance et la valeur de ces biens. (Loi du 29 déc. 1884, art. 9, 2°).

On comprend quelle est la portée de cette innovation, qui est certainement la modification la plus importante apportée à la loi de 1880. Des trois modes de détermination du revenu établis en 1880, deux sont supprimés. La déclaration avec pièces justificatives à l'appui ne sera plus admise. On ne consultera plus les délibérations des actionnaires ni des conseils d'administration, même quand il y en aura. On calculera dans tous les cas le revenu à 5 p. 100. C'est un *minimum légal* d'après les propres expressions du rapporteur de la loi au Sénat. Si le revenu est inférieur, on le taxera quand même à 5 p. 100. S'il est supérieur, l'administration a le droit de l'établir, pour le taxer d'après la réalité, en sus de 5 p. 100.

Avant d'examiner les critiques soulevées par ce système rigoureux, précisons quelques-unes des expressions de la loi. Remarquons d'abord qu'on fera le calcul sur le revenu *brut* sans avoir égard au passif, sans déduction d'aucune dette de la société.

On fera entrer en compte tous les biens meubles ou immeubles *possédés* ou *occupés* par la société. L'instruction n° 2712 précise en ces termes le sens des mots *possédés* ou *occupés*. « Les biens détenus par les communautés religieuses, et qu'elles appliquent à l'œuvre en vue de laquelle elles ont été instituées, sont de deux sortes :

les uns sont leur propriété personnelle ; les autres appartiennent à des personnes étrangères à la communauté, ou à quelques-uns de ses membres, qui lui en ont abandonné la jouissance à titre gratuit ou à titre onéreux. Ces deux classes de biens étant une source de produits pour les congrégations, et contribuant toutes les deux au développement de leur patrimoine, il a paru rationnel de les faire concourir indistinctement à l'établissement du forfait. C'est la pensée qu'a exprimée le législateur, en disposant que l'évaluation à 5 p. 100 sera basée sur la valeur des meubles ou des immeubles possédés ou occupés par les sociétés.

« Les biens *possédés* sont donc ceux dont la propriété ou l'un de ses démembrements appartient personnellement à l'association. Ils embrassent tous les biens sur lesquels les sociétés ont un droit de propriété, d'usufruit, d'usage, d'habitation, ou même d'emphythéose (Inst. n° 2,712).

« Les biens *occupés* par la congrégation, dans le sens juridique du mot, sont ceux sur lesquels elle exerce un droit de jouissance personnelle, soit par elle-même, soit par les membres qui la composent, ou par les sociétés civiles formées entre eux. Les dispositions de la loi sont générales, elles comprennent les occupations gratuites comme les occupations à titre onéreux. La seule condition requise pour l'application de l'art. 9 de la loi, c'est que la congrégation exerce sur la chose un droit de détention personnelle, lui conférant la faculté de s'en approprier les utilités

juridiques » (Inst. n° 2,712). Ces biens possédés, ou occupés par les sociétés, et qui doivent servir de base à la
détermination du revenu, comment les connaîtra-t-on?

Le par. 2 de l'art. 9 de la loi de 1884 répond à cette
question : la taxe sera acquittée « sur la remise d'une
déclaration *détaillée*, faisant connaître distinctement la
consistance et la valeur des biens ».

La déclaration doit être détaillée pour permettre à
l'administration d'exercer son droit de contrôle. « Les
meubles et objets mobiliers, dit l'instruction n° 2,712,
doivent être déclarés et estimés article par article, ou
tout au moins par catégories comprenant des objets de
la même espèce. Quant aux immeubles, il est nécessaire qu'ils soient désignés séparément, et que la déclaration fasse connaître, pour chacun d'eux, le nom
particulier sous lequel l'immeuble est connu, sa consistance, la commune dans laquelle il est situé, et enfin
son évaluation ».

115. — *Pensée qui a inspiré cette seconde innovation.*
— Maintenant que nous connaissons toute la portée
de l'innovation relative à la détermination du revenu, il
nous reste à apprécier cette innovation.

Tout d'abord, il est facile de comprendre dans quel
but eut lieu la suppression des deux autres bases de détermination. On voulait rendre la loi efficace et produc-
tive; on tenait, avant tout, à éviter pour l'avenir les
déconvenues éprouvées dans l'application de la loi
de 1880.

Il importait de supprimer deux modes de détermination du revenu, qui empêchaient d'atteindre ce but. « Comment voulez-vous, disait le rapporteur dans la discussion qui se produisit au Sénat, conserver vis-à-vis de ces sociétés le système des délibérations distribuant des bénéfices? Puisqu'elles ne doivent pas en distribuer, il n'y aura jamais de ces délibérations, n'est-ce pas? C'est donc une puérilité de laisser cette faculté dans la loi, ou, si ce n'est pas une puérilité, c'est un moyen de permettre la fraude ». Parlant ensuite de la déclation des produits, avec pièces justificatives, le rapporteur reconnaissait que de telles déclarations sont admissibles quand il s'agit de sociétés civiles et commerciales, parce qu'il y a des nécessités de comptabilité qui sont absolument indispensables pour faire fonctionner ces sociétés, et qu'on a ainsi les éléments des pièces justificatives. Mais, en ce qui concerne les congrégations « les produits n'apparaissent pas; ils ne se manifestent que dans leurs agissements intérieurs, et nous sommes éclairés sur la manière dont elles s'y prennent pour faire fraude au fisc » (1). Le système de la déclaration étant écarté comme celui des délibérations, il ne restait plus que le calcul des produits sur le 5 p. 100 des biens possédés ou occupés par les congrégations. L'adoption de ce mode unique de détermination du revenu fut inspirée, d'après les explications qui précèdent, non

_____

(1) Discussion au Sénat, 1re séance du 27 décembre, *J. off*. 28 décembre 1884, p. 2,013.

par la pensée de soumettre les congrégations à un
régime d'exception, mais par la ferme volonté de les
astreindre au droit commun des sociétés. Pour atteindre ce but, il fallait tenir compte de la nature particulière des associations et congrégations religieuses, et
se résoudre à employer des procédés imposés par la
force des choses.

116. — *Objections et critiques.* — *Évaluation majorée du revenu.* — *Évaluation sans distraction des
charges.* — L'organisation de ce mode de détermination
du revenu a soulevé les plus vives critiques. Nous les
trouvons exposées dans le discours fort remarquable
prononcé par M. Batbie au Sénat, dans la séance du
27 déc. 1884 (*J. off.* 1884, p. 2,010 et 2,015). Pour obtenir le revenu imposable des congrégations, il faut, on
s'en souvient, calculer la valeur brute des biens meubles
ou immeubles possédés ou occupés par ces sociétés.
Puis, l'on prendra 5 p. 100 du total ainsi obtenu, à
moins qu'on ne puisse arriver à la constatation d'un revenu supérieur. Voici le triple résultat auquel semble
aboutir cette règle : 1° On attribue aux congrégations un
revenu bien supérieur au revenu réel, ce qui fait porter
une partie de l'impôt sur le capital ; 2° On ne tient pas
compte de leurs charges pour diminuer l'impôt, au contraire ces charges sont considérées, en certains cas,
comme un élément de richesse et une source de revenu ;
3° Les sociétés visées par les lois de 1880 et 1884 se
trouvent dans cette situation déplorable : on peut établir

que leur revenu dépasse 5 p. 100 afin d'augmenter leur taxe ; mais elles ne peuvent faire la preuve d'un revenu moindre pour obtenir la diminution de l'impôt. Et ce qui aggrave cette situation, c'est que les autres sociétés subissent un régime beaucoup plus acceptable.

Arrêtons-nous un instant sur chacune de ces critiques, qui, s'il faut les admettre, font de la loi de 1884 une œuvre d'exception, et une mesure contraire au système de la législation inaugurée en 1872.

Il est certain qu'il n'y a pas d'immeubles qui rapportent 5 p. 100. Un très petit nombre de biens meubles ont un revenu aussi élevé, du moins si l'on considère ceux qui constituent un placement sérieux. Partant de ces prémisses, M. Batbie arrivait à la conclusion suivante : « Vous grevez une société d'après son revenu, mais vous estimez ce revenu au delà de sa valeur, vous l'estimez en vertu d'une présomption forcée : il est clair que c'est le capital de cette société qui payera pour la part excédant le revenu réel ». Et cette part doit être considérable dans le système de la loi de 1884 qui établit l'impôt sur la base des biens *possédés* ou *occupés*. « Vous dites : les locaux occupés, sans dire s'ils le sont à titre gratuit ou à titre onéreux. De telle sorte que si une société prend à loyer, comme le ferait un particulier, si elle loue un local qu'elle paie, elle sera encore taxée pour l'appartement loué ! » — Il existe, ajoutait l'orateur, une loi fort attaquée, fort critiquée, aux termes de laquelle les droits payés sur une succession, sont perçus sans distraction des charges. « Vous allez faire mieux. Non seulement d'après votre loi, il ne faudra pas distraire les charges, mais il faudra ajouter les charges au revenu (1) ! »

A cette double critique : évaluation majorée du revenu, et évaluation sans déduction des charges, il fut répondu par des considérations de fait et des considérations de droit.

En fait, le mode de détermination du revenu, admis par la loi de 1884, a pour résultat d'atteindre le revenu réel, et rien au delà. C'est ce qui résulte des explications fournies à la Chambres des députés par le directeur général de l'enregistrement, lorsqu'il prit la parole comme commissaire du gouvernement.

« Les produits de l'association, en matière de société, ne se composent pas seulement du revenu des immeubles, mais de toutes les sommes qui lui reviennent par un moyen quelconque. Ils se composent aussi de toutes les sommes que la société reçoit à titre gratuit. Cette question est absolument décidée par la jurisprudence... « Nous avons certains moyens de connaître par approximation les revenus de toute nature des congrégations. Nous savons par exemple ce que les congrégations obtiennent par les dons et legs. Nous savons ce qu'elles reçoivent comme revenus de leurs biens. Nous avons un certain nombre d'éléments d'instruction qui nous

____

(1) Discussion au Sénat, 1re séance du 27 décembre 1884, *J. off.* 1884, p. 2,010.

permettent d'arriver à peu près au chiffre de 35 millions de revenus pour la totalité des congrégations religieuses en France, en y comprenant, bien entendu, comme ils le seraient dans une société ordinaire, le produit des dons gratuits, des subventions de toute nature qu'elles reçoivent.

« Si vous voulez bien rapprocher le total des biens possédés par les congrégations — je ne parle que des immeubles et je laisse de côté les meubles que nous sacrifions pour l'instant nous arrivons précisément, à raison de 5 p. 100, sur 700 millions (valeur des immeubles des congrégations d'après l'orateur) à un chiffre de 35 millions qui représente ce que nous avons déterminé par un autre procédé, c'est-à-dire le revenu réel des congrégations religieuses (1) ».

Une considération de fait a encore été invoquée pour justifier la taxation d'après les locaux occupés. Ces locaux occupés, d'après les renseignements fournis par l'administration, seraient presque toujours non pas des locaux loués par les congrégations, mais « des locaux dont elles sont propriétaires, mais dont, pour échapper aux fisc ou à des mesures de police, elles ont fait passer fictivement la propriété sur la tête d'un tiers (2) ».

S'il arrive d'ailleurs qu'en certains cas l'impôt sur le revenu ne peut être recouvré sans prélèvement sur le

---

(1) Discours de M. Boulanger, Directeur général de l'Enregistrement, commissaire du gouvernement, à la Chambre des députés ; 1re séance du 20 décembre 1884, *J. off.* 1884, p. 2,995.

(2) Discours du rapporteur général au Sénat, 1re séance du 27 décembre 1884, *J. off.* 1884, p. 2,014.

capital de telle congrégation, ou de telle société, ce résultat, sans doute regrettable, ne suffit pas à faire condamner la loi de 1884. Il est la conséquence inévitable de notre système d'impôts, qui, au lieu de rechercher le revenu réel pour le soumettre à la taxe, prend pour base une présomption et atteint la richesse dans ses signes apparents. La présomption ne sera pas toujours d'accord avec la réalité, mais cet inconvénient qui peut se produire à propos de la plupart de nos impôts, notamment de l'impôt des patentes, et aussi de l'impôt sur le revenu des valeurs mobilières dans certaines hypothèses (1), cet inconvénient est compensé par un précieux avantage : on évite toute déclaration forcée, toute recherche inquisitoriale.

117. — « *Minimum légal* » ou « *revenu obligatoire* ». — Seulement — et ceci nous amène à examiner la troisième critique formulée contre le mode de détermination du revenu admis en 1884 — cet avantage existe-t-il lorsqu'il s'agit des associations et congrégations religieuses, ou des autres sociétés qui ne doivent pas distribuer de revenu ! Évidemment non, puisqu'il est permis à l'administration d'établir que ces sociétés ont un revenu supérieur aux 5 p. 100 prévus par la loi. Un amendement de M. de Marcère ayant pour but d'empêcher cette constatation, et de supprimer les mots « à moins qu'un revenu supérieur ne soit constaté » fut repoussé par le Sénat (2).

(1) Voy. ci-dessus n°s 61 et suiv.
(2) Deuxième séance du 27 décembre 1884, *J. off*. 1884, p. 2,025.

Cette assemblée fut sans doute amenée à ce vote par le désir de taxer d'après leur revenu réel, ordinairement supérieur à 5 pour 100, les congrégations religieuses « *qui font le commerce* ». Ces congrégations sont d'ailleurs les seules à l'égard desquelles la constatation du revenu réel puisse être faite. Seules en effet « en raison précisément des nécessités commerciales, elles sont obligées d'avoir des livres, une comptabilité sur lesquels la constatation peut avoir lieu ; les autres, s'administrant intérieurement, et n'ayant pas avec les tiers de relations commerciales, ne sont obligées à aucune comptabilité, et par conséquent il ne sera jamais possible de leur prouver que leur revenu est supérieur à 5 p. 100 de leur capital » (1).

Ces explications peuvent nous révéler la pensée du législateur, mais elles n'atténuent en rien la singularité du résultat auquel on aboutit dans le système de la loi de 1884. A ces sociétés qui font le commerce, on commence par demander quels sont leurs revenus réels, on inspecte leur comptabilité, on compulse leurs livres pour établir ces revenus, et s'il résulte de cet examen qu'elles sont en perte ou qu'au moins leurs revenus sont inférieurs, on les impose cependant en vertu de la présomption de la loi, au 5 pour 100 de leur capital ! Ce cinq pour cent constitue, d'après les expressions mêmes du rapporteur de la loi au Sénat, un *minimum légal*, un *revenu*

______

(1) Discours précité du rapporteur général au Sénat, 1re séance du 27 décembre 1884, *J. off.* 1884, p. 2,014.

de droit. C'est « le *revenu obligatoire* », même quand
on ne l'a pas, ainsi que le constatait M. Batbie (1). A
l'égard des congrégations religieuses et des autres sociétés atteintes par les lois de 1880 et 1884 on réunit
donc en un seul les deux systèmes opposés que la science
économique met à la disposition du législateur pour
atteindre la richesse imposable : on combine la recherche dans les livres, avec la présomption légale. On
supprime l'avantage qui détermine habituellement le
législateur à adopter l'évaluation à forfait du revenu imposable.

Et qu'on le remarque bien, les congrégations religieuses et les sociétés qui ne distribuent pas de revenus
sont seules dans cette situation. Pour les sociétés qui
distribuent des revenus à leurs membres, la loi consacre
deux modes d'établir le revenu, la délibération du conseil d'administration, et subsidiairement un forfait à
5 pour 100, qui, lorsqu'il lie les sociétés vis-à-vis de
l'administration, lie également celle-ci vis-à-vis des
sociétés. Bien plus, ce forfait cesse de s'imposer lorsqu'une société de cette catégorie veut établir qu'elle n'a
fait aucun bénéfice. L'improductivité ôte toute raison
d'être à la taxe. C'est du moins la théorie que nous avons
soutenue, et qui prévaut devant la Cour de cassation (2).
On pouvait expliquer la situation exceptionnelle faite
aux sociétés que régissent les lois de 1880 et 1884 par

(1) Discours cité, p. 2,011 et 2,015.

(2) Voir ci-dessus, n° 66 et suiv.

des considérations tirées de la nature même de ces sociétés et par leur organisation toute spéciale. Le danger des biens de mainmorte, l'intérêt social qu'il y a à empêcher l'enrichissement indéfini de certaines associations, voilà des arguments sérieux qui pouvaient servir à justifier certaines mesures énergiques, certaines dérogations au droit commun. Mais, il est impossible d'admettre, malgré les déclarations plusieurs fois réitérées devant la Chambre et le Sénat, qu'on se soit borné en 1884 à étendre aux congrégations et aux sociétés assimilées, le régime des autres sociétés, et à faire peser l'impôt sur elles comme il pèse sur les autres contribuables (1).

118. — *Moyens de vérification.* — Les deux derniers paragraphes de la loi du 29 décembre 1884 sont ainsi conçus :

« Ces sociétés seront assujetties *aux vérifications autorisées par l'art. 7 de la loi du 21 juin* 1875.

« Sont maintenues toutes dispositions de la loi du

---

(1) Le rapporteur général au Sénat parut comprendre un instant la faiblesse de ces assertions. « D'ailleurs, *si ce n'est point l'égalité*, permettez-moi de vous dire qu'il n'y aurait pas trop lieu de s'en étonner, parce que la situation des congrégations religieuses est, — je parle toujours au point de vue fiscal et financier, — une situation particulière, spéciale. Nous sommes en face de congrégations qui ont, manifestement, dans des statuts, modifié, altéré la vérité sur le caractère même de l'association qu'elles constituent. » *J. off.* du 28 décembre 1884 (1re séance du 27 décembre), p. 2,013. — Nous pensons qu'il eut mieux valu chercher des arguments analogues, même en dehors du point de vue « fiscal et financier » plutôt que de présenter, comme une extension du droit commun, une disposition qui y déroge manifestement.

28 décembre 1880, qui n'ont rien de contraire à la présente loi. »

Nous ne ferons, sur ces deux derniers paragraphes, qu'une simple observation. La référence expresse à l'art. 7 de la loi du 21 juin 1875 a pour but de faire cesser les contestations qui s'étaient élevées au sujet du droit de communication, lorsque l'administration s'était avisée d'exercer ce droit, en vue de l'application de la loi de 1880 (1).

Il est désormais certain que l'administration peut procéder aux vérifications autorisées par la loi de 1875, soit au siège des sociétés, soit dans les succursales, et exercer le droit d'investigation tant au point de vue de la loi du 29 décembre 1884 que pour l'enregistrement ou le timbre. La formule du paragraphe que nous venons de reproduire ne laisse aucun doute à cet égard (Instr. gén. du 3 juin 1885, *Contrôleur*, 1885, n° 17,093).

Nous nous sommes suffisamment étendu sur les critiques soulevées par ce droit d'investigation ; nous n'insisterons pas davantage.

---

(1) Voir notamment le discours de M. de Mackau à la Chambre des députés, et la réponse du directeur de l'enregistrement, *J. off.* 1884 (1re séance du 21 décembre), p. 2,992.

CHAPITRE VIII.

119. — Plan. Division.

119. — *Plan. Division.* — Nous connaissons la loi du 29 juin 1872 et son interprétation par la jurisprudence. Nous avons examiné également les autres lois et les décrets rendus à la suite de la loi du 29 juin 1872, dispositions dont l'ensemble constitue la législation française de *l'impôt sur le revenu des valeurs mobilières.* Cependant, nous ne possédons pas encore tous les éléments nécessaires pour porter un jugement tant sur le principe même de cet impôt que sur l'ensemble de son organisation.

Plusieurs législations étrangères ont soumis à l'impôt, par diverses combinaisons, les revenus des valeurs mobilières. Il nous paraît indispensable de donner, sur ces législations, quelques indications sommaires. Nous y trouverons les éléments d'intéressantes comparaisons.

D'autre part, l'impôt sur le revenu des valeurs mobilières est, comme nous l'avons vu, un impôt direct. Nous devons préciser, dans ses caractères essentiels, le système général des impôts directs français, afin de nous demander quelle place occupe dans ce système le nouvel impôt introduit par la loi du 29 juin 1872.

Ces modifications nous permettront de mieux saisir la portée de certaines critiques suscitées par notre impôt, et de certaines réformes à l'ordre du jour dont l'adoption aurait un contre-coup sur les questions qui font l'objet cette étude.

Nous diviserons ce chapitre en cinq sections :

Section   I. — Législation comparée.

— II. — Système général des impôts directs français. La loi du 29 juin 1872.

— III. — Critiques adressées à l'impôt sur le revenu des valeurs mobilières.

— IV. — Projets de réformes. Résultats de l'impôt sur le revenu des valeurs mobilières. Statistique. Conclusions.

SECTION I

LÉGISLATION COMPARÉE.

120. — Plan.

120. — *Plan.* — Parmi les législations étrangères qui ont mis en pratique un système d'impôts destiné à atteindre les revenus des valeurs mobilières, nous choisirons, à titre d'exemple, celles qui présentent les types d'organisation les plus remarquables : l'Angleterre, l'Italie, la Prusse, la Suisse. Sans nous étendre sur les détails pratiques, nous essaierons de dégager la formule générale des systèmes adoptés par ces législations.

§ I.

L'income-tax en Angleterre (1).

121. — Historique.

122. — Caractères de l'income-tax.

123. — Division en cédules. Avantages.

124. — Fonctionnement des cédules.

125. — Critiques. Injustice d'un taux uniforme.

126. — Critiques (suite). La déclaration et ses inconvénients. Conclusion.

121. — *Historique.* — L'Angleterre est dotée d'un système de taxes sur les sources du revenu. Ces sources ont été classées dans cinq cédules qui ont souvent servi de type aux projets de réformes présentés dans ces matières soit en France, soit dans les autres pays. On peut dire que l'Angleterre possède un faisceau de cinq impôts directs, sur les cinq sources de revenus : ce faisceau porte le nom d'*income-tax*.

Établi pour la première fois en 1798 par Pitt, pour soutenir les frais de la guerre contre la France, l'*income-tax* se présenta alors sous la forme d'un impôt général sur le revenu, assis par un jury d'équité suivant sa conscience. On avait généralisé en un impôt plus productif les taxes spéciales directes qui existaient antérieurement. Ses résultats peu satisfaisants le firent abolir à la paix d'Amiens.

____

(1) Sur l'*income-tax*, voir MM. Joseph Chailley : *L'impôt sur le revenu* p. 87 et suiv. — Léon Say : *Solutions démocratiques de la question des impôts*, p. 69 et suiv. — Y. Guyot : Rapport à la Chambre des députés, annexe n° 1,130, *L'impôt sur le revenu*, p. 66, 79, 198.

Il fut réorganisé par Addington en 1803 sur des bases analogues à celles qu'il possède actuellement. Aboli de nouveau en 1816 il laissa un arriéré de plus de 400 millions. Son impopularité était telle qu'on en brûla solennellement les registres.

A partir de 1816, pendant 25 ans, on n'entendit plus parler de l'*income-tax*. Les recettes qu'on retirait de cet impôt avant son abolition furent remplacées par le paiement d'impôts indirects de consommation ou d'impôts sur les actes : ces sortes d'impôts formèrent presque à eux seuls tout le système financier de l'Angleterre (1). Vers 1840 l'Angleterre traversa une des crises économiques les plus graves que ce pays ait jamais subies. Il parut impossible d'élever le tarif des impôts indirects ou de trouver une nouvelle matière imposable. C'est pourquoi Robert Peel, malgré le mauvais souvenir laissé par l'*income-tax*, et malgré son aversion personnelle pour cet impôt, dut en proposer le rétablissement.

Admis en 1842 pour trois ans, l'*income-tax* fut prorogé en 1845 et en 1848. M. Gladstone, en 1853, le fit proroger jusqu'en 1860. Depuis, il a été prorogé d'année en année d'une manière permanente.

122. — *Caractères de l'income-tax.* — Les hommes d'État qui ont fait établir ou proroger l'*income-tax* jusqu'à ce jour, Pitt, Addington, Robert Peel, Gladstone, lui ont tous conservé le même caractère. Le principe a été et est resté celui d'une taxation égale pour les

____

(1) Léon Say : *Solutions démocratiques*, t. II, p. 82 et suiv.

différentes sources de revenus, sans se préoccuper de la nature du revenu ou des personnes qui en jouissent. La fixation du taux se fait de la manière suivante : « on prélève un ou plusieurs deniers par livre sterling de matière imposable (1).

L'*income-tax* est un impôt complémentaire. Il procure à l'État un supplément de ressources qui varie suivant les circonstances ; son élasticité rend ces variations faciles : il est entré jusqu'à ce jour dans les ressources générales de l'État pour une part qui a varié entre un dixième et un septième.

C'est en outre un impôt compensateur. Il fournit une compensation aux charges des impôts indirects de consommation qui pèsent surtout sur les classes les moins aisées ; les petits revenus en sont exempts. Dans l'enquête de 1851 sur l'*income-tax*, Stuart Mill disait : « Les petites fortunes concourent à la formation des recettes publiques pour une quote-part disproportionnée et excessive. L'*income-tax* doit rétablir l'équilibre ».

123. — *Division en cédules. Avantages.* — Nous avons dit que les sources du revenu étaient toutes comprises dans cinq cédules. Voici la composition de ces cédules.

A. Revenus fonciers dont la source est dans la propriété du sol (*lands and tenements*).

(1) Le taux le plus haut depuis 1842 a été celui de 1857, un shilling et 4 pence soit 6 fr. 66 p. 100. Pour 1885-86 le taux a été de 8 pence, soit 3 fr. 33 p. 100 du revenu imposable.

B. Revenus des fermiers, ayant sa source dans la possession d'un bail (*fermages*).

C. Revenus provenant de fonds publics (*annuities*).

D. Bénéfices industriels et commerciaux, revenus des valeurs mobilières (*trades, professions, etc.*)

E. Traitements publics et privés et pensions publiques (*public offices, pensions*).

L'établissement des cinq cédules a permis d'obtenir les avantages suivants : « L'impôt n'est plus assis sur l'ensemble du revenu du contribuable, de quelque source diverse que ce revenu provienne; le droit actuel est établi *à la source,* saisissant le revenu entre les mains de la première personne qui le recueille, et laissant l'impôt se répercuter à travers les canaux naturels jusque dans les mains de la personne qui profite du revenu. Au lieu de s'adresser au propriétaire terrien, et aux différentes personnes qui peuvent avoir des droits sur la terre, l'impôt s'adresse à l'occupant, au fermier. Au lieu de s'adresser au créancier, il va droit au débiteur qui paie les intérêts de la créance (1) ». De même les sociétés retiennent aux associés sur les revenus distribués les sommes payées à l'État pour le service de l'impôt. Lorsqu'il s'agit de la rente sur l'État, le Trésor retient le droit. Lorsqu'il s'agit des traitements des fonctionnaires et employés, l'impôt est prélevé par l'État, les administrations

---

(1) Extrait d'une note de l'administration de *l'impôt sur le revenu* de 1803. Léon Say : *op. cit.* p. 76. — Voy. aussi Joseph Chailley : *Impôt sur le revenu*, p. 140.

ou les patrons. Le revenu est atteint à la source. La perception est facilitée, et l'investigation des pouvoirs publics dans les transactions privées est moins gênante que dans tout autre système.

124. — *Fonctionnement des cédules.* — Voici maintenant quelques détails sur le fonctionnement de chaque cédule.

La cédule A joue le rôle d'un impôt foncier de quotité (1). Des assesseurs locaux, secondant les commissaires de l'*income-tax*, envoient aux fermiers et aux autres personnes qui occupent la terre des formules de déclaration, qui devront indiquer à quel titre ces personnes détiennent le sol. Le revenu à déclarer est déterminé par la valeur des baux des sept années précédant celle de l'évaluation, et à défaut, par la valeur locative présumée. On fait certaines déductions, notamment celle de l'ancienne *land tax* si la terre y est soumise.

La cédule B atteint le revenu des fermiers par voie de *présomption légale*. C'est une exception au principe d'après lequel l'*income-tax* s'attache directement au revenu. Le revenu est estimé en tenant compte des loyers payés aux propriétaires. On le présume de la moitié du prix du bail s'il s'agit d'un fermier anglais, et du tiers s'il s'agit d'un fermier écossais ou irlandais. Un bulletin de déclaration est encore envoyé par l'assesseur local.

---

(1) Deux autres taxes ; la *house duty* et la *land tax* pèsent encore sur la propriété. Cette dernière taxe a été presque partout rachetée au commencement du siècle.

Ceux qui exploitent leur bien propre doivent d'ailleurs la taxe en vertu de cette cédule aussi bien que ceux qui exploitent le bien d'autrui. Les fermiers paient les deux taxes A et B, mais la taxe A leur est remboursée par le propriétaire.

La cédule C donne lieu à une taxation d'office, effectuée par ceux qui sont chargés du paiement des dividendes et intérêts des fonds publics. La perception de la taxe a lieu par voie de retenue. La déclaration est donc inutile ici. Constatons en passant que l'Angleterre n'a pas été arrêtée par les scrupules qui ont empêché la France d'imposer le revenu de la rente. Nous examinerons plus loin le fondement de l'immunité accordée à nos fonds publics. La question se pose à peu près dans les mêmes termes qu'elle s'est posée chez nos voisins.

La cédule D est celle qui a donné lieu aux attaques les plus vives. Cette cédule destinée à atteindre les revenus industriels et commerciaux, n'équivaut pas seulement à nos patentes. Elle se divise en cinq cases (1) :

I. Profits du commerce et de l'industrie.

II. Revenus professionnels non compris dans une autre cédule.

III. Profits d'une valeur annuelle incertaine.

IV et V. Revenus venant du dehors.

VI. Profits et gains n'étant chargés dans aucune autre cédule.

(1) Y. Guyot : *loc. cit.*, p. 68.

C'est dans cette cédule que sont compris les revenus des valeurs mobilières qui subiraient en France la taxe établie par la loi du 29 juin 1872. Le fonctionnement est à peu près semblable à celui de notre impôt sur le revenu des valeurs mobilières. La détermination du revenu imposable ne se fait pas d'après un mode uniforme. Tantôt, on se règle sur les bénéfices réalisés dans l'année courante. Tantôt, on prend pour base les profits de l'année écoulée (chemins de fer, carrières, forges, etc.). Lorsqu'il s'agit de mines, on considère la moyenne des cinq dernières années. Mais ordinairement, c'est la moyenne des bénéfices réalisés pendant les trois années précédant celle de l'évaluation qui doit servir de base à la déclaration du commerçant, et c'est la moyenne des gains et des émoluments dans la même période qu'il faut considérer quand il s'agit de professions, d'emplois et métiers.

Des déductions sont permises : 1° pour les réparations aux locaux industriels, les achats ou réparations d'instruments, outils ou matières employées ; 2° les créances irrécouvrables (mais non les créances douteuses) ; 3° la diminution de valeur résultant de l'usure des machines. On peut s'abonner à la taxe pour une durée de trois ans, sous certaines conditions.

Pour cette cédule, la déclaration à l'aide de bulletins envoyés aux commerçants et aux industriels est encore le procédé habituel. Mais si ces contribuables tiennent à cacher le chiffre de leurs affaires à leurs concurrents qui entrent dans les commissions locales, ils peuvent adresser leur déclaration sous pli cacheté au directeur général de l'*income-tax* qui la fait examiner et contrôler par des commissaires spéciaux étrangers à la localité des déclarants.

Enfin, dans la cédule E, le revenu est déterminé par le montant du revenu de l'année précédente, ou par la moyenne des trois années précédentes. Le trésor et les autorités compétentes retiennent la taxe sur le traitement des fonctionnaires et des pensionnés.

Une règle commune à toutes les cédules est l'exemption totale de la taxe pour tous les revenus qui n'atteignent par un chiffre déterminé par la loi. Ce chiffre, qui a varié suivant les besoins du trésor, est aujourd'hui de 150 livres (3,750 fr.) Il y a en outre une déduction de 120 livres (3,000 fr.) sur les revenus inférieurs à 400 livres (10,000 fr.) Cette déduction et cette exemption d'une part, l'uniformité du taux de la taxe d'autre part, voilà les seuls liens qui rassemblent en un faisceau les différents impôts constitués par les cédules de l'*income-tax*.

En résumé, l'Angleterre possède un système général d'impôts sur les différentes sources de revenus. Les valeurs mobilières sont comprises dans ce système ; ce n'est pas une loi spéciale comme en France qui a soumis leurs revenus à la taxe. L'impôt anglais atteint tous les revenus mobiliers, même ceux qui jouissent en France de l'immunité, c'est-à-dire les revenus des fonds publics, les revenus des créances de toute nature, et les revenus constitués par des traitements et des honoraires. Il n'y a d'exemption qu'en faveur des revenus inférieurs à un taux déterminé.

125. — *Critiques. Injustice d'un taux uniforme.* — Quel jugement faut-il porter sur l'*income-tax*? On peut dire que ce système, très vanté à l'étranger, a été difficilement supporté par les Anglais. On lui adresse de nombreuses critiques : les deux principales ont été soulevées à propos de la cédule D.

Nous avons vu qu'une taxe uniforme a été perçue jusqu'à ce jour sur les différents revenus. Or le principe de l'égalité proportionnelle dans la taxation des différents revenus est-il bien conforme à la justice? Ne convient-il pas de distinguer entre certains revenus qu'on peut appeler revenus *spontanés*, et d'autres revenus que l'on qualifiera de revenus *industriels ?* Les premiers sont ceux que recueille le propriétaire, indépendamment de son propre travail ; ils sont le fruit du capital placé et naissent sans le concours du propriétaire qui peut employer ses talents, son travail et son temps comme il lui plaît. Ils n'ont aucun caractère précaire, ils sont permanents et certains. Les revenus *industriels*, au contraire, provenant, soit du commerce, soit de l'industrie, soit de l'exercice d'une profession, soit des appointements des fonctions, ne sont acquis qu'au prix d'efforts personnels, et absorbent toute l'activité de celui qui les recueille. Ils ont un caractère passager, ils sont

soumis à mille chances de pertes, et le travailleur doit
en épargner une partie, s'il veut assurer la sécurité de
ses vieux jours.

Ces considérations développées par Stuart Mill ont
reçu en 1861 l'adhésion d'hommes considérables comme
M. Hubbard, gouverneur de la banque d'Angleterre, et
le Docteur William Forr, directeur général de la statistique. Elles se sont traduites en projets de réforme tendant à traiter plus favorablement les revenus de la dernière catégorie. Un mouvement d'opinion s'est donc
manifesté pour imprimer à l'*income-tax* un caractère
plus personnel. Il resterait un impôt complémentaire,
mais il deviendrait de plus en plus compensateur.

126. — *Critiques (suite)*. *La déclaration et ses inconvénients. Conclusion.* — A côté de cette critique de principe, la cédule D a suscité de tout temps, par son organisation même, de vives protestations. Cette cédule
oblige les commerçants à déclarer leurs bénéfices. Mais
c'est souvent chose fort délicate pour le commerçant lui-
même que la constatation du bénéfice annuel. On sera
obligé de s'en remettre à sa bonne foi, si l'on ne veut
pas recourir aux procédés de la plus odieuse inquisition.
Dès lors l'*income-tax* devient, suivant le mot de Stuart
Mill, un *impôt sur la conscience* plutôt que sur le revenu.

Obligé de choisir entre sa conscience et ses intérêts,
le contribuable sera dans une situation pénible, et la
voix de la conscience ne sera pas toujours la plus forte.
« Par le fait de cet impôt, dit Mac-Culloch, une grande

immoralité s'est introduite dans les classes industrielles et commerciales : on y a pris l'habitude du mensonge et de la déloyauté ». En veut-on une preuve ? Voici l'aveu d'un fonctionnaire du service de l'*income-tax* : journellement des restitutions anonymes sont faites au Trésor. « Nous avons reçu récemment de cette façon 10,000 livres d'une seule personne à la fois (250,000 fr.) et en 1865 une autre personne nous avait restitué 13,000 livres (325,000 fr.), pour dissimulations de revenus ». De son côté, M. Leone Lévi écrivait en 1874 : « Tout récemment, par suite d'une démolition de maisons dans un district par le *Metropolitan Board of Works* les commissaires de l'*income-tax* découvrirent, d'après les demandes d'indemnités, que les revenus réels d'un grand nombre de personnes étaient de beaucoup supérieurs au montant déclaré, et commencèrent très à propos des poursuites contre elles. Tandis que leurs revenus déclarés s'élevaient ensemble à 73,000 livres, le total découvert fut 171,370 livres, montrant ainsi un excès de 97,728 livres, ou 130 p. 100. Et il n'y avait pas moins de 40 p. 100 de ces contribuables qui avaient déclaré de moindres revenus ».

Il serait facile de multiplier ces exemples. L'indiscrétion des procédés d'investigations est également un grand sujet de plainte. Le major Reed déclare que les commerçants trop taxés aiment mieux subir l'injustice de la taxation plutôt que de recourir à un appel qui révélerait leur situation. Si elle est prospère, cette révélation leur attirerait des concurrents. Si elle est mauvaise, elle ruinerait leur crédit: Et il cite des cas dans lesquels, pour maintenir ce crédit, des commerçants ont dû déclarer des bénéfices doubles de leurs bénéfices réels.

Que répondent les partisans de l'*income-tax* ? Peu de chose. Ils invoquent des arguments comme celui-ci, que nous trouvons dans un article du *Times* du 18 janvier 1873. La taxe est inquisitoriale c'est vrai, mais aux États-Unis on subit sans se plaindre une taxe bien plus inquisitoriale encore ! — Parmi les remèdes proposés, un seul paraît bien efficace. Il faut convenir que c'est un remède radical : il consiste dans la suppression pure et simple de la cédule D, demandée notamment par le professeur Leone Levi.

Malgré ces inconvénients, il faut avouer que l'opinion moyenne en Angleterre est favorable à l'*income-tax ;* cet impôt restera sans doute la pierre augulaire de l'édifice fiscal dans ce pays. En 1884-85 il a produit 12,192,465 livres (304,817,000 fr.) soit 14 p. 100 du total du budget anglais. En France nos taxes directes forment 15 p. 100 du total du budget (1).

§ II

L'impôt sur la richesse mobilière en Italie (2).

127. — Historique.

128. — Caractères et organisation de cet impôt. Cédules.

(1) Y. Guyot, *loc. cit.* p. 69.

(2) Joseph Chailley, *op. cit.* p. 218. — Léon Say, *op. cit.* t. II, p. 146. — Y. Guyot, Rapport cité, p. 101.

127. — *Historique*. — Cette nation a adopté en 1864 un système d'impôts analogue à l'*income-tax* et qui a pris le nom d'*impôt sur la richesse mobilière*. La pensée qui a inspiré le législateur italien a été surtout une pensée politique, au moins à l'origine. Il a espéré contribuer à l'unification du royaume, en réunissant en une seule les différentes taxes mobilières qui étaient perçues dans les anciens États d'Italie. L'esprit particulariste a d'ailleurs rendu difficile l'accomplissement de cette réforme. De 1863 à 1877 il a fallu remanier presque chaque année l'impôt sur la richesse mobilière. Quatorze lois successives, suivies chacune de décrets ou de règlements, sont un témoignage des tâtonnements par lesquels on a dû passer. La patience et la persévérance du législateur italien n'ont pas été rebutées par ces obstacles. La loi du 24 août 1877 présentée par M. Depretis fonctionne aujourd'hui d'une manière satisfaisante.

123. — *Caractère et organisation de cet impôt. Cédules*. — Comme en Angleterre, la division en cédules a été admise, mais cette division joue un rôle bien différent. Les revenus immobiliers ne figurent dans aucune cédule. Ils sont atteints par deux impôts fonciers. Un impôt de quotité frappe les habitations. Un impôt de répartition atteint la propriété immobilière. Ce dernier impôt établi sur un cadastre vient d'être réorganisé par une loi du 1er mars 1886. Cette loi a pour but d'en assurer la péréquation, qu'on avait eu la pensée d'obtenir, à un certain moment, par l'assujettissement des revenus fonciers à l'impôt sur le revenu, comme en Angleterre.

Les revenus mobiliers ne sont pas soumis à une taxe uniforme. Leur nature, leur origine, leur durée probable sont pris en considération, contrairement au système anglais. La taxe a donc un caractère beaucoup plus personnel : elle n'atteint pas d'une même manière les sources de produit, indépendamment de la jouissance qu'on en retire ; la situation du contribuable entre en compte pour fixer le taux du prélèvement à opérer sur ses revenus. L'impôt introduit dans un but politique, a donc pris par la suite un caractère économique. La composition et la taxation des cédules, qui sont au nombre de cinq, ont été inspirées par ces considérations.

La cédule A comprend les revenus fixes des rentes et des créances, ces revenus qui sont à la fois *spontanés et permanents*. Ils sont imposés à leur valeur intégrale. Les revenus des fonds publics sont soumis à l'impôt comme en Angleterre et sont rangés dans cette cédule.

La cédule B comprend les revenus *temporaires mixtes* à la formation desquels concourent à la fois le capital et le travail de l'homme (industrie, commerce). Ils paient la taxe sur les 6/8 de leur valeur.

La cédule C se trouve composée des revenus *simplement temporaires*, provenant du travail de l'homme sans intervention de capital (comme les revenus des professions libérales, des arts, des métiers) et certains autres revenus taxés aux 5/8 de leur valeur.

Dans la cédule D figurent les revenus constitués par des pensions, traitements, allocations accordées par l'État, les provinces et les communes. Ils sont taxés aux 4/8 de leur valeur.

On tient compte pour ces derniers revenus de la nécessité où se trouvent ceux qui en jouissent d'amortir pour se constituer un fonds d'épargne.

Enfin les revenus des colons partiaires ou métayers forment une catégorie à part. Ils sont évalués *par présomption*, parce qu'on n'a pas trouvé moyen de les atteindre directement. Ils sont soumis à 5 p. 100 du principal de l'impôt foncier payé par le propriétaire si cet impôt dépasse 50 livres. Autrement, ils profitent de l'exemption. Le système italien revient donc à ceci : le taux de l'impôt est le même pour tous les revenus, mais le revenu imposable n'est constitué en certains cas, que par une fraction du revenu total. On a voulu favoriser les revenus du travail et les revenus précaires. C'est la consécration légale des théories anglaises que nous avons examinées. L'impôt a ainsi un certain caractère progressif : on obtient le même résultat que par l'application d'un tarif variable, et gradué de façon à ménager les revenus les plus intéressants.

Établi en 1864 comme impôt de répartition dans le but de faciliter l'établissement des rôles, grâce au contrôle que les cointéressés exercent les uns sur les autres avec ce mode de taxation, l'impôt sur la richesse mobilière est aujourd'hui un impôt de quotité. Le recouvrement s'opère soit au moyen de rôles établis d'après la déclaration des contribuables, soit au moyen de retenues. Ce dernier mode est employé pour les traitements, les pensions et les rentes sur l'État.

Des immunités ou des modérations sont accordées aux revenus *taxés par voie de rôle*. Les revenus imposables des cédules B, C, D, ainsi taxés, qui ne dépassent pas une valeur de 400 lires (soit seuls, soit cumulés avec d'autres revenus mobiliers ou fonciers) sont exempts de l'impôt. Des modérations d'impôts pour les revenus peu élevés sont accordées par la loi, et calculées au moyen d'un mécanisme compliqué. — Recouvré *par voie de retenue*, l'impôt n'admet aucune exemption, sauf celle des 4/8 de la valeur imposable, accordée aux fonctionnaires et employés.

129. — *Conclusion*. — Par les détails de son organisation, l'impôt sur la richesse mobilière en Italie ressemble assez à l'*income-tax* anglais. C'est un impôt complémentaire. Il fournit au Trésor des ressources considérables. Le dernier budget des recettes ordinaires d'Italie s'est élevé à 1,365 millions. Les impôts directs (impôt foncier, impôt sur les bâtiments et impôt sur la richesse mobilière) y ont figuré pour 395,364,000 fr. et parmi ceux-ci, l'impôt sur la richesse mobilière pour 204,120,000 fr. Cet impôt direct a donc fourni environ 12 et demi p. 100 du budget total (1).

Mais le taux de l'impôt sur la richesse mobilière en Ita-

(1) Voici les chiffres indiqués par M. Y. Guyot, *Rapport*.

lic est beaucoup trop élevé. Les revenus les plus frappés
ne paient pas moins de 13.20 p. 100 ! Tout le monde est
d'accord pour trouver ce taux excessif et il faut s'attendre à le voir réduit à un chiffre plus raisonnable dès que
la situation financière du pays le permettra.

§ III.

L'impôt des classes et l'impôt sur le revenu en Prusse (1).

130. — Particularités de l'impôt sur le revenu dans les États
allemands.

131. — Historique de l'impôt sur le revenu en Prusse.

132. — Organisation actuelle. Projet d'impôt sur les produits
des capitaux.

133. — Commission de taxation.

134. — Conclusion.

13O. — *Particularités de l'impôt sur le revenu dans
les États allemands.* — L'impôt sur le revenu existe dans
les divers États d'Allemagne, mais il ne constitue pas un
impôt impérial (2). L'organisation n'est pas la même dans

cité, p. 101, pour l'année financière finissant le 30 juin 1886:
Total du budget des recettes ordinaires : 1,365 millions.

Impôt foncier	125 644 000 fr. »
Impôt sur les bâtiments	66 200 000 »
Impôt sur la richesse mobilière	204 120 000 »
Total des impôts directs :	395 964 000 »

(1) Léon Say : *op. cit.* t. II, p. 184. — Y. Guyot : *Rapport cité*, p. 84.

(2) Des impôts indirects constituent les ressources de l'empire, de même
qu'ils constituent les ressources de la confédération en Suisse et aux
États-Unis. Un impôt impérial sur le revenu est actuellement proposé en
Allemagne.

tous les États, mais on s'inspire des mêmes principes, et les différents systèmes ont un tel air de famille qu'il suffit d'en connaître un seul pour se faire une idée des autres.

Deux caractères principaux donnent aux systèmes allemands une physionomie particulière et les distinguent des impôts sur les revenus appliqués par les autres nations. Le principe dont on s'inspire, c'est qu'il faut tenir compte aussi exactement que possible de la situation personnelle du contribuable ; le procédé que l'on emploie pour déterminer la taxe qu'il devra subir, est l'estimation de son revenu par des commissions de taxation.

Ces deux particularités se rencontrent en Prusse. Une organisation spéciale des impôts directs permet de régler la charge de l'impôt suivant la situation personnelle de celui qui le paie. On connaît dans ce pays deux sortes d'impôts directs. Les uns qui ont un caractère *réel*, tels que l'impôt foncier, l'impôt sur les maisons, les patentes, sont en quelque sorte prélevés *sur le revenu brut*. Ils atteignent les produits à leur source, indépendamment des jouissances qu'ils procurent, sans tenir compte des charges, des engagements, des dettes de celui qui les recueille. Au contraire, une deuxième sorte d'impôt direct, tient compte de toutes ces circonstances : c'est l'impôt *personnel* sur le revenu, qui vient se superposer aux premiers impôts. Un commerçant ne peut connaître son revenu net qu'après avoir déduit toutes ses charges, des bénéfices qu'il a réalisés. La patente figure au nombre de ces charges et doit être défalquée avec elles. Le revenu net qui lui restera après ces déductions subira l'impôt personnel sur le revenu. Cette superposition de deux catégories d'impôts directs ne se rencontre pas en Angleterre ou en Itatie. Le revenu est atteint à sa source et si l'on tend à rendre l'impôt de plus en plus personnel, on cherche à atteindre ce but par les procédés que nous avons indiqués et qui n'ont rien de commun avec le système allemand.

131. — *Historique de l'impôt sur le revenu en Prusse.* — C'est en 1820 que furent jetées en Prusse les premières bases de l'impôt sur le revenu, pour réaliser des promesses de réformes égalitaires faites à la nation, au cours des guerres du commencement de ce siècle. On établit sous le nom d'impôt des classes (*Klassensteuer*) une sorte de capitation graduée. Les contribuables furent rangés dans quatre classes suivant leur condition sociale, révélée par des indices extérieurs comme l'état ou la profession ; chaque classe fut divisée en trois degrés. L'impôt des classes payé par famille ou par ménage était perçu au moyen de rôles dressés par des fonctionnaires : la catégorie la moins élevée payait 1/2 thaler (le thaler est de 3 fr. 75) ; la catégorie la plus élevée subissait une taxe de 144 thaler (environ 550 fr.). Ce dernier chiffre constituait une charge peu élevée pour les grandes fortunes. En outre, 321 villes avaient été soumises aux droits de *mouture* et d'*abattage*, sorte d'octroi sur le pain et sur la viande, et ces droits remplaçaient pour elles l'impôt des classes. Les riches qui ve-

naient habiter ces villes payaient encore moins que dans
les régions où l'impôt des classes les frappait : les pauvres
au contraire payaient davantage. Au lieu d'un demi
thaler, une famille de 4 ou 5 personnes pouvait subir
une charge s'élevant à 30 ou 35 fr.

Ces inconvénients suscitèrent un mouvement d'opinion
qui se traduisit par des projets de réforme, et qui aboutit à une sérieuse transformation du système en 1851.

L'impôt des classes fut conservé pour les revenus
inférieurs à 1,000 thalers (3,750 fr.), mais on remania
les classes et le taux de la capitation graduée qui varia
désormais entre 3 fr. 75 et 90 fr. — Au-dessus de
1,000 thalers, on établit l'*einkommen-steuer*, c'est-à-
dire l'impôt sur le revenu. Les contribuables furent distribués en trente classes et payèrent un impôt uniforme
d'environ 3 pour 100. Ils étaient placés dans chacune
des classes par une commission chargée d'estimer leurs
revenus; le système de la déclaration ne fut pas admis.
Tous les individus d'une même classe paient le même
impôt et l'on ne tient pas compte de leur condition sociale. Les impôts de mouture et d'abattage étaient main-
tenus dans 83 villes.

132. — *Organisation actuelle.* — Enfin, en 1873, l'impôt des classes est devenu à son tour un impôt sur les petits revenus. Il est perçu, d'après le revenu présumé et
constitue un impôt de répartition, on a formé 12 degrés :
les sommes à payer varient de 3 à 72 marks (le mark
vaut 1 fr. 25). Des exemptions et des modérations de ta-

rif, dont le chiffre a été augmenté à différentes reprises, ont été accordées aux revenus des dernières classes. En 1873, le revenu imposable commençait à 420 marks. Une loi de 1883 á affranchi de l'impôt des classes le revenu inférieur à 900 marks, et un projet de loi qui n'a pas encore abouti, entraînerait l'exemption de tous les revenus inférieurs à 1,200 marks (1,500 fr.).

Les contribuables soumis à l'*cinkommen-steuer* ont également profité de modérations dans les classes inférieures. Mais, en 1873, on a par contre abrogé une règle antérieure d'après laquelle l'impôt sur le revenu ne pouvait constituer, pour la classe la plus élevée, une charge supérieure à 7,200 thalers. Les droits de mouture et d'abattage ont été partout remplacés, à cette date, par l'impôt sur le revenu.

Pour faire face aux diminutions de recettes qui résulteraient des nouvelles exemptions et modérations qu'il a proposées dans ces dernières années, le gouvernement a soumis et doit soumettre de nouveau au Landtag un projet d'impôt sur les produits des capitaux mobiliers. Les capitalistes paieraient en sus de l'impôt sur leur revenu général, une taxe nouvelle sur les produits des capitaux (*capital-renten-steuer*), par analogie avec les impôts réels sur la terre, sur les maisons, et avec les patentes qui se paient comme nous l'avons vu indépendamment de l'impôt sur le revenu. C'est sous l'influence des propriétaires fonciers, des agriculteurs et du parti socialiste, qu'a été élaboré ce projet. Le taux serait de 2 p. 100. Certaines exemptions seraient accordées comme dans l'impôt actuel sur le revenu. Le nouveau projet contient une curieuse assimilation entre les êtres moraux et les personnes physiques. Les sociétés seraient soumises à l'impôt des patentes : elles paieraient en outre l'impôt sur leurs revenus comme les personnes naturelles, indépendamment de l'impôt sur le revenu payé d'autre part par les associés.

133. — *Commissions de taxation.* — Nous avons dit que l'impôt sur le revenu était recouvré au moyen de rôles, établis par des commissions qui procèdent à l'estimation des revenus. Les commissions fonctionnent par circonscriptions administratives, et les membres de chacune d'elles sont désignés par les représentants élus de la circonscription administrative supérieure.

Les commissaires s'engagent au secret par serment. Il y a deux sortes de commissions. Les unes, plus rapprochées des contribuables, dressent les rôles à l'aide de renseignements demandés aux patrons, aux corps municipaux, aux régisseurs des terres seigneuriales. Le contribuable peut être entendu à titre de renseignements. Lorsqu'on lui a communiqué sa cote, il peut dans un certain délai, soumettre les réclamations qu'il aurait à produire, à des commissions du 2me degré, devant lesquelles il sera tenu de faire sa déclaration et de produire les justifications qui lui seront demandées. Il s'expose d'ailleurs à une amende s'il ne réussit pas à faire admettre ses réclamations. Dans certains cas, les rôles doivent en outre être approuvés par les autorités administratives proprement dites, bourgmestres des villes, échevins, qui forment alors un 3ᵐᵉ degré de juridiction.

134. — *Conclusion.* — Ainsi le contribuable est soumis en Prusse à un impôt général sur ses revenus nets, quelle que soit la source de ces revenus et l'estimation est le procédé employé pour établir la cote de l'impôt. Parallèlement à l'impôt sur le revenu, diverses sources de produits donnent lieu à un impôt direct réel. Les produits de la propriété bâtie ou non bâtie, les produits des capitaux engagés dans le commerce paient cet impôt : il est question de l'étendre en outre aux produits de capitaux mobiliers, sous l'empire des préoccupations que nous avons indiquées. Théoriquement cette innovation viendrait combler une lacune dans le système fiscal des impôts.

§ **IV**

Législations diverses. Impôt sur le capital. Impôt progressif.

135. — Impôt sur le capital.

136. — Impôt progressif : application mitigée par le système dégressif.

135. — *Impôt sur le capital.* — L'impôt sur le revenu est encore appliqué, sous différentes formes, dans beaucoup d'autres pays (1). Les trois modes d'application qui

____

(1) Notamment en Autriche-Hongrie, où l'impôt porte comme en Angleterre et en Italie sur les différentes sources de revenu classées par catégories. Mais le procédé de taxation consiste comme en Allemagne dans l'estimation, et la déclaration ne joue qu'un rôle secondaire.

viennent d'être analysés nous ont paru offrir les types
les plus intéressants. Nous y trouvons des éléments de
comparaison suffisants pour pouvoir apprécier maintenant le système français. Quelques nouvelles indications
nous paraissent pourtant nécessaires.

Indépendamment de l'impôt sur le revenu proprement dit, il existe une autre forme d'impôt destiné également à atteindre les facultés du contribuable. L'impôt
sur le capital, pratiqué soit seul, soit concurremment
avec l'impôt sur le revenu par différents pays (Suisse,
États-Unis), a le même but que l'impôt sur le revenu.
C'est toujours avec la partie libre de son revenu que,
dans un système bien établi, le contribuable doit payer
la taxe. « Il n'y a qu'une question en jeu : il s'agit de
savoir quelle est l'assiette de l'impôt la meilleure, la plus
facilement constatable ; celle qui peut provoquer le moins
de vexations pour le contribuable, et le plus de sécurité
pour le fisc (1) ».

Et comme le revenu est chose fugace et complexe,
comme il est difficile de l'atteindre avec précision,
l'impôt sur le capital peut paraître préférable. Des cantons suisses, des états particuliers des États-Unis
d'Amérique ont introduit dans leur législation l'impôt
assis sur le capital. Cet impôt porte sur les capitaux
fixes, c'est-à-dire sur les capitaux réalisés : il atteint la
propriété tangible et visible : les terres, les maisons, et
tous les objets mobiliers par nature qui ne sont pas

(1) Y. Guyot : *Rapport cité*, p. 177.

atteints dans les systèmes d'impôts sur le revenu, parce qu'ils ne sont productifs que d'agrément. La taxe peut porter sur la valeur réelle ; souvent on fait des déductions spéciales pour les instruments de travail, les animaux, etc. Le mécanisme de l'impôt varie suivant les pays. Constatons que, dans ce système, les revenus des valeurs mobilières ne sont pas atteints d'une manière spéciale. Les sociétés acquittent toutes les charges qui incombent à leur capital imposable : terres, maisons, matériel d'exploitation, etc. Mais la répartition du revenu entre les associés n'est l'occasion d'aucun nouveau droit. Ceux-ci ont subi la charge de l'impôt, par cela seul que les revenus distribués ont été diminués du montant de l'impôt prélevé sur la société ; le trésor ne leur demande rien de plus en leur qualité d'associé.

136. — *Impôt progressif. Application mitigée par le système dégressif.* — Dans les théories émises à propos de l'impôt sur le revenu, on a parfois soutenu que cet impôt devrait être *unique* et *progressif*. Nulle part cet impôt n'est appliqué comme impôt unique. Le système de l'impôt unique se heurte à de telles difficultés d'application que nulle part non plus on ne l'a formulé sous forme de projet de loi, destiné à introduire à brève échéance ce système dans la pratique.

Au contraire les partisans de l'impôt progressif ont obtenu dans certains pays une application partielle de leur principe. Il ne s'agit pas sans doute d'une *progression mathématique,* tendant à l'absorption plus ou moins rapide du revenu par l'impôt, mais seulement d'une *progression modérée*, établie de manière à ne soumettre au taux maximum de l'impôt que les gros revenus, ou ceux qui par leur nature méritent le moins de ménagements.

Nous avons vu qu'en Italie une partie seulement des revenus précaires, ou des revenus provenant du travail, est considérée comme revenu imposable. En taxant seulement les 6/8, les 5/8, les 4/8 de ces revenus, on obtient le même résultat que si l'on avait admis l'abaissement du taux de l'impôt à leur égard.

Ailleurs, une déduction analogue est opérée lorsqu'il s'agit d'établir le revenu imposable, mais au lieu de considérer la nature du revenu c'est son importance qui lui vaut un traitement plus ou moins favorable. Ainsi dans le canton de Zurich un revenu réel de 50,000 fr. correspondra à un revenu imposable de 45,400 fr., un revenu réel de 10,000 fr., à un revenu imposable de 5,500 fr., et un revenu réel de 600 fr., à un revenu imposable de 20 fr. D'ailleurs aucun revenu n'est taxé à plus de 8 p. 100 (1). Dans le canton de Berne au contraire le revenu imposable équivaut au revenu réel, mais les revenus favorisés paient un ou deux pour cent de moins que les revenus non favorisés : ici, c'est le taux qui varie.

_____

(1) Le système de Zurich se trouve fort bien exposé dans le livre de M. Denis, *l'Impôt sur le revenu*. L'auteur est allé étudier cet impôt pour le compte du gouvernement Belge.

Onze cantons suisses appliquent l'impôt progressif suivant l'une ou l'autre méthode. Presque tous appliquent d'ailleurs simultanément l'impôt sur le revenu et l'impôt sur le capital. Des États de l'Allemagne du Sud connaissent l'impôt progressif, établi d'après les mêmes principes. Il en sera de même en Prusse si les projets du gouvernement sont admis. Ce mode de progression mitigée, avec un maximum que le taux de l'impôt ne doit pas dépasser, est connu sous le nom de *système dégressif*.

SECTION II.

SYSTÈME GÉNÉRAL DES IMPOTS DIRECTS FRANÇAIS.

137. — OEuvre de la Constituante. L'impôt payé par le contribuable en raison de ses facultés. Bases réelles de l'impôt.

138. — Revenus fonciers. L'impôt foncier.

139. — Revenus mobiliers. Contribution personnelle et mobilière.

140. — Revenus commerciaux et industriels : les patentes.

141. — Revenus divers : loi du 29 juin 1872.

137. — *Œuvre de la Constituante. L'impôt payé par le contribuable, en raison de ses facultés. Bases réelles des impôts directs.* — Le système financier que nous possédons actuellement date de 1789. L'une des principales réformes de l'Assemblée constituante consista a mettre un terme à la confusion des taxes de l'ancien régime (tailles, vingtième, dîme, capitation, corvées) et à leur substituer un ensemble d'impôts dont la perception fut à la fois plus facile et plus équitable.

La pensée qui la guida dans son œuvre nous est révélée par l'un de ses orateurs dans la séance du 16 septembre 1790 « l'Assemblée veut une juste répartition et
surtout l'oubli en fait d'impôts de toute classification de
citoyens... afin que chacun paie *en raison de ses facultés* et non plus comme ci-devant, sur des tarifs dont
les bases, en partie appuyées sur les conditions et l'état
des personnes, présentaient, à chaque cas particulier,
une application de la loi contraire à l'esprit qui aurait dû
la dicter » (1).

Elle s'inspira de la règle indiquée dès 1577 par Jean
Bodin dans sa *République*. « Les charges devraient être
réelles et non *personnelles*, afin que le riche et le pauvre,
le noble et le roturier, le prêtre et le laboureur paient
les charges des terres taillables. »

Égalité dans les charges, et suppression de tout arbitraire par le caractère *réel* de l'impôt, tel fut le but poursuivi. Évaluation directe partout où elle est possible ;
dans les autres cas, présomption légale tirée des phéno-
mènes extérieurs dans lesquels l'expérience a permis
de reconnaître la manifestation la plus certaine de la
fortune, tels furent les moyens qui parurent propres à
réaliser ce but.

---

(1) Ce principe, que l'impôt doit être supporté par tous les citoyens,
en raison de leurs facultés, a été affirmé dans l'art. 13 de la *Déclaration des
Droits de l'Homme*, dans les constitutions de 1793 et de l'an III, dans les
chartes de 1814 et 1830 et dans la constitution de 1848. Il n'est aujourd'hui
contesté par personne.

Notre système de contributions directes a été en quelque sorte créé tout d'une pièce. Tous les revenus furent atteints à quelques mois d'intervalle : revenus fonciers par la loi du 1er déc. 1790, revenus mobiliers par la loi du 13 janv. 1791, revenus commerciaux et industriels par celle du 2 mars 1791.

138. — *Revenus fonciers. L'Impôt foncier.* — L'évaluation directe a servi de base à l'établissement de l'impôt foncier. D'après la loi de 1790, cet impôt doit être réparti par égalité proportionnelle sur toutes les propriétés foncières à raison de leur *revenu net*, sous la réserve de certaines déductions prévues par la loi. Le revenu imposable doit être obtenu au moyen d'un calcul fait sur un nombre d'années déterminé. La loi du 3 Frimaire an VII, qui est encore aujourd'hui la loi fondamentale de l'impôt foncier, a reproduit ces règles. — C'est en considérant la *valeur locative* du sol que l'on est arrivé à connaître le revenu net.

Dès 1791 on se préoccupait de la confection d'un cadastre. Commencées en 1813, en vertu de la loi du 15 septembre 1807, les opérations cadastrales n'ont été terminées qu'en 1850. On a ainsi obtenu une description des propriétés qui a permis d'établir avec précision les rôles de l'impôt. Mais la fixité des évaluations cadastrales a produit des conséquences fâcheuses. Les parcelles figurant au cadastre ont subi bien des variations dans leur rendement depuis l'évaluation, et, en fait, l'égalité proportionnelle de la répartition, désirée par le législateur, est loin d'avoir été réalisée (1).

Le caractère d'impôt de répartition attribué dès l'origine à l'impôt foncier lui a été conservé depuis. C'est un obstacle à la proportionnalité exacte de la taxation.

L'impôt foncier apparaît donc comme un impôt réel sur une source de produits, c'est-à-dire sur la parcelle de terre cadastrée et numérotée ; la taxe atteint chaque parcelle en tenant compte de son revenu approximatif.

139. — *Revenus mobiliers. La contribution personnelle et mobilière.* — Parallèlement à l'impôt sur la propriété foncière, la Constituante établit, le 18 février 1791, la contribution personnelle et mobilière, en vue d'atteindre les revenus mobiliers.

L'Assemblée nationale était partie de ce principe que, si les revenus mobiliers devaient contribuer à l'impôt, ils ne devaient pas cependant être soumis à une déclaration ; que cet impôt devait, comme l'impôt foncier être réel et non personnel ; elle pensa qu'il n'y avait pas de meilleur moyen pour juger la faculté mobilière d'un contribuable que le taux de son loyer. On se loge généralement d'autant mieux que l'on est plus riche. Le loyer a pu être considéré en quelque sorte comme un thermomètre servant à indiquer la fortune mobilière.

-----

(1) Des enquêtes ont révélé les inégalités les plus fâcheuses. Ainsi, tandis que la Corse paie 0,95 p. 100 de son revenu net imposable, l'Aude, 2,50 p. 100, la Haute-Savoie, 3,58 p. 100, on constate que les Hautes-Alpes paient 7,21 p. 100 ! Voy. *Rapport cité*, Y. Guyot, p. 45.

Pour éviter tout double emploi, la taxe n'atteignait que les locaux des habitations, les autres étant frappés par la patente. En outre, les facultés des propriétaires fonciers étant déjà atteintes par l'impôt foncier, on les autorisa à produire la quittance de leur contribution foncière, pour en faire déduire le montant, de l'impôt personnel et mobilier (1).

Pour établir un rapport aussi exact que possible entre l'habitation et la fortune, le législateur, tout en faisant prédominer le caractère réel de la taxe tenait compte de certaines situations personnelles ; par exemple il faisait bénéficier d'atténuations les pères de famille, les manouvriers et d'autres contribuables dans une situation digne d'intérêt.

En outre, des classes avaient été établies pour évaluer le revenu suivant la graduation du taux du loyer. Une taxe représentant la valeur de trois journées de travail, une taxe sur le nombre des chevaux et des domestiques et une retenue sur les salaires et les traitements publics (loi du 3 niv. an VII) complétaient le système.

Après bien des tâtonnements et des expériences infructueux pour atteindre avec précision la fortune mobilière (2), l'impôt personnel et mobilier a pris sa forme

(1) Une taxe supplémentaire, sous le nom de cote d'habitation, était d'ailleurs superposée à l'impôt foncier et à l'impôt mobilier. Elle atteignait donc à la fois les deux sortes de revenus, atteintes chacune par une contribution spéciale.

(2) Notamment l'expérience malheureuse des *Jurys d'équité* institués par la loi du 14 thermidor an V.

actuelle. C'est un impôt de répartition. La contribution personnelle et mobilière a seule subsisté : la taxe somptuaire et la retenue sur les traitements ont disparu en 1806 (loi du 24 avril). Les propriétaires fonciers paient la contribution mobilière sans déduction de l'impôt foncier. Mais l'on peut dire cependant que cette contribution est restée un impôt sur un signe extérieur de la richesse, c'est-à-dire sur le loyer d'habitation. C'est le seul impôt qui atteigne d'une manière générale tous les revenus mobiliers ; d'ailleurs il ne les atteint pas exclusivement, puisqu'il affecte en outre les revenus fonciers, en sus de la contribution foncière.

140. — *Revenus commerciaux et industriels. La contribution des patentes.* — La loi du 2 mars 1791 établit un troisième impôt direct : l'impôt des patentes. Cet impôt fut le rachat des corporations et des jurandes de l'ancien régime. Il représenta l'une des formes de l'impôt mobilier, et fut assis sur la valeur locative de l'habitation, des boutiques, magasins et ateliers.

Supprimé par la Convention (21 mars 1793), comme faisant double emploi avec l'impôt mobilier, il fut rétabli le 6 fructidor an IV et basé sur la combinaison d'un droit fixe et d'un droit proportionnel au loyer. La loi du 25 avril 1844 et celle du 23 juillet 1880 ont remanié son assiette qui a maintenant une triple base : nature de l'industrie, importance de la population, et montant des valeurs locatives. C'est un impôt de quotité.

Comme le fait remarquer M. Léon Say, « on n'a pas

eu la prétention d'établir un impôt proportionnel aux bénéfices, mais quelque chose comme une capitation graduée en raison des bénéfices probables (1) ». L'impôt des patentes est donc resté un impôt sur les signes extérieurs de la richesse industrielle (2).

141. — *Revenus divers. La loi du 29 juin 1872. Son but.* — Tel était le système général des impôts directs français, au moment où le législateur de 1872, pressé par une impérieuse nécessité, dut créer de nouvelles taxes pour faire face aux besoins du moment.

Une contribution foncière, établie par voie d'évaluation directe, frappait les revenus des propriétés bâties et non bâties. Une contribution personnelle et mobilière atteignait les mêmes revenus, et en outre les revenus mobiliers, qui seuls l'avaient subie à l'origine. Les revenus des capitaux mobiliers n'étaient soumis à un impôt spécial que dans un seul cas : lorsqu'unis au travail et engagés dans le commerce ou l'industrie, ils supportaient le fardeau des patentes.

----

(1) Léon Say : *Solutions démocratiques de la question des impôts,* t. I p. 53.

(2) Nous ne dirons qu'un mot de notre quatrième impôt direct : l'impôt des portes et fenêtres. Cet impôt a été établi par la loi du 4 frim. an VII comme supplément à l'impôt mobilier. Il est exigible du propriétaire, mais une fiction légale le met à la charge des locataires. Il se présente donc comme une augmentation de la cote mobilière. Son établissement a été justifié en ces termes par le rapporteur de l'an VII. « Il faut de l'argent et il ne faut pas augmenter la charge des contributions indirectes ». Le même motif explique le maintien d'une taxe qu'on a qualifiée avec raison d'impôt sur l'air et la lumière.

Nous avons dit dans quelles circonstances fut votée la loi du 29 juin 1872. Le principe d'un impôt général sur le revenu venait d'être condamné. Toutes les dispositions du projet Casimir Périer, destinées à atteindre certains revenus à l'aide de la déclaration des contribuables, se heurtaient également à l'invincible répugnance de l'Assemblée (1). Au contraire, un courant d'opinion tendant à faire cesser la situation favorable des capitaux mobiliers s'était manifesté dès les premiers jours. Les exigences de la situation finirent par dominer toutes les autres considérations, et l'impôt sur le revenu des valeurs mobilières fut introduit dans notre législation (2).

(1) Indépendamment des objections suscitées par le système de la déclaration, une autre objection touchait particulièrement l'Assemblée. « Nous avons, disait M. Teisserenc de Bort, dans la séance du 22 décembre 1871, *notre impôt sur le revenu cadre complet et élastique*, qui comprend une série d'impôts spéciaux, en quelque sorte professionnels, sur les fonds productifs : la terre, le commerce, les manufactures, et une contribution générale sur tout l'ensemble des revenus ; l'impôt mobilier et celui des portes et fenêtres... Ce serait donc une *insigne folie* lorsque nous avons sous la main une institution si bien organisée, de vouloir lui substituer, *ou lui superposer* une institution étrangère qui puise aux mêmes sources. » *J. off.* 1871, p. 5,197, M. Thiers tenait le même langage.

(2) Dans cette courte analyse du système général de nos impôts directs, nous avons considéré les revenus fonciers, mobiliers, commerciaux et industriels, comme atteints par la contribution sans nous préoccuper de la question de l'incidence de l'impôt. Nous avons en vue le but poursuivi par le législateur lorsqu'il a établi chacune de ces contributions. Mais, en fait, il arrive souvent que ce n'est pas la personne dont les revenus sont visés qui supporte définitivement la charge de l'impôt. Il nous est d'ailleurs impossible de nous étendre sur cette question, malgré l'intérêt qu'elle présente. — Nous avons employé la dénomination *d'impôts directs*

Ce n'est donc pas sous l'empire de considérations économiques, ni dans le but d'introduire une réforme dans notre système d'impôts directs, mais uniquement pour faire face à des besoins urgents que la nouvelle taxe a été votée.

Une loi votée dans de pareilles circonstances doit nécessairement présenter bien des imperfections. Nous avons constaté ses principaux inconvénients au point de vue pratique. Mais le principe même de la loi se ressent, comme nous allons le voir, de cette tache originelle, et les critiques les plus légitimes ont pu lui être adressées.

SECTION III

CRITIQUES ADRESSÉES A L'IMPOT SUR LE REVENU DES VALEURS MOBILIÈRES

142. — Objet de la section.

143. — La loi n'atteint pas toutes les valeurs mobilières. L'égalité violée. Conséquences.

144. L'entreprise individuelle et l'entreprise collective. Régime de faveur pour la première.

142. — *Objet de la section.* — Nous ne reviendrons pas sur les critiques suscitées par la mauvaise rédaction

en donnant à cette expression son sens pratique. Nous reconnaissons d'ailleurs qu'une terminologie plus scientifique pourrait être préférée soit qu'on s'attache à la question de l'incidence directe ou indirecte, pour classer les impôts en impôts *directs* ou *indirects*, soit qu'on entende par *impôts directs* ceux qui frappent la richesse à sa naissance au moment de sa production, et par *impôts indirects* ceux qui la frappent postérieurement, c'est-à-dire au moment où elle circule, se transforme ou se consomme.

de la loi. Les controverses que nous avons examinées à propos de chaque article, et presque de chaque paragraphe, ne nous ont que trop révélé les vices de forme de cette loi.

Le principe du nouvel impôt a donné lieu de son côté à de vives attaques. Son établissement aurait constitué une violation des règles de la justice, et apporté une entrave à l'esprit d'association. Nous allons voir jusqu'à quel point ces attaques sont fondées.

143. — *La loi n'atteint pas toutes les valeurs mobilières. L'égalité violée. Conséquences.* — Au sortir des longues discussions que nous connaissons, après avoir repoussé toute proposition plus ou moins générale tendant à superposer, à nos anciens impôts, un nouveau système d'impôts sur le revenu, l'Assemblée nationale, de guerre lasse, se décida à atteindre les revenus de certaines valeurs mobilières.

Les facilités de la perception, et cette circonstance que ces revenus ne subissaient jusqu'alors aucune taxe directe spéciale, telles furent les considérations qui entraînèrent le vote du 29 juin 1872.

D'ailleurs, plusieurs revenus antérieurement épargnés, n'ont pas été frappés par la loi nouvelle, qui laisse en dehors de ses prévisions les revenus professionnels, les revenus des créances hypothécaires et chirographaires et les revenus de nos fonds publics. On peut donc dire que cette loi s'est bornée à établir *l'impôt sur quelques revenus.*

Dès lors, n'a-t-elle pas méconnu ce principe de notre droit public, que les charges sociales doivent être également réparties entre les citoyens, et que chacun doit supporter l'impôt en raison de ses facultés?

Ne peut-on lui appliquer la sévère condamnation de Stuart Mill : « L'impôt établi sur les revenus d'une classe de citoyens, qui n'est pas balancé par un impôt équivalent sur les autres classes, est une *violation de la justice* et équivaut à une *confiscation partielle ?* »

Un porteur d'obligations ou de titres d'emprunts tirait de ces valeurs un revenu annuel de 100 francs avant la loi. Il n'en tirera plus désormais que 97 francs. C'est comme si on lui avait pris en capital la somme correspondante au revenu de 3 francs dont il est désormais privé.

Le même résultat se produit pour les revenus annuels des associés.

Tant qu'il reste certains revenus, auxquels aucune charge équivalente n'a été imposée, l'idée de *confiscation* se présente naturellement à l'esprit pour qualifier cette conséquence.

Il est vrai que les possesseurs des valeurs mobilières au moment de la nouvelle loi ont seuls subi ce résultat. Ceux qui les ont acquises postérieurement ont fait entrer dans leurs prévisions la charge de l'impôt, lorsqu'ils sont devenus acquéreurs des valeurs soumises à la taxe.

Mais un autre résultat tout aussi déplorable que le premier continue à se produire. Les valeurs mobilières, dont les revenus sont soumis à la taxe, constituent désormais un placement moins avantageux qu'autrefois. Les capitaux se porteront de préférence vers d'autres placements. Pour les retenir les sociétés, établissements publics, etc., devront payer des intérêts plus élevés à leurs prêteurs. Pour les obtenir, les entreprises nouvelles devront faire briller aux yeux de leurs adhérents la perspective de bénéfices supérieurs à ceux dont ils se seraient contentés précédemment. Entrave au crédit des sociétés, obstacle à leur formation, voilà la conséquence inévitable du nouvel impôt (1).

Le législateur de 1872 aurait évité ces inconvénients s'il avait soumis toutes les valeurs mobilières à l'impôt. Il n'aurait plus été permis de prononcer le mot de confiscation ; il est certain que tout nouvel impôt ou toute augmentation d'impôt porte préjudice à la valeur atteinte ; mais qui pourrait s'en plaindre du moment que le sacrifice est imposé à tous, pour faire face à des besoins communs ? D'autre part, si l'on avait soumis au même traitement toutes les valeurs, on n'eût pas favorisé les unes au détriment des autres, on n'eût pas provoqué une sorte d'*émigration intérieure* vers les valeurs privilégiées.

Il existe, il est vrai, des raisons sérieuses pour empêcher l'extension de l'impôt à toutes les valeurs mobiliè-

(1) A l'incidence principale de l'impôt, qui porte sur le possesseur des valeurs mobilières, s'ajoute donc une incidence secondaire qui n'atténue en rien la première et qui porte un grave préjudice aux sociétés.

res. Nous les indiquerons plus loin à propos d'un projet de réforme qui propose cette extension (n° 149).

144. — *L'entreprise individuelle et l'entreprise collective. — Régime de faveur pour la première.* — On fait un autre reproche à l'impôt sur le revenu des valeurs mobilières.

Si l'on considère les capitaux engagés dans une entreprise par les associés, on doit reconnaître que ces capitaux se trouvent, au point de vue de l'impôt, dans une situation particulièrement défavorable. Et cette situation subsistera, quel que soit d'autre part le résultat des critiques que nous venons d'examiner.

Un industriel exploite une usine : l'impôt sur le revenu des valeurs mobilières ne l'atteint pas à cette occasion. Mais, qu'il abandonne son œuvre et qu'il se forme une société par actions pour la continuer : à la contribution foncière, à la contribution des portes et fenêtres, à la patente payées d'autre part, viendra s'ajouter l'impôt sur le revenu des valeurs mobilières ! Celui qui était assez riche pour posséder et exploiter seul l'usine ne payait pas ce dernier impôt : les petits capitaux associés pour lui succéder dans son exploitation y seront soumis ! L'impôt sur le revenu des valeurs mobilières est donc de nature à décourager l'esprit d'association. Il nuit à la petite épargne qui de nos jours se porte de plus en plus vers les actions et les obligations.

On fait une double réponse à cette objection. La première, c'est que la loi sur les patentes offre, par son organisation, une sorte de compensation aux sociétés. Une partie de l'impôt des patentes est proportionnelle au loyer de l'industriel ou du commerçant, or on ne peut taxer les différents loyers des administrateurs et employés de la société. Celle-ci échappe donc à cette part d'impôt. Cette réponse est peu satisfaisante : elle prouverait tout au plus que la loi des patentes est mal établie, et fonde ses présomptions sur des indices trop incertains.

Mais le législateur de 1872 nous fournit lui-même une meilleure réponse. Au cours des débats, il fut déclaré que la nouvelle loi avait pour but d'atteindre le capital *oisif*, celui qui produit ces revenus « *spontanés* » dont nous avons déjà parlé à différentes reprises. Le capital placé en valeurs mobilières, même s'il sort d'une bourse modeste, suppose nécessairement une *richesse réalisée* et non une richesse en formation. Celui qui fait ce placement ne prend part ni à la direction ni à la gestion de la société : il *reste libre de son temps* et peut se livrer à tout autre travail productif ; ses *risques sont limités* au capital engagé : en un mot il échappe aux charges et aux aléas d'une entreprise individuelle. N'y a-t-il pas là de quoi justifier amplement le léger surcroît d'impôt qui lui incombe ? Tant que l'impôt sur le revenu des valeurs mobilières conservera un taux modéré, ces raisons nous paraîtront suffisantes pour justifier la loi.

SECTION IV

PROJETS DE RÉFORME. CONCLUSION.

145. — Impôts indirects.

146. — Impôts directs. Commission du budget pour l'exercice 1887.

147. — Proposition Ballue. Analyse sommaire.

148. — L'impôt sur les créances chirographaires et hypothécaires.

149. — L'impôt sur la rente.

150. — Statistique de l'impôt sur le revenu des valeurs mobilières. Conclusion.

145. — *Impôts indirects.* — La question des impôts est revenue à l'ordre du jour dans nos assemblées parlementaires. Nous traversons une période sinon de crise au moins de malaise fiscal.

Il devient difficile d'assurer l'équilibre du budget avec les ressources normales. Cette situation devait naturellement faire surgir, soit dans le parlement, soit dans le monde de la science, soit dans la presse, un certain nombre de projets de réforme.

Il faut sans doute se garder de considérer les réformes projetées pour donner une meilleure assiette à nos impôts, comme le seul remède aux difficultés présentes. La réduction des dépenses, la résistance aux théories politiques et sociales qui tendent à l'extension exagérée des attributions de l'État, voilà certainement le meilleur moyen de faciliter l'équilibre du budget. Mais notre système fiscal est l'objet, sur beaucoup de points, de légitimes critiques, et nous pensons qu'une plus juste répartition de l'impôt figure au nombre des réformes désirables et possibles.

Les impôts indirects, et particulièrement les impôts de consommation, sont l'objet de vives attaques. On leur reproche surtout de ne pas être proportionnels aux facultés des contribuables qui les supportent. Sans entrer dans l'examen des avantages et des inconvénients respectifs des impôts directs ou indirects, constatons seulement que la suppression de ces derniers est impossible dans un grand pays comme la France. Cette suppression exigerait une augmentation considérable du taux des impôts directs. Cette augmentation pour être juste devrait atteindre aussi bien les valeurs mobilières que les valeurs immobilières. Or, on s'accorde à reconnaître qu'on ne saurait guère opérer par l'impôt un prélèvement de plus du dixième sur le revenu des valeurs mobilières, sans s'exposer à les faire fuir à l'étranger. On provoquerait une émigration à l'extérieur, bien autrement dangereuse que l'émigration à l'intérieur dont nous avons parlé. Cette considération ne doit pas être négligée non plus lorsqu'on parle de réduire les impôts indirects, et de modifier le rapport de la part respective pour laquelle chaque sorte d'impôt contribue aux charges de la nation (1).

(1) La part des contributions indirectes dans l'ensemble du budget n'a pas cessé d'augmenter depuis le commencement de ce siècle. Dans le budget de 1887 ils représentent 85 p. 100 du budget total, et les con-

146. — *Impôts directs. Commission du budget pour l'exercice* 1887. — En ce qui concerne les impôts directs, on peut dire que tous les systèmes appliqués à l'étranger pour atteindre le revenu ont été ou vont être l'objet de discussions au cours de la législature actuelle. A la Chambre des députés, un rapport très complet a été rédigé sur ces questions par M. Yves Guyot, au nom de la dernière commission du budget. Ce rapport ne donne pas de conclusion, mais M. Yves Guyot ne ca-

tributions directes 15 p. 100. Voy. *Rapport cité* de M. Y. Guyot, p. 2 et suiv.

D'ailleurs les critiques adressées aux contributions indirectes portent moins sur leur principe même que sur les conséquences fâcheuses de certaines d'entre elles et sur leur mauvaise organisation. Une campagne énergique a été entreprise ces dernières années par M. Alglave, professeur de science financière à la Faculté de Droit de Paris, en faveur d'un nouvel impôt indirect, *le monopole de l'alcool*, qui échappe à la plupart de ces critiques et présente de précieux avantages. Un mécanisme simple et ingénieux faciliterait la perception, et les recettes seraient assez fructueuses pour permettre la suppression ou la transformation de nos plus mauvais impôts. Le projet de monopole de l'alcool, depuis longtemps accueilli par des gouvernements étrangers, vient enfin de franchir le seuil de notre parlement. Il est exposé dans un rapport de M. Claude (des Vosges) au Sénat, sur la question des alcools, et il obtiendra sans doute la légitime attention qu'il mérite à tous égards.

Au cours de la discussion du budget de 1887, M. Fernand Faure a proposé à la Chambre des députés une réforme relative à la législation des valeurs mobilières. Les titres au porteur échappent souvent en pratique aux droits de mutation par décès. Il s'agirait de remplacer ces droits par une nouvelle taxe d'abonnement, perçue tous les ans. Les rentes sur l'État seraient atteintes elles-mêmes par cette taxe. Le législateur, lorsqu'il statuera sur cette question, devra se demander s'il peut imposer une nouvelle charge aux valeurs au porteur, sans leur faire déserter le marché français.

che pas ses préférences pour l'impôt sur le capi
tal (1). Ce dernier impôt cependant ne semble pas destiné à pénétrer dans notre législation. Indépendamment
de ses difficultés d'application, on n'admettra pas que
les revenus du commerce et de l'industrie, et les revenus des valeurs mobilières puissent échapper à l'impôt
jusqu'au moment où ils se convertiront en capitaux fixes :
sol, maisons, meubles, etc.

L'impôt sur le revenu général organisé comme en
Prusse, l'impôt sur les sources de revenus compris
comme en Angleterre et en Italie, rencontreront les
mêmes objections qu'en 1872.

147. — *Proposition Ballue. Analyse sommaire.* —
Au contraire, une proposition de loi ayant pour objet
la réforme de l'assiette de l'impôt, présentée par M. Ballue et 74 de ses collègues semble destinée à rencontrer
sur beaucoup de points un accueil favorable (2). Cette

---

(1) MM. Y. Guyot et Maret présentèrent devant la commission un amendement tendant à remplacer nos contributions foncières, des portes et
fenêtres, personnelle et mobilière, par un impôt assis sur la valeur
vénale du sol, des maisons, des meubles, etc. à l'exclusion des objets mobiliers ayant le caractère de marchandises. La commission se prononça
de préférence pour l'impôt sur le revenu, au taux de 1/2 p. 100. Cet impôt
proposé à titre d'essai, figurait dans les évaluations budgétaires pour
15 millions : il devait fonctionner à partir du 1er juillet 1887, la commission laissait d'ailleurs à une loi postérieure le soin d'organiser le nouvel
impôt. Les revenus inférieurs à 3,000 fr. devaient être exemptés de cet
impôt. V. *Rapport sur le budget de l'exercice* 1887, par M. Wilson, p. 26.
Ce projet n'a pas abouti.

(2) Cette proposition a été annexée au procès-verbal de la séance du
19 novembre 1885, avec le n° 65. — Elle a fait l'objet d'un rapport favora-

proposition tend à la péréquation générale de nos impôts directs. Pour connaître les revenus imposables et les soumettre à l'impôt, on n'aura recours ni à la déclaration du contribuable, ni à la taxation d'office, mais *aux présomptions légales* qui permettent d'arriver à des évaluations tout aussi précises que les autres procédés, sans en avoir les inconvénients. Il suffira de donner à nos impôts directs actuels une meilleure organisation, de combler certaines lacunes, d'effectuer certaines suppressions pour mener à bien l'œuvre entreprise.

La contribution mobilière atteint, comme nous l'avons vu, l'ensemble des revenus du contribuable. Cette contribution sera conservée indépendamment des contributions spéciales établies sur chaque source de revenu. Elle jouera le rôle d'un impôt « *de superposition, de redressement, de compensation* ». Dans un État comme le nôtre, grevé de lourds impôts, il devient indispensable, par la multiplicité des taxes, de réduire au minimum pour chaque contribuable les conséquences des erreurs d'évaluation. Mais elle deviendra un impôt de quotité et sera destinée à atteindre le revenu présumé d'après le taux du loyer. On part de cette donnée que le loyer absorbe en moyenne le septième du total du revenu. La taxe sera graduée entre 8 et 16 p. 100 du prix des loyers, de manière à traiter avec plus de ménagements

ble déposé par M. Francis Laur, à la séance du 23 janvier 1886 (annexe n° 360). Elle devait fournir les bases de l'impôt sur le revenu projeté par la dernière commission du budget.

les petits revenus indiqués par les loyers modestes. Il est
tenu compte, au moyen de certaines combinaisons, des
charges de famille, du séjour dans les grandes villes, et
des autres circonstances qui peuvent obliger le contribuable à consacrer à son loyer une part de revenu supérieure à la moyenne. — S'inspirant des mêmes idées,
M. Dauphin, ministre des finances, vient d'élaborer
de son côté un projet d'impôt sur le revenu, qui prend
pour base le prix du loyer. Ce projet a pris naissance à
la suite d'un vœu émis par la Chambre des députés en
faveur de l'impôt sur le revenu au moment du vote de la
loi de finances de l'exercice 1887 (1).

Au-dessous de cet impôt de superposition, chaque
source de revenu est frappée, dans le projet Ballue, d'un
impôt spécial. Mais le taux n'est pas uniforme. Comme
en Italie, il est tenu compte de la nature et de l'origine
des revenus.

Les *revenus du travail* forment la catégorie la moins
taxée. Les traitements et salaires privés, les traitements
et pensions servis par l'État, les départements, les communes entrent dans cette catégorie. Des exemptions et
des déductions sont accordées aux revenus les plus faibles. Les salaires des oüvriers sont complètement

(1) Par 261 voix contre 227 la Chambre a voté, dans la séance du 10 février 1887, une disposition ainsi conçue : « Le gouvernement est invité à
présenter un projet de loi d'impôt sur le revenu », la Chambre s'est d'ailleurs prononcée, lorsqu'elle a émis ce vœu, contre le principe de l'impôt
unique et progressif. Le Sénat n'a pas maintenu la disposition de la loi
des finances qui formulait ce vœu

exemptés. L'État, les personnes morales, les administrations publiques et privées, le patron, l'employeur, verseront l'impôt dans le Trésor, après en avoir opéré la retenue sur les traitements qu'ils paient aux contribuables de cette catégorie.

Les revenus du commerce, de l'industrie et des professions libérales, auxquels concourent le travail et le capital, sont qualifiés de *revenus mixtes*, et sont taxés à un taux moyen. L'impôt des patentes est entré dans nos mœurs et accepté par les intéressés qui préfèrent en subir les imperfections plutôt que d'être astreints à l'impôt sur le chiffre des affaires ou à la déclaration. La loi du 23 juillet 1880 a bien amélioré l'impôt des patentes. C'est par cet impôt, auquel de nouvelles améliorations pourront être apportées, que les revenus de cette catégorie continueront d'être atteints.

Enfin, les revenus *permanents*, nés d'un capital, et acquis sans le concours du travail individuel, seront les plus taxés. Cette catégorie comprend d'abord les revenus des propriétés bâties et non bâties (1). L'impôt direct actuel qui atteint ces revenus doit être transformé en impôt de quotité. L'impôt des portes et fenêtres disparaîtra et sera incorporé à l'impôt sur les propriétés bâties. La péréquation de l'impôt foncier s'obtiendra sans même qu'il soit nécessaire de refaire le cadastre, en centralisant les renseignements que l'administration de

(1) Le contingent de la propriété bâtie et de la propriété non bâtie figure

l'enregistrement possède sur chaque terre (baux, actes de vente, actes de partage, contrats de mariage) et qui en font connaître la valeur. Les terres qui n'ont pas été l'objet d'actes enregistrés depuis longtemps peuvent être évaluées par voie de comparaison. Du taux de capitalisation usité par les immeubles dans chaque pays, on conclura quel est le revenu provenable de chaque terre quand on en connaîtra la valeur.

Les revenus permanents des capitaux mobiliers n'étaient soumis à aucun impôt direct spécial avant la loi du 29 juin 1872. La proposition Ballue maintient l'impôt établi par cette loi, et soumet à un impôt analogue tous les revenus des capitaux mobiliers qui échappent encore à la taxe, c'est-à-dire les revenus des créances chirographaires, des créances hypothécaires et de la rente sur l'État.

148. — *L'impôt sur les créances chirographaires et hypothécaires.* — On atteindrait le revenu des créances chirographaires, en exigeant l'enregistrement de ces créances dans les dix jours de leur naissance. La sanction serait l'amende infligée au débiteur et au créancier, et surtout le refus de toute action à ce dernier pour exiger les intérêts d'une période antérieure à l'enregistrement. — Quant aux créances hypothécaires, elles sont connues par les registres des conservateurs des

---

dans nos budgets sous une rubrique spéciale depuis 1881 seulement ; auparavant ils étaient confondus, bien que ces deux sources de revenus soient très différentes.

hypothèques. Les renseignements combinés des conservateurs des hypothèques et des receveurs de l'enregistrement permettront de distinguer les créances hypothécaires simplement conservatoires de celles qui produisent des intérêts. D'ailleurs la déclaration préalable à l'enregistrement est exigée sur ce point, sous la sanction qui vient d'être indiquée.

Sans doute, il a toujours répugné au législateur français d'admettre qu'une contravention fiscale puisse porter atteinte à la validité des conventions, mais cette considération doit s'effacer devant la « nécessité d'introduire la justice distributive dans l'impôt (1) ».

Le moment est-il bien favorable pour effectuer l'innovation projetée à l'égard des créances hypothécaires? Il est permis d'en douter. Notre agriculture est fort éprouvée ; le législateur a cru devoir remédier à la crise dont dont elle souffre par des mesures dont l'efficacité est contestable, et qui ne sont pas sans présenter de graves inconvénients économiques (2). La constitution du crédit agricole serait sans doute un meilleur remède, et les meilleurs esprits s'attachent à résoudre le difficile problème de son organisation. Serait-il logique, lorsque de telles préoccupations s'imposent, d'entraver le fonction-

_____

(1) L'art. 5 de la loi du 14 juillet 1850 édicte une sanction de ce genre. Le porteur d'un effet de commerce non timbré est privé de toute action contre les endosseurs.

(2) Surtaxes sur les céréales et sur les bestiaux étrangers.

nement du crédit hypothécaire par l'établissement d'un nouvel impôt (1) » ?

149. — *L'impôt sur la rente.* — L'impôt sur le revenu des fonds publics est facile à percevoir, puisque le recouvrement peut se faire au moyen de retenues. Mais l'établissement de cet impôt soulève de graves objections théoriques et pratiques.

On fait remarquer que l'État ne peut imposer la rente sans manquer à sa parole. Lorsqu'il fait appel au crédit public, l'État se trouve dans la situation d'un débiteur ordinaire, vis-à-vis de son créancier. S'il ne paie plus qu'une partie de l'intérêt promis, il change les conditions du contrat. On peut voir là une *banqueroute partielle.* Cette opinion, émise par beaucoup d'hommes d'état, de jurisconsultes et d'économistes, fut reproduite au cours des discussions de 1872 par MM. Casimir Périer et Léonce de Lavergne, et l'Assemblée après eux se laissa persuader par « la grande, la toute-puissante raison des engagements de l'État, pour lesquels on ne peut avoir un respect trop scrupuleux (2) ».

(1) Remarquons cependant que, du jour où les revenus de toutes les valeurs mobilières seront atteints également, les placements hypothécaires, même soumis à l'impôt, continueront d'être recherchés, puisque toutes les autres valeurs subiront la même charge, sans offrir toujours la même sécurité que le placement hypothécaire. La critique que nous exposons s'adresse donc surtout à un impôt isolé, sur les créances hypothécaires. — Sur cette question, V. J. Chailley : *op. cit.* p. 455 et la lettre de M. Alglave, citée par M. Chailley, p. 456, n. 1.

(2) Voy. *Rapport sur le budget,* déposé le 31 août 1871, par M. Casimir Périer, et paroles de M. Léonce de Lavergne dans la séance du 22 dé-

Cependant cette raison n'a pas séduit tout le monde. Des hommes fort sages et fort modérés n'y ont vu qu'*un préjugé*. « L'État, dit M. Paul Leroy-Beaulieu, ne doit jamais frapper d'un droit spécial ses titres de rentes ; mais ceux-ci doivent être soumis à tous les impôts généraux existant dans le pays, ou suivant la formule plus exacte, les titres de rente sur l'État appartenant aux nationaux doivent subir le sort fiscal de toutes les valeurs mobilières du pays...

« Rien ne sert de dire que l'État, étant débiteur de la rente, n'a pas le droit de taxer de sa propre autorité son créancier et de réduire le montant des intérêts stipulés. Cet argument serait très fort s'il s'agissait d'une taxe spéciale sur la dette publique. Il est très faible quand il s'agit seulement d'assimiler les capitaux placés de cette manière à tous les autres capitaux du pays. Alors ce n'est pas en qualité *de débiteur* que l'État agit, c'est *comme législateur impartial soumettant à la même loi toutes les fractions de la richesse nationale* (1) ».

Supposons, avec M. Leroy-Beaulieu, deux pères de famille ayant avant la guerre de 1870, chacun 10,000 fr. de revenu, le premier en rentes sur l'État, le second en

____

cembre 1871. MM. Thiers, Cuvilier-Fleury, Léon Say, Ménier, Y. Guyot, etc., etc., ont exprimé la même opinion.

(1) Leroy-Beaulieu : *Traité des finances*, t. II. Dans le même sens on peut citer : Jean-Baptiste Say, Edouard Vignes, de Parieu, etc., etc. Voy. la proposition Ballue : *loc. cit.*. p. 54 et suiv.

obligations de chemin de fer, *garanties par l'Etat*. Après la loi du 29 juin 1872, tandis que l'un voyait son revenu diminué de 300 fr. par l'impôt, l'autre a continué de toucher intégralement ses 10,000 fr. ! Ce résultat semble à M. Leroy-Beaulieu « une flagrante injustice ».

Si l'on écarte la raison de principe, il faut du moins compter avec certaines considérations pratiques qui ont beaucoup de valeur. Le véritable impôt sur la rente, a-t-on dit, c'est la conversion. Quand le prix vénal de la rente s'est élevé au-dessus du pair, grâce aux conditions favorables faites aux fonds publics, l'État a le droit d'en opérer le remboursement : il peut alors faire une conversion de dettes qui lui procure une réduction de 1/2 ou 1 p. 100 sur les intérêts. C'est exact. Mais la conversion sera simplement retardée par l'impôt sur la rente, et l'État peut avoir intérêt à ne pas se priver des ressources que lui procure la perception immédiate de cet impôt, en vue des avantages lointains de la conversion.

Mais, ajoute-t-on, dans ses emprunts postérieurs, l'État perdra, sur le capital des rentes à négocier, le montant de la capitalisation de l'impôt, que les prêteurs auront soin de défalquer de la somme prêtée. Sur ces emprunts nouveaux, c'est l'État qui paiera l'impôt. Cela est encore vrai, mais à moins de circonstances tout à fait invraisemblables, qui nécessiteraient dans l'avenir d'énormes emprunts, le produit de l'impôt sur les rentes anciennes restera certainement beaucoup plus élevé que les pertes aléatoires sur les emprunts futurs.

On observe enfin que la rente est la valeur régulatrice du marché, et qu'en la favorisant, on provoque la hausse de toutes les autres valeurs. On ne charge pas le remorqueur, quand on veut faciliter la marche des navires qu'il entraîne à sa suite. La réponse est que l'impôt sur la rente n'empêchera pas son mouvement ascensionnel, alors que tous les revenus des capitaux mobiliers seront atteints par un impôt similaire.

Il faut croire que les objections soulevées contre l'impôt sur la rente, n'ont pas paru irréfutables aux législations étrangères, qui presque toutes l'ont admis. Il est de 15 p. 100 en Autriche, de 6 p. 100 dans quelques états de l'Allemagne du Sud, de 3 p. 100 dans l'Allemagne du Nord, de 20 p. 100 en Espagne. En Angleterre, il varie avec le taux de l'*income-tax* : au commencement du siècle, il a atteint 10 p. 100. En Italie, il est de 13.20 p. 100, et, malgré ce taux élevé, le 5 p. 100 italien vaut aujourd'hui 98 fr. après avoir valu 90 fr. en 1873, et 65 fr. en 1871.

En France même, nous avons fait un pas dans la voie de l'assimilation entre la rente et les autres valeurs mobilières. La loi du 18 mai 1850 a soumis aux mêmes droits que les donations et les successions ordinaires les mutations par décès et les transmissions entre vifs à titre gratuit de la rente sur l'État.

150. — *Statistique de l'impôt sur le revenu des valeurs* *mobilières.* — Qu'adviendra-t-il de tous ces projets de réforme? L'avenir nous l'apprendra. Nous devions les mentionner pour compléter notre étude de l'impôt sur le revenu des valeurs mobilières : il ne nous appartient pas de les juger.

Ce qu'il est permis d'affirmer, sans craindre d'être démenti par les événements postérieurs, c'est que notre impôt continuera de figurer parmi les ressources du trésor français. Si nous devons voir disparaître un jour les inégalités de traitement que nous avons constatées à l'égard des différentes valeurs mobilières, dans notre législation actuelle, ce n'est pas la suppression de la taxe établie par la loi du 29 juin 1872 qui produira ce résultat.

Il suffit, pour s'en convaincre, de jeter un coup d'œil sur le tableau suivant qui résume la statistique du rendement de cette taxe (1).

Années	Valeurs françaises	Valeurs étrangères	Total
1872 (6 mois)	5 704 896	334 732	6 075 628
1873	29 682 051	2 062 782	31 744 833
1874	32 122 059	2 054 409	34 176 468
1875	32 329 295	2 346 143	34 675 438
1876	32 827 499	2 144 884	34 972 383
1877	32 097 006	2 042 573	34 139 579
1878	32 172 022	2 103 806	34 275 828
1879	34 198 316	2 249 541	36 447 857
1880	36 658 532	2 442 560	39 101 092
1881	41 498 902	2 956 833	44 455 735
1882 *Stat. min. fin.*	43 757 859	4 100 424	47 858 283

(1) M. Besson : *op. cit.* p. 30.

1883 *Stat.min.fin.* 44 035 757	3 944 276	47 980 033
1884 (résult. prov.) 42 919 074	3 907 020	46 826 094
1885 41 901 000	3 966 000	45 867 000

L'impôt sur le revenu des valeurs mobilières figurait dans les évaluations budgétaires pour l'exercice 1886, pour les sommes suivantes :

France : 47,679,500. Algérie : 207,500. Total : 47,887,000.

Il figure dans le tableau des voies et moyens pour l'exercice 1887, pour les sommes suivantes :

France : 45,868,000. Algérie : 248,000. Total : 46,116,000.

Il est certain qu'un impôt d'un rendement si satisfaisant, ne saurait être aboli, malgré les critiques qui peuvent être dirigées contre son principe. Son abolition constituerait d'ailleurs, à l'inverse de ce qui s'est produit lors de son établissement « une augmentation de capital pour les possesseurs des titres, au jour du rappel de la loi ». Il y aurait là « une sorte de gratification accordée à certains capitalistes (1) ».

Cet impôt est entré dans nos mœurs. Son recouvrement est facile. Son taux modéré a constitué un abaissement trop minime dans le revenu des valeurs mobilières pour leur faire déserter le marché français. Les inconvénients des placements à l'étranger, les embarras, les frais qu'ils entraînent, ont rendu fort douteux les avantages d'une émigration de capitaux, redoutée par les adversaires de la loi du 29 juin 1872.

(1) Léon Say : *op. cit.* II, p. 64.

Nous pouvons donc constater, et ce sera notre conclusion, que s'il faut faire des réserves sur le principe
de notre impôt, à cause des restrictions qu'il a reçues en
1872, et de la situation privilégiée qui en découle pour
certaines valeurs, les résultats pratiques ont été satisfaisants.

TABLE DES MATIÈRES

CHAPITRE III

IMPOT SUR LE REVENU DES EMPRUNTS ET OBLIGATIONS.

CHAPITRE VI

SOCIÉTÉS ÉTRANGÈRES.

SECTION I. — SOCIÉTÉS OU ÉTABLISSEMENTS PUBLICS ÉTRANGERS DONT LES TITRES SONT COTÉS OU CIRCULENT EN FRANCE.

SECTION II. — SOCIÉTÉS ET ÉTABLISSEMENTS PUBLICS POSSÉDANT EN FRANCE DES BIENS MEUBLES OU IMMEUBLES.

CHAPITRE VII

CONGRÉGATIONS ET ASSOCIATIONS RELIGIEUSES.

SECTION I. — LEUR SITUATION SOUS LA LOI DU 29 JUIN 1872.

CHAPITRE VIII

LÉGISLATION COMPARÉE, CRITIQUES, PROJETS DE RÉFORMES.

Châteauroux. — Typ. et Stéréotyp. A. MAJESTÉ.